CAHIER D'APPRENTISSAGE

FRANÇAIS

1re année du 2e cycle du secondaire

• Textes et activités • Grammaire et exercices • Référentiel

Réseau

Cécile B.-Lacour
Patrice Gagnon
Maxime Lachance
Guy Lessard
Ginette Rochon

9001, boul. Louis-H.-La Fontaine, Anjou (Québec) Canada H1J 2C5
Téléphone : 514-351-6010 • Télécopieur : 514-351-3534

Direction de l'édition
Ginette Sabourin

Direction de la production
Danielle Latendresse

Direction de la coordination
Rodolphe Courcy

Charge de projet
Philippe-André Brière
Dolène Schmidt

Révision linguistique
Marie-Dominique Cousineau
Isabelle Renaud

Correction d'épreuves
Jacinthe Caron

Collaboration à la rédaction
Pauline Gélinas

Illustrations
Marc Mongeau
François Thisdale

Recherche iconographique
Sylvie Richard

Conception et réalisation graphique

matteau parent
graphisme et communication

Geneviève Guérard

Consultants pédagogiques

Esther Boyer
Collège François-de-Laval, Québec

Christine Cajolais
École secondaire de Bromptonville, Sherbrooke

Martine Godbout
Polyvalente de L'Ancienne-Lorette, c. s. des Découvreurs

Anne Lachance
École secondaire de Bromptonville, Sherbrooke

Martin Leblanc
École secondaire des Sources, c. s. Marguerite-Bourgeoys

Nancy Phaneuf
École secondaire de Chambly, c. s. des Patriotes

Christine Robert
École Marie-Anne, c. s. de Montréal

Maxime Tassé
École secondaire Jeanne-Mance, c. s. de Montréal

***Réseau* – 1re année du 2e cycle du secondaire**
Cahier d'apprentissage

9001, boul. Louis-H.-La Fontaine,
Anjou (Québec) H1J 2C5

Dépôt légal : 2013
Bibliothèque et Archives nationales du Québec
Bibliothèque et Archives Canada

ISBN 978-2-7617-6156-7 (Cahier d'apprentissage)
ISBN 978-2-7617-6162-8 (Cahier d'apprentissage, version MaZoneCEC)

Imprimé au Canada
1 2 3 4 5 17 16 15 14 13

TABLE DES MATIÈRES

© Denis Opolja/Shutterstock Images LLC

LES RESSOURCES DE LA LANGUE

Présentation du cahier

Le cahier d'apprentissage Réseau constitue une ressource complémentaire de tout matériel de base en français, langue d'enseignement.

Ses entrées notionnelles, ses exercices et sa présentation en font un outil simple et efficace, qui favorise l'acquisition des connaissances et le développement des compétences en français, et qui respecte la répartition de la *Progression des apprentissages au secondaire*.

Le cahier d'apprentissage Réseau comporte **trois volets** : *Les modes de discours*, *Les ressources de la langue* et *Le référentiel*, chacun comprenant plusieurs sections.

Les modes de discours

- L'explication
- La narration
- La poésie

Les ressources de la langue

- La grammaire de la phrase
- Le lexique
- L'orthographe lexicale et grammaticale
- La grammaire du texte

Le référentiel

- Les stratégies de lecture
- Les stratégies d'écriture
- Les manipulations syntaxiques
- Les fonctions syntaxiques
- L'orthographe lexicale et grammaticale
- Le glossaire des modes de discours

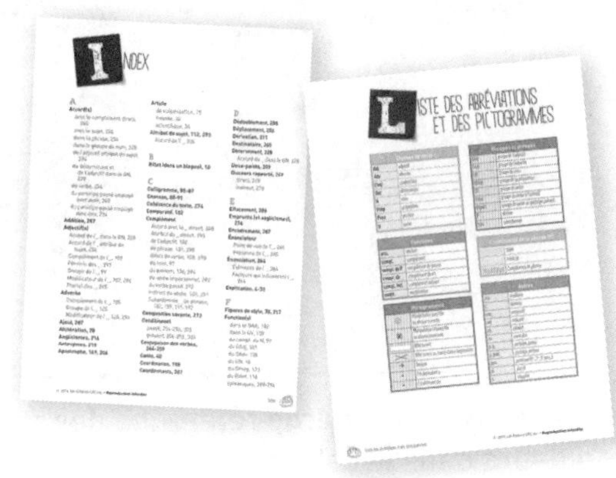

La **table des matières** détaillée reprend la couleur de chaque volet pour un repérage facile.

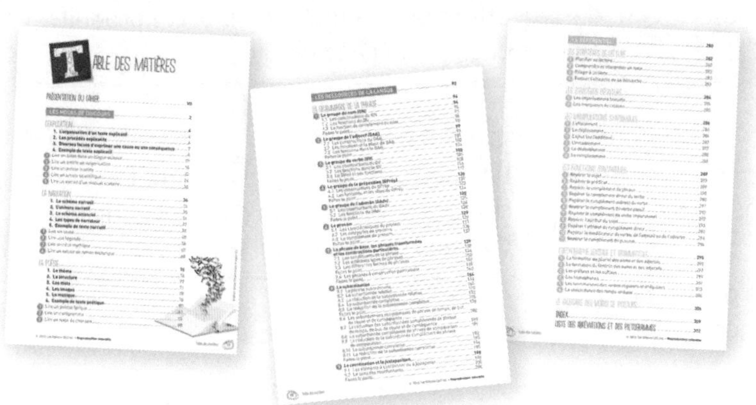

Après le référentiel se trouvent un **index** et la **liste des abréviations et des pictogrammes** employés dans le cahier.

LES MODES DE DISCOURS

Dans la *Progression des apprentissages au secondaire* en français, on accorde une importance déterminante aux modes de discours. De fait, ceux-ci constituent le socle auquel s'arrime le développement des compétences. Ainsi, chacune des sections du volet *Les modes de discours* aborde un des types de textes prescrits par la *Progression des apprentissages*.

Chaque section commence par un **exposé théorique** qui décrit et explique le mode de discours à l'étude.

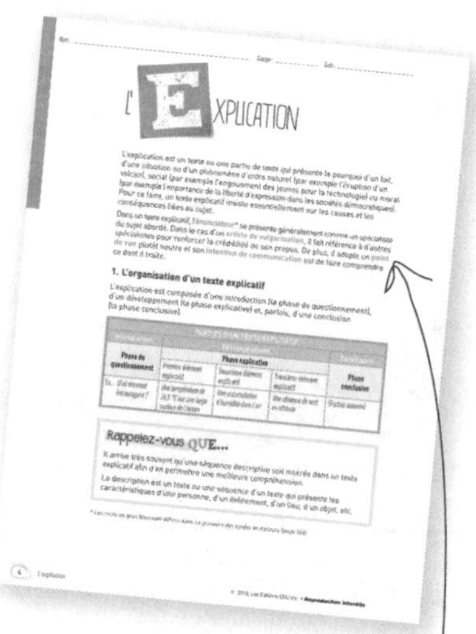

L'EXPLICATION

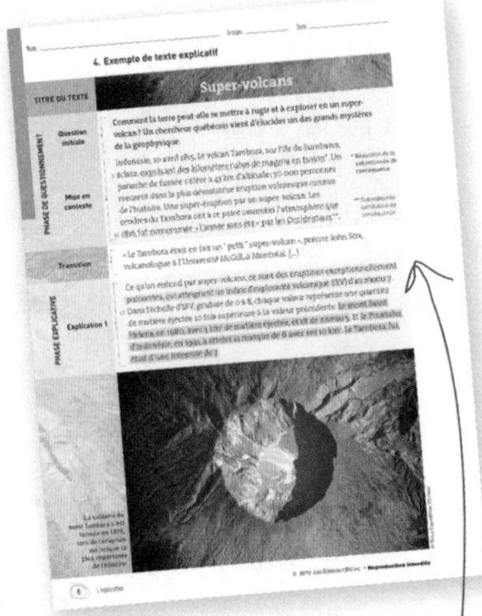

Super-volcans

Regards croisés sur la douleur

Les mots en **gras bleu**, liés aux notions et concepts à enseigner, sont définis dans *Le glossaire des modes de discours*, à la fin du référentiel.

Un **texte annoté** illustrant les caractéristiques du mode de discours à l'étude suit l'exposé théorique.

Chaque section présente plusieurs **exemples de textes** accompagnés d'activités qui en permettent l'exploitation et la modélisation.

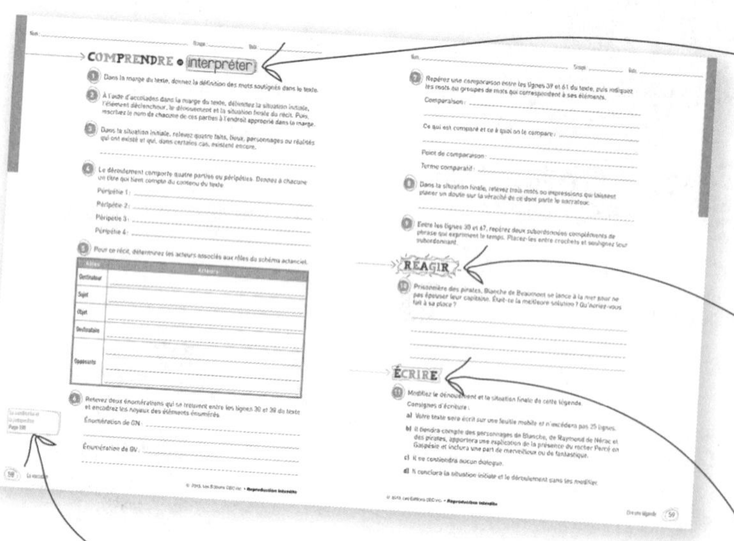

COMPRENDRE et interpréter

RÉAGIR

ÉCRIRE

La rubrique **COMPRENDRE et interpréter** permet à l'élève d'approfondir sa compréhension des notions à l'étude et son interprétation du texte proposé.

La rubrique **RÉAGIR** donne l'occasion à l'élève de s'attarder aux effets que la lecture du texte produit chez lui ou chez elle.

La rubrique **ÉCRIRE** invite l'élève à rédiger un texte afin de réinvestir les connaissances acquises.

Des **renvois en marge** réfèrent à des notions abordées ailleurs dans le cahier.

Les renvois **turquoise** concernent les modes de discours; les renvois **orange**, les ressources de la langue; et les renvois **verts**, le référentiel.

LES RESSOURCES DE LA LANGUE

Dans la *Progression des apprentissages au secondaire*, on insiste également sur les ressources de la langue. Le cahier d'apprentissage **Réseau** fait donc une large place aux notions grammaticales.

Chaque section du volet *Les ressources de la langue* propose des encadrés théoriques et des exercices qui y sont liés, favorisant chez l'élève l'acquisition de connaissances et le développement de son autonomie.

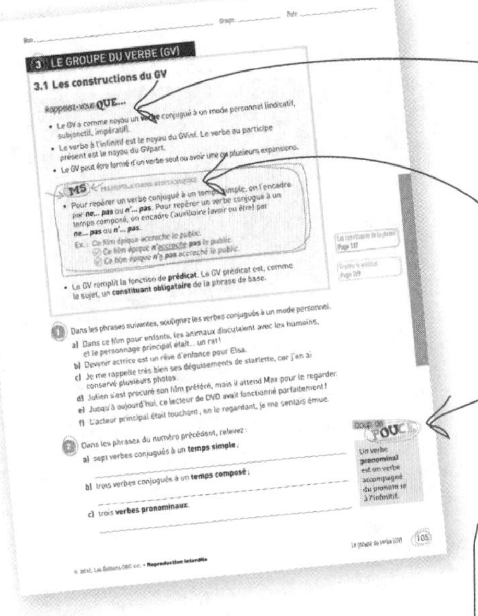

La rubrique **Rappelez-vous QUE...** permet à l'élève de réactiver des connaissances qui sont nécessaires à l'appropriation de la notion abordée.

La rubrique **MANIPULATIONS SYNTAXIQUES** propose à l'élève des moyens pour repérer les éléments à l'étude.

La rubrique **Coup de POUCE** propose à l'élève des astuces ou le recours à des outils de référence.

La rubrique **INFO +** propose des informations pratiques liées à la notion abordée.

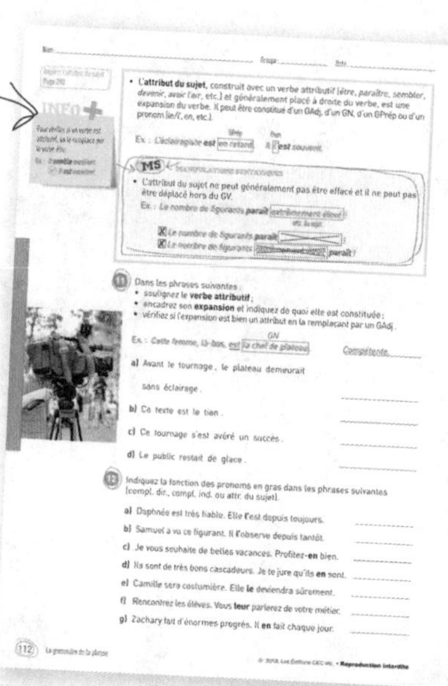

La rubrique **JUSTIFIEZ VOTRE RÉPONSE** permet à l'élève de développer ses compétences à s'auto-corriger tant dans des exercices qu'en situation d'écriture.

FAITES LE POINT présente des activités synthèses, qui permettent à l'élève de réviser et de mettre en application les connaissances abordées dans les pages précédentes.

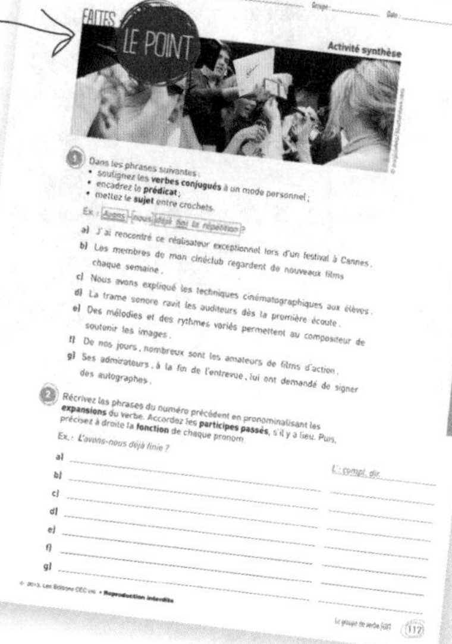

« JE ME DEMANDE SI JE NE SUIS PAS EN TRAIN DE JOUER AVEC LES MOTS. ET SI LES MOTS ÉTAIENT FAITS POUR ÇA ? »

Boris Vian (1920-1959),
romancier, dramaturge,
poète et parolier français

LES MODES DE DISCOURS

L'EXPLICATION

L'explication est un texte ou une partie de texte qui présente le pourquoi d'un fait, d'une situation ou d'un phénomène d'ordre naturel (par exemple l'éruption d'un volcan), social (par exemple l'engouement des jeunes pour la technologie) ou moral (par exemple l'importance de la liberté d'expression dans les sociétés démocratiques). Pour ce faire, un texte explicatif insiste essentiellement sur les causes et les conséquences liées au sujet.

Dans un texte explicatif, l'**énonciateur*** se présente généralement comme un spécialiste du sujet abordé. Dans le cas d'un **article de vulgarisation**, il fait référence à d'autres spécialistes pour renforcer la crédibilité de son propos. De plus, il adopte un **point de vue** plutôt neutre et son **intention de communication** est de faire comprendre ce dont il traite.

1. L'organisation d'un texte explicatif

L'explication est composée d'une introduction (la phase de questionnement), d'un développement (la phase explicative) et, parfois, d'une conclusion (la phase conclusive).

PARTIES D'UN TEXTE EXPLICATIF				
Introduction	**Développement**			**Conclusion**
Phase de questionnement	**Phase explicative**			**Phase conclusive**
	Premier élément explicatif	Deuxième élément explicatif	Troisième élément explicatif	
Ex. : *D'où viennent les ouragans ?*	*Une température de 26,5 °C sur une large surface de l'océan*	*Une accumulation d'humidité dans l'air*	*Une absence de vent en altitude*	(Parfois absente)

Rappelez-vous QUE…

Il arrive très souvent qu'une séquence descriptive soit insérée dans un texte explicatif afin d'en permettre une meilleure compréhension.

La description est un texte ou une séquence d'un texte qui présente les caractéristiques d'une personne, d'un évènement, d'un lieu, d'un objet, etc.

* Les mots en gras bleu sont définis dans *Le glossaire des modes de discours* (page 306).

1.1 L'introduction ou la phase de questionnement

Il existe deux façons d'introduire le sujet d'un texte explicatif.

- **La façon explicite :** une question introduite par *pourquoi* (ou une question équivalente) est posée dès l'introduction.

  Ex. : *D'où viennent les ouragans ? Pourquoi le ciel est-il bleu ?*

- **La façon implicite :** la description d'un problème ou la constatation d'une mauvaise perception de la réalité suggère fortement une question qui n'est pas clairement formulée.

  Ex. : *Ce conflit qui perdure en a surpris plusieurs, qui ne comprennent toujours pas les causes du problème.*

  Dans ce cas-ci, même si aucune question n'est posée explicitement, le contexte laisse tout de même percevoir la question suivante : « Pourquoi les causes de ce conflit qui perdure demeurent-elles méconnues ? »

1.2 Le développement ou la phase explicative

C'est la partie la plus importante de l'explication parce qu'elle répond à la question soulevée dans l'introduction. Dans la plupart des cas, on y observe l'un des deux plans suivants, parfois même une combinaison des deux.

- **Le plan par succession** de causes et de conséquences

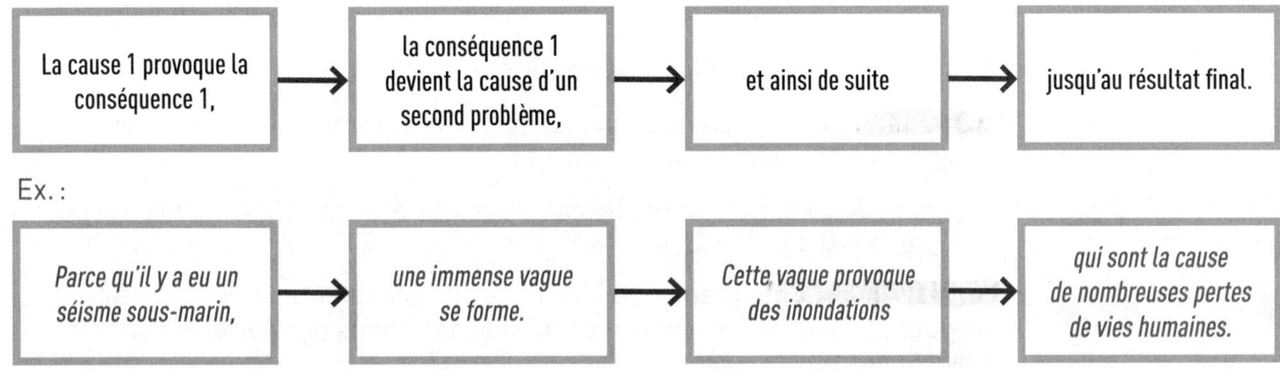

- **Le plan par addition** de causes entraînant une conséquence

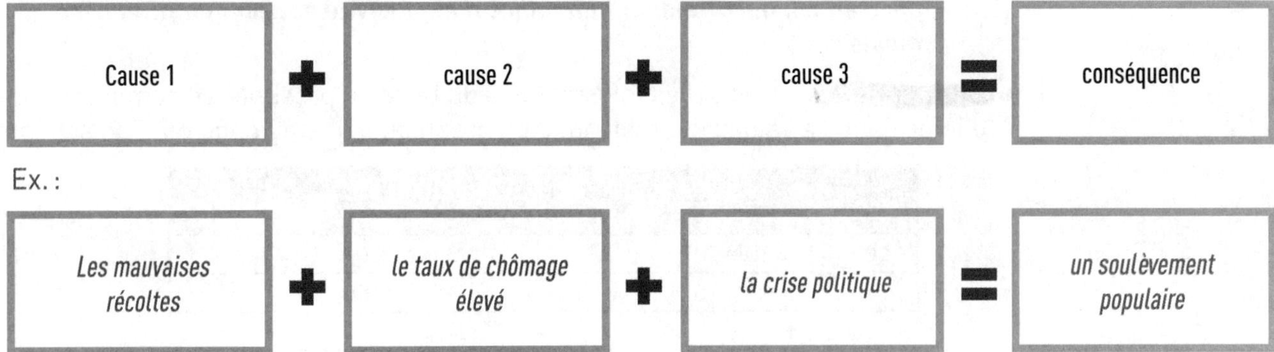

1.3 La conclusion ou la phase conclusive

Lorsqu'il y en a une, la phase conclusive est souvent introduite par un marqueur de conclusion (*donc*, *pour conclure*, *en somme*, etc.) et elle reprend les éléments importants de l'explication.

Parfois, on y trouve une **ouverture**, c'est-à-dire une invitation aux **destinataires** à poursuivre leur réflexion d'une manière ou d'une autre :

- Soit on présente le sujet selon une nouvelle perspective ;
- Soit on introduit un nouvel aspect du sujet ;
- Soit on pose une question différente de celle contenue dans l'introduction.

2. Les procédés explicatifs

Voici les cinq procédés explicatifs les plus fréquents.

- **La définition** résume un mot, une idée ou un concept, souvent à l'aide de **termes génériques** ou de **termes spécifiques**.

  Ex. : *C'est* ***cette dépression plus ou moins circulaire, entourée de parois verticales****, qu'on appelle « caldeira ».*

- **La comparaison** relie deux réalités qui ont des points communs ou des différences à l'aide de termes comparatifs (*comme*, *tel*, *semblable*, *rappeler*, *s'apparenter*, etc.) ou distinctifs (*contrairement*, *à l'inverse*, *différer*, *se distinguer*, etc.).

  Ex. : [...] *une caldeira. Cela* ***ressemble*** *à un grand cratère.*

- **L'exemple** renvoie à un être, un objet, un évènement pour représenter concrètement une idée ou un concept.

  Ex. : ***L'île de Santorini, en Grèce****, est une autre caldeira, résultat d'une éruption survenue il y a 3 600 ans.*

- **La reformulation** reprend une idée dans un vocabulaire différent à l'aide de **paraphrases** ou de synonymes, parfois introduits par *autrement dit*, *c'est-à-dire*, etc.

  Ex. : *Ce qu'on entend par super-volcans,* ***ce sont des éruptions exceptionnellement puissantes, qui atteignent un indice d'explosivité volcanique (IEV) d'au moins sept****.*

- **L'illustration** synthétise les informations du texte ou présente un complément d'information à l'aide d'un tableau, d'un graphique, d'une image ou d'un schéma.

  Ex. :

INDICE D'EXPLOSIVITÉ VOLCANIQUE (IEV)		
IEV	Volume de matière éjectée (m^3)	Hauteur de colonne (km)
0	Moins de 10^4	Moins de 0,1
1	Moins de 10^6	De 0,1 à 1
2	Moins de 10^7	De 1 à 5
[...]	[...]	[...]
7	Moins de 10^{12}	Plus de 25
8	10^{12} et plus	Plus de 25

Nom : ______________________ Groupe : __________ Date : __________

3. Diverses façons d'exprimer une cause ou une conséquence

L'explication se distingue d'un autre mode de discours parce qu'elle implique des liens de causalité, c'est-à-dire qu'on insiste sur l'origine ou les motivations (la cause) d'un fait, d'une situation ou d'un phénomène, et sur les résultats ou les impacts (la conséquence) de ceux-ci.

- Pour exprimer une cause, on utilise divers **moyens linguistiques** :

Moyens linguistiques	Exemples
Certains noms ou certains verbes	*Les raz-de-marée et les vents violents* ***provoquent*** *la dévastation d'importants territoires.*
Un groupe prépositionnel	***En raison des*** *raz-de-marée et* ***des*** *vents violents, d'importants territoires sont dévastés.*
Une phrase coordonnée et des coordonnants	*D'importants territoires sont dévastés,* ***car*** *ils ont subi les assauts des raz-de-marée et des vents violents.*
Une phrase subordonnée complément de phrase	***Parce qu'ils ont subi les assauts des raz-de-marée et des vents violents****, d'importants territoires sont dévastés.*
Le deux-points	*D'importants territoires sont dévastés* **:** *ils ont subi les assauts des raz-de-marée et des vents violents.*
Une phrase subordonnée relative	*D'importants territoires,* ***qui ont subi les assauts des raz-de-marée et des vents violents****, sont dévastés.*

Sens de quelques coordonnants **Page 202**

La subordonnée complément de phrase **Page 180**

La subordonnée relative **Page 163**

- Pour exprimer une conséquence, on utilise divers **moyens linguistiques** :

Moyens linguistiques	Exemples
Certains noms ou certains verbes	*Les retards à l'aéroport* ***découlent*** *d'une éruption volcanique.*
Certains adverbes	*Un volcan est en éruption,* ***conséquemment****, de nombreux vols sont retardés.*
Une phrase coordonnée et des coordonnants	*Un volcan est en éruption,* ***donc*** *de nombreux vols sont retardés.*
Une phrase subordonnée complément de phrase	*Un volcan est en éruption* ***si bien que de nombreux vols sont retardés****.*
Le deux-points	*Une éruption volcanique cause bien des maux* **:** *vols retardés, trajets détournés et vacances annulées.*
Une phrase subordonnée corrélative	*Cette éruption volcanique est* ***tellement*** *importante* ***que de nombreux vols sont retardés****.*

La subordonnée corrélative **Page 191**

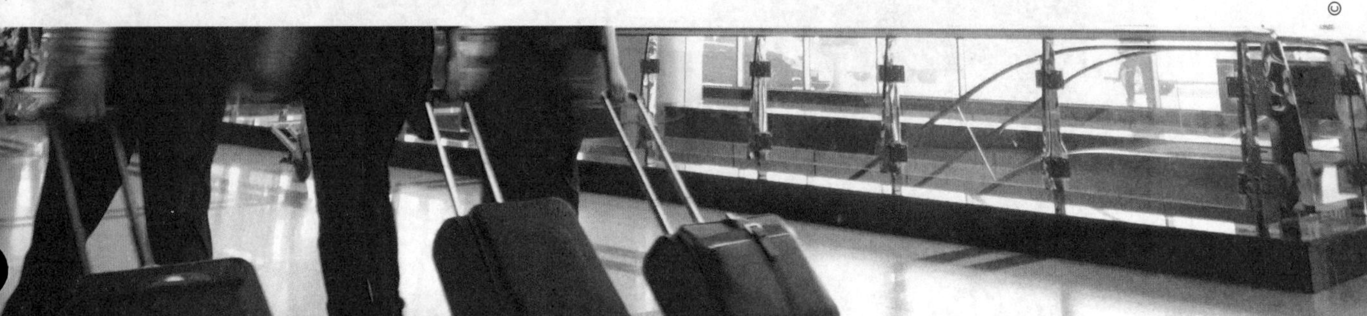

© gyn9037 / Shutterstock Images LLC

Nom : ______________________ Groupe : __________ Date : __________

4. Exemple de texte explicatif

TITRE DU TEXTE

Super-volcans

PHASE DE QUESTIONNEMENT

Question initiale

Comment la terre peut-elle se mettre à rugir et à exploser en un super-volcan ? Un chercheur québécois vient d'élucider un des grands mystères de la géophysique.

Mise en contexte

Indonésie, 10 avril 1815. Le volcan Tambora, sur l'île de Sumbawa, éclate, expulsant des kilomètres cubes de magma en fusion*. Un panache de fumée s'élève à 43 km d'altitude ; 70 000 personnes meurent dans la plus dévastatrice éruption volcanique connue de l'histoire. Une super-éruption par un super-volcan. Les cendres du Tambora ont à ce point assombri l'atmosphère que 1816 fut surnommée « l'année sans été » par les Occidentaux**.

* Réduction de la subordonnée de conséquence

** Subordonnée corrélative de conséquence

Transition

« Le Tambora était en fait un " petit " super-volcan », précise John Stix, volcanologue à l'Université McGill, à Montréal. [...]

PHASE EXPLICATIVE

Explication 1

Ce qu'on entend par super-volcans, ce sont des éruptions exceptionnellement puissantes, qui atteignent un indice d'explosivité volcanique (IEV) d'au moins 7. Dans l'échelle d'IEV, graduée de 0 à 8, chaque valeur représente une quantité de matière éjectée 10 fois supérieure à la valeur précédente. Le mont Saint Helens, en 1980, avec 3 km^3 de matière éjectée, était de niveau 5. Et le Pinatubo, d'Indonésie, en 1991, a atteint la marque de 6 avec ses 10 km^3. Le Tambora, lui, était d'une intensité de 7.

La caldeira du mont Tambora s'est formée en 1815, lors de l'éruption volcanique la plus importante de l'histoire.

© Nasa Expedition 20 crew

Nom : ____________ Groupe : ____________ Date : ____________

« Mais ce qui caractérise surtout un super-volcan, signale le professeur Stix, c'est qu'il s'accompagne souvent de la formation d'une caldeira. Cela ressemble à un grand cratère, mais il s'agit en fait d'un affaissement de la croûte terrestre. »

[...]

Les volcans actifs se forment normalement au-dessus d'une chambre magmatique, grand réservoir de roche en fusion situé entre 10 km et 50 km sous la surface de la Terre. Lorsque la pression devient trop forte dans la chambre, le magma remonte jusqu'à la croûte à travers une étroite cheminée et émerge en surface avec plus ou moins de violence. C'est l'éruption volcanique. Ce scénario, on le connaît assez bien. Mais quand la chambre se vide de son magma, il peut arriver que son plafond s'écroule. Le volcan lui-même et le sol environnant s'affaissent alors de quelques dizaines à quelques centaines de mètres. C'est cette dépression plus ou moins circulaire, entourée de parois verticales, qu'on appelle « caldeira ». L'éruption du Tambora a laissé une caldeira très nette et bien circulaire, d'un diamètre de 7 km et profonde de 600 m. L'île de Santorini, en Grèce, est une autre caldeira, résultat d'une éruption survenue il y a 3 600 ans.

Explication 2

Plan par succession :
pression trop forte
↓
remontée du magma
↓
éruption volcanique
↓
évacuation du magma
↓
le plafond s'écroule

Or*, la formation d'une caldeira pourrait avoir un effet amplificateur sur une éruption. C'est ce que révélait John Stix, avec deux autres volcanologues de l'Université de la Colombie-Britannique, dans la revue *Nature Geoscience* au printemps dernier. [...]

* Organisateur textuel qui annonce une transition

Quand le plafond d'une chambre magmatique s'affaisse au cours d'une éruption, les blocs du dôme agitent le magma. Les modifications de pression et d'autres effets complexes de la lave en fusion peuvent alors** déclencher une super-éruption.

** Adverbe qui présente une conséquence

Explication 3

Plan par addition :
affaissement du plafond
+
modifications de pression
+
autres effets complexes
=
super-éruption

PHASE EXPLICATIVE

Avec de telles découvertes, sera-t-on en mesure de prédire la prochaine super-éruption ? « Difficile d'affirmer quand, répond John Stix. Mais plus facile de prédire où. Il y a le volcan Rabaul, qui est actif en Papouasie–Nouvelle-Guinée. Les Campi Flegrei, d'Italie, liés au Vésuve, sont aussi à surveiller. Aux États-Unis, le parc de Yellowstone semble installé sur une immense chambre magmatique active, et le Toba, d'Indonésie, pourrait bien se réveiller. » Tous ont le potentiel de devenir des super-volcans.

Ouverture grâce à une nouvelle question

(Résumé absent)

PHASE CONCLUSIVE

© Joël LEBLANC, magazine *Québec Science*.

Légende des procédés explicatifs : définition – comparaison – exemple – reformulation

Nom : ______ Groupe : ______ Date : ______

1 LIRE UN BILLET DANS UN BLOGUE SCIENCE

La popularité des blogues ne se dément pas. Il faut dire que ce média offre certains avantages : espace peu limité, possibilité d'insérer des hyperliens et des extraits vidéo ou audio, contenu modifiable aisément, accès aux commentaires des autres internautes... C'est un texte, mais enrichi.

Avant la lecture

Dans le billet suivant, la météorologue et blogueuse Ève Christian compare deux phénomènes météorologiques. La comparaison est un procédé fréquemment utilisé pour fournir des explications. Durant la lecture, prêtez attention à son emploi dans le texte.

Lisez le texte suivant.

© B747/Shutterstock Images LLC

Les ouragans, ces monstres de l'océan

Voici revenu ce temps de l'année où sévissent les ouragans. Même si la saison débute le 1er juin, ils sont plus fréquents pendant les mois d'août, de septembre et d'octobre. Ces importantes tempêtes d'origine tropicale qui voyagent au-dessus des océans peuvent atteindre une violence extraordinaire et provoquer des déluges et de forts vents tourbillonnants.

Selon l'océan au-dessus duquel elles naissent, ces tempêtes portent différents noms : *ouragan* dans l'océan Atlantique et dans l'est et le centre du Pacifique, *typhon* dans le nord-ouest du Pacifique et *cyclone* dans l'océan Indien. Cependant, retenons que ces appellations désignent toutes le même phénomène météorologique.

Et les tornades ?

Là, il faut régler un point. Une tornade n'est absolument pas dans la famille des ouragans. Ces phénomènes météo extrêmes sont tous les deux des tourbillons atmosphériques, mais ils sont très différents autant par leur formation, leur étendue que leurs effets.

L'ouragan est la tempête la plus destructrice en vigueur et en étendue. La tornade est beaucoup plus intense, mais aussi beaucoup plus petite – son diamètre ne fait que quelques centaines de mètres. Elle concentre en si peu d'espace tant d'énergie qu'elle détruit tout sur son passage, mais sur une zone très restreinte et très nette.

Contrairement à l'ouragan, qui se forme au-dessus de l'eau et meurt rapidement quand il arrive sur la terre, la tornade est principalement un phénomène terrestre. Elle est initiée par le réchauffement de la surface de la Terre par le Soleil, ce qui contribue au développement d'un orage violent qui peut ensuite engendrer le tourbillon.

Une tornade détruisant une maison (États-Unis)

La durée de vie d'une tornade est de quelques minutes, alors que l'ouragan vit en moyenne une dizaine de jours. Malgré sa petitesse et sa spontanéité, la tornade peut produire des vents qui sont plus forts que ceux de l'ouragan. L'échelle de Fujita, qui en mesure la force, a six stades, de F0 (à partir de 64 km/h) à F5 (de 418 à 509 km/h). Pour sa part, l'échelle de Saffir-Simpson, qui mesure le vent des ouragans, est divisée en cinq catégories qui s'étalent de 119 km/h à plus de 250 km/h.

Cependant, des tornades peuvent se former dans un ouragan lorsqu'il aborde les côtes des continents. Par exemple, en 1988, le centre de l'ouragan Gilbert est passé bien au sud de la frontière du Mexique, mais il a laissé 41 tornades à travers le Texas. Autre différence : on ne donne pas de nom aux tornades.

Alberto, Beryl ou Chris

Une fois le stade de dépression passé, autrement dit, dès que leurs vents atteignent 63 km/h, on baptise les tempêtes tropicales qui ont le potentiel de devenir ouragans afin de simplifier la communication avec la population. Il y a très longtemps, on les identifiait par leur position en latitude et longitude. Mais lorsque deux tempêtes se suivaient de quelques kilomètres, la confusion régnait. Plusieurs autres solutions ont été envisagées pour les reconnaître : les nommer avec les prénoms des saints du jour de leur formation, ceux de politiciens, des prénoms féminins et par l'alphabet phonétique international (Able, Baker, Charlie...).

Depuis 1979, l'Organisation météorologique mondiale établit des listes alphabétiques composées de prénoms, courts et distincts, féminins et masculins, d'origines anglaise, française et espagnole, en alternance. Ces listes comprennent un prénom pour chacune des lettres de l'alphabet, sauf cinq (*Q*, *U*, *X*, *Y* et *Z*). Dans le cas où il y aurait plus de 21 tempêtes nommées dans l'Atlantique dans une même saison, comme en 2005, on poursuivra la nomination avec l'alphabet grec : Alpha, Beta, Gamma...

Sur le Web, l'hyperlien donne accès aux listes des prénoms.

Les listes de prénoms sont réutilisées tous les six ans. Autrement dit, celle de 2012 sera réutilisée en 2018 à moins qu'un ouragan ait été particulièrement dévastateur. Dans ces cas, le nom est retiré et remplacé afin d'éviter de confondre cet ouragan destructeur avec d'autres en cours de formation. Par exemple, sur la liste de 2005, le prénom *Katrina*, dont on se souviendra malheureusement longtemps, sera remplacé six ans plus tard sur la liste de 2011, par *Katia*.

[...]

Ève CHRISTIAN, « Les ouragans, ces monstres de l'océan », *Blogue science*, Société Radio-Canada, 7 septembre 2012, [En ligne].

Dégâts causés par l'ouragan Sandy en octobre 2012 à Brooklyn, dans l'État de New-York (États-Unis)

Nom : ______________________ Groupe : __________ Date : __________

COMPRENDRE et interpréter

1 Annoter un texte est un moyen efficace d'en apprivoiser le contenu.

a) Inscrivez les mots-clés de l'encadré aux endroits appropriés dans la marge du texte afin de repérer facilement les informations principales.

• Saison des ouragans • Définition ouragan • Conséquences ouragan • Appellations • Différences ouragan/tornade • Diamètre tornade • Conséquences tornade • Origine tornade • Durée de vie ouragan/tornade • Échelles de mesure des vents • Raison de nommer un ouragan • Méthode de choix des noms • Système de rotation des noms

b) Dans le texte, soulignez les informations importantes liées aux mots-clés du numéro précédent, qui vous permettront de mieux comprendre ce qu'est un ouragan.

2 Durant quelle saison ce billet a-t-il été publié ? Encerclez la bonne réponse.

a) Au milieu de l'été.

b) À la fin de l'été, le début de l'automne.

c) À la fin de l'automne, autour du mois de novembre.

3 Les énoncés suivants sont-ils vrais ou faux ? Corrigez ceux que vous jugez faux.

	VRAI	FAUX
a) Il peut y avoir des ouragans durant le mois de juillet.	✓	○
b) Parce qu'il produit des vents plus forts, un ouragan cause plus de dommages qu'une tornade.	✓	○
c) Un ouragan peut être la cause de tornades.	✓	○
d) Le nom *Katrina* ne désignera plus jamais une autre tornade.	✓	○

4 Le sujet de ce billet est les ouragans. Pourtant, une partie de la phase explicative est consacrée aux tornades. Selon vous, pourquoi la blogueuse fait-elle référence à cet autre phénomène ?

car les deux sont reliés

Nom : ______________________ Groupe : __________ Date : __________

5 Remplissez le tableau suivant à l'aide des informations tirées du billet.

	Ouragan	Tornade
Origine du phénomène		
Étendue		
Durée de vie		
Conséquences		
Nom de l'échelle de mesure des vents		

6 La comparaison permet d'établir un lien entre deux réalités à l'aide de termes comparatifs ou distinctifs.

a) La majorité des comparaisons entre les ouragans et les tornades portent-elles sur leurs points communs ou sur leurs différences ?

communs

b) Remplissez le tableau suivant, qui présente deux comparaisons.

Extraits du blogue	Éléments comparés	Termes comparatifs
« Contrairement à l'ouragan, qui se forme au-dessus de l'eau et meurt rapidement quand il arrive sur la terre, la tornade est principalement un phénomène terrestre. »	✓	
« Malgré sa petitesse et sa spontanéité, la tornade peut produire des vents qui sont plus forts que ceux de l'ouragan. »		✓

RÉAGIR

7 Un blogue est interactif : on peut participer à une discussion en en commentant le propos ou en questionnant son auteur. Rédigez un commentaire à l'intention de l'auteure en lui posant une question en lien avec le sujet.

Nom : ______________________ Groupe : __________ Date : ______________

2 LIRE UN ARTICLE DE VULGARISATION

Les magazines et les journaux regorgent d'articles variés qui tentent de nous expliquer simplement des phénomènes parfois complexes. À la différence d'un article scientifique, qui s'adresse essentiellement à des spécialistes, l'article de vulgarisation se veut compréhensible par les non-spécialistes.

Avant la lecture

Afin de préciser l'objet d'étude des spécialistes cités dans l'article, associez les disciplines suivantes à leur définition.

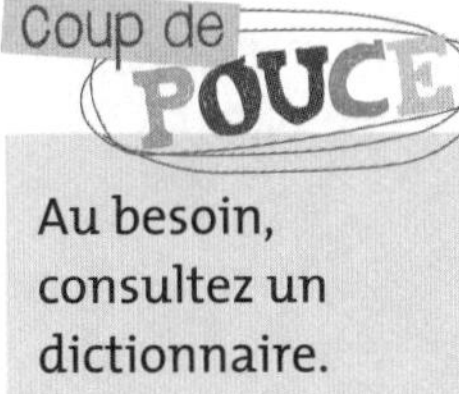

Au besoin, consultez un dictionnaire.

Spécialistes	Disciplines
Anthropologue	*Anthropologie.* •
Biologiste	•
Spécialiste en psychologie du développement	•
Philosophe	•
Spécialiste de la génétique	•

Définitions
• Science qui s'intéresse aux êtres vivants et aux phénomènes qui les caractérisent
• Ensemble des réflexions sur les êtres humains et les valeurs humaines
• Science qui s'intéresse aux caractéristiques des êtres humains
• Science qui a pour objet l'étude des gènes et de l'hérédité
• Étude des changements psychiques de l'être humain

Lisez le texte suivant.

© Pablo Calvog/Shutterstock Images LLC

L'amitié au microscope

À 75 ans, on aura rencontré 50 000 personnes, paraît-il. Mais seules quelques-unes d'entre elles auront droit au titre d'ami. Pourquoi se lie-t-on à certains êtres plus qu'à d'autres ? Et puis, à quoi ça sert, l'amitié ? Les explications de la science.

Vous comptez plus de 730 amis Facebook ? Bravo. Mais, pour vrai, sont-ils tous des amis ? Bien sûr que non. Et vous avez une très bonne excuse : votre cerveau ne peut gérer un tel nombre de relations, disent les scientifiques.

La tribu, le clan, le village. Pour la plus grande partie de son histoire, l'*Homo sapiens* a vécu dans de petites communautés. Et a développé un cerveau approprié. Selon le Britannique Robin Dunbar, anthropologue et biologiste de l'évolution, nous ne pouvons cultiver plus de 148 relations significatives – c'est ce qu'on appelle le nombre de Dunbar. Mais nous n'aurions que de trois à cinq amis intimes, à qui nous consacrons 40 % de notre vie sociale par semaine.

Un investissement rentable : les copains sont essentiels pour rester en bonne santé physique et mentale, révèlent quantité d'études récentes. Quitte à s'en fabriquer un imaginaire en cas d'isolement extrême, tel le héros du film *Cast Away* (*Seul au monde*), joué par Tom Hanks, qui, naufragé sur une île déserte, baptise un ballon de basket *Wilson* et s'en fait un confident... C'est qu'avoir peu de liens sociaux augmente le risque de mort prématurée autant qu'être trop gros ou fumer, ont analysé des chercheurs américains à partir de données provenant de 300 000 personnes.

Parmi les bienfaits de l'amitié démontrés par la science : moins de décès lors d'un cancer du sein, moins de rhumes, plus de résistance face aux épreuves de la vie. Ça s'expliquerait en partie parce que la présence de copains fait baisser le taux de cortisol – l'hormone produite par le corps quand on est stressé. Le rôle d'un ami serait même plus déterminant que celui d'un amoureux et de parents dans le combat contre la maladie, avancent des chercheurs.

L'union fait la force

Bref, ce n'est pas très romantique, mais on se fait des amis pour sauver sa peau, nous apprend la biologie évolutionniste. En effet, c'est en partie parce qu'il est sociable que l'*Homo sapiens* s'en est tiré jusqu'ici, ayant été peu choyé côté dents pointues et griffes acérées. « L'amitié est une colle psychologique qui nous soude aux autres pour faire obstacle à l'ennemi », explique Henry Markovits, spécialiste en psychologie du développement à l'UQAM.

Cette « colle » permet aussi de chasser le mammouth, d'éduquer des enfants, de construire des villes. « L'amitié existe parce que les humains ont compris qu'ils étaient plus compétents à plusieurs qu'en solo », dit le philosophe Benoît Dubreuil, dont la thèse de doctorat portait sur la coopération et l'apparition des hiérarchies chez l'humain. « Pour survivre, ils ont intérêt à partager, à rendre service, à prendre soin des autres. Il faut se faire des alliés. »

C'est toi que j'aime

Soit. Mais pourquoi Clara plutôt qu'Alice ? Antoine et pas Xavier ? Qu'est-ce qui dicte le choix d'un compagnon ? « Parce que c'était lui, parce que c'était moi », écrivait Montaigne au sujet de son amitié pour Étienne de La Boétie. [...]

[...] « On peut s'entendre à merveille avec des relations d'affaires et des gens qu'on rencontre au parc à chiens, indique le philosophe Benoît Dubreuil. Mais on ne les désigne pas comme étant nos "amis" parce que, dans notre culture, ce terme suppose que les deux parties sont réunies d'un commun entendement, de façon volontaire, et non parce que le contexte les y contraint. »

On se lie surtout à des gens du même âge et du même sexe que nous, provenant de milieux socioéconomiques semblables et dont les comportements correspondent aux nôtres. Bref, le proverbe a raison : qui se ressemble s'assemble. Même sur le plan génétique, a découvert une équipe de l'Université de Californie. Mais l'autre proverbe a aussi raison : les contraires s'attirent. Bien que ses travaux en soient encore au stade préliminaire, James Fowler, un spécialiste de la génétique et des liens sociaux, croit même possible qu'on choisisse des copains (et des amoureux) nous protégeant naturellement de certaines maladies. En effet, on aurait tendance à jeter son dévolu sur un partenaire dont le système immunitaire combat des maladies contagieuses auxquelles on n'est pas résistant, diminuant ainsi le risque d'y être soi-même exposé. On n'est jamais trop prudent...

[...]

Marie-Hélène PROULX, « L'amitié au microscope », *Châtelaine*, octobre 2012, p. 81-82.

© Aptyp_koK/Shutterstock Images LLC

Nom : ____________ Groupe : ____________ Date : ____________

COMPRENDRE et interpréter

1. Qu'indique le titre *L'amitié au microscope* ?

~~Que c'est pas très populaire~~ ça l'indique l'amitié au microscope

2. Le texte répond à deux questions. Dans le premier paragraphe :

a) encadrez la première question et notez-la ci-dessous.

à quoi sert d'amitié?

b) surlignez la deuxième question et notez-la ci-dessous.

Pourquoi se lie-t-on à certains êtres ~~au~~ autres?

3. Dans le développement, l'auteure propose des explications à ces deux questions.

a) Dans la marge du texte, marquez le début et la fin de la réponse à chacune des deux questions.

b) Que remarquez-vous en ce qui concerne l'ordre des réponses ?

____

____

4. Dans le texte, l'auteure emploie plusieurs procédés explicatifs.

a) Soulignez **deux définitions** qui se trouvent entre les lignes 5 et 27, puis inscrivez *Définition* dans la marge.

b) Quel signe de ponctuation l'auteure utilise-t-elle pour introduire une définition ? ____________

c) Soulignez **un exemple** qui se trouve entre les lignes 14 et 21, puis inscrivez *Exemple* dans la marge.

d) Quel mot permet d'introduire cet exemple ? ____________

e) Surlignez **une comparaison** qui se trouve entre les lignes 14 et 21, puis inscrivez *Comparaison* dans la marge.

f) Relevez les termes comparatifs que l'auteure utilise pour établir cette comparaison.

____

5. Dans le dernier paragraphe, quel marqueur de relation annonce une reformulation ? À l'aide du dictionnaire, donnez la définition de ce marqueur.

Marqueur de relation : ____________

Définition : ____________

Nom : ____________ Groupe : ____________ Date : ____________

6 Un texte explicatif expose les liens de causalité d'un fait, d'une situation ou d'un phénomène. Dans les extraits suivants, **soulignez les causes** et **surlignez les conséquences**.

a) « Un investissement rentable : les copains sont essentiels pour rester en bonne santé physique et mentale, révèlent quantité d'études récentes. »

b) « C'est qu'avoir peu de liens sociaux augmente le risque de mort prématurée autant qu'être trop gros ou fumer, ont analysé des chercheurs américains à partir de données provenant de 300 000 personnes. »

c) « Parmi les bienfaits de l'amitié démontrés par la science : moins de décès lors d'un cancer du sein, moins de rhumes, plus de résistance face aux épreuves de la vie. Ça s'expliquerait en partie parce que la présence de copains fait baisser le taux de cortisol ».

7 Dans le numéro précédent :

a) quels moyens linguistiques ont permis d'exprimer **une cause** ?

____

____

b) quels moyens linguistiques ont permis d'exprimer **une conséquence** ?

____

____

8 Rédigez une conclusion qui reprend les principaux éléments du texte *L'amitié au microscope*.

____

____

____

____

RÉAGIR

9 Selon les recherches, la plupart de nos amis sur les réseaux sociaux ne sont pas vraiment nos amis. Êtes-vous d'accord avec cette affirmation ? Justifiez votre réponse.

Je pense que oui parce que tout le monde sont forever alone et ils veulent des amis

____

Nom : ______________ Groupe : ______________ Date : ______________

3 LIRE UN ARTICLE INSOLITE

Qui a dit qu'une étude scientifique se devait d'avoir un sujet sérieux ? L'article *Plus un pays mange de chocolat, plus il a de prix Nobel, révèle une étude* présente les résultats d'une recherche concernant les effets du chocolat sur le cerveau d'un être humain. Et pourquoi pas ?

Coup de POUCE

Au besoin, consultez un dictionnaire ou une grammaire.

Avant la lecture

Avec ses recherches, le docteur Franz Messerli tente d'établir une corrélation entre les capacités mentales d'une personne et sa consommation de cacao. Qu'est-ce qu'une *corrélation* ?

Définition : c'est deux phénomènes qui varient simultanément.

Exemple : chocolat et nobel prise

Lisez le texte suivant.

© Mikael Damkier/Shutterstock Images LLC

Plus un pays mange de chocolat, plus il a de prix Nobel, révèle une étude

Plus la population d'un pays mange de chocolat, plus il compte de prix Nobel, une indication que le cacao doperait les capacités mentales, selon une étude publiée jeudi dans la très sérieuse revue médicale américaine *New England Journal of Medicine*.

Les flavonoïdes, de puissants antioxydants qu'on trouve en grande quantité dans les fèves de cacao, le thé vert et le vin rouge, ont montré qu'ils réduisaient le risque de démence et amélioraient les fonctions mentales chez les personnes âgées, note le Dr Franz Messerli, de l'Université Columbia à New York et auteur de cet essai.

© Stephen B. Goodwin/Shutterstock Images LLC

Une cabosse de cacaoyer

Annotations de vocabulaire

Antioxydant : ce qui ralentis ou empêche l'oxydation

« Puisque le chocolat peut hypothétiquement améliorer les fonctions cognitives chez les individus et à fortiori dans l'ensemble d'une population, je me suis demandé s'il pouvait y avoir une corrélation entre la consommation de cacao dans un pays et les capacités mentales de ses habitants », explique avec une pointe d'humour le médecin.

« À ma connaissance, il n'existe pas de données disponibles mesurant les fonctions mentales de toute une nation », poursuit-il. « On peut donc concevoir que le nombre total de Nobel par tête pourrait donner une certaine idée des fonctions cognitives d'ensemble d'un pays », explique le chercheur.

Selon ses observations, « il y a une corrélation significative surprenante entre la consommation de chocolat par personne et le nombre de lauréats du Nobel pour dix millions d'habitants dans un total de 23 pays ».

La Suisse arrive en tête à la fois en nombre de Nobel et en quantité de chocolat consommé, précise-t-il, indiquant avoir utilisé des statistiques de consommation fournies par plusieurs fabricants.

Les États-Unis, la France et l'Allemagne se sont situés dans la moyenne alors que la Chine, le Japon et le Brésil sont en bas du classement.

La Suède fait exception. Alors qu'avec 6,4 kilos de chocolat consommé par an et par tête, elle aurait dû produire quelque 14 prix Nobel selon ces calculs, elle en a compté en fait 32, relève le Dr Messerli.

Il y a deux explications possibles, ironise-t-il : « Soit que le comité de Stockholm du Nobel favorise ses nationaux, soit que les Suédois sont particulièrement sensibles aux effets du chocolat ».

Le chercheur souligne que ces données sont basées sur des moyennes de consommation par pays et que les quantités de chocolat consommées individuellement par des lauréats du Nobel « restent inconnues », tout comme les doses cumulées de cacao nécessaires pour accroître ses chances de devenir un Nobel.

© AFP

Cognitif : capacité de comprendre

À fortiori : Plus forte raison

Ironiser : de l'ironie

© Telia / Shutterstock.com

L'édifice de l'Académie Nobel, à Stockholm (Suède)

Nom : ______________________ Groupe : __________ Date : __________

COMPRENDRE et interpréter

1. Donnez la définition des mots inscrits dans la marge de l'article. Au besoin, consultez un dictionnaire.

2. Pourquoi cet article a-t-il été classé dans la section *Insolite* ?

car, le texte parle de quelque chose plus différent que d'autres.

3. Indiquez les pays correspondant au classement en nombre de Nobel par habitant.

Classement	Pays
Première place	Suisse
Dans la moyenne	É-U
Dernières places	France

4. La Suède suit-elle la tendance mise en lumière par les résultats du chercheur ? Justifiez votre réponse.

5. Relevez un procédé explicatif utilisé entre les lignes 5 et 10, puis justifiez son utilisation dans l'article.

Procédé explicatif : __________

Justification : __________

Les discours rapportés
Page 269

6. Cet article rapporte les propos du docteur Franz Messerli.

a) Dans un premier temps, soulignez les phrases incises que l'article contient.

b) Laquelle des phrases incises fournit des renseignements sur le chercheur ?

c) Lesquelles des phrases incises laissent entendre que les résultats de cette recherche sont à prendre avec un grain de sel ?

Nom : ______________________ Groupe : __________ Date : __________

7 Dans les extraits suivants, **soulignez les causes** et **encadrez les conséquences**. Puis, précisez les procédés linguistiques utilisés.

a) « Les flavonoïdes [...] ont montré qu'ils réduisaient le risque de démence et amélioraient les fonctions mentales chez les personnes âgées ».

Procédé linguistique : ______________________

b) « il n'existe pas de données disponibles mesurant les fonctions mentales de toute une nation [...]. On peut donc concevoir que le nombre total de Nobel par tête pourrait donner une certaine idée des fonctions cognitives d'ensemble d'un pays ».

Procédé linguistique : ______________________

8 Parmi les questions suivantes, encerclez celle qui introduit le sujet de l'article.

a) Pourquoi mange-t-on du chocolat ?

b) À quoi servent les flavonoïdes ?

c) Le chocolat améliore-t-il les fonctions cognitives des personnes ?

9 Dans le dernier paragraphe, le docteur Messerli souligne les points faibles de sa méthode de recherche.

a) Quelle partie de ce paragraphe illustre le sens de l'humour du chercheur ?

____

____

b) Justifiez votre réponse.

____

____

10 Dans le texte suivant, ajoutez les éléments manquants aux subordonnées corrélatives.

Selon cette étude, le nombre de lauréats de prix Nobel est plus élevé dans un pays où l'on mange plus de chocolat. Par exemple, la population de la Suisse consomme __________ de chocolat __________ celle du Japon. Donc, le Japon compte __________ de prix Nobel __________ la Suisse. La Suède est un contre-exemple, car elle a remporté plus ______________________ que ______________________.

RÉAGIR

11 Cet article change-t-il votre perception du chocolat ? Justifiez votre réponse.

____

____

____

Nom : ______________________ Groupe : __________ Date : __________

4 LIRE UN ARTICLE SCIENTIFIQUE

Les articles scientifiques sont des sources d'informations fiables lorsqu'on veut se renseigner sur un sujet. Dans *Regards croisés sur la douleur*, l'auteur explique le rôle de la douleur et présente des recherches qui ont permis de mieux comprendre ce phénomène.

Avant la lecture

Afin de vous familiariser avec le vocabulaire spécialisé de l'article que vous devrez lire, associez les mots de l'encadré à leur définition et découvrez le mot caché.

• À géométrie variable • Analgésiques • Chronique • Épilepsie • Fibres • Hypersensibilité • ***Lésion*** **• Neurophysiologiste • Orofaciales • Pathologie • Pernicieux • Plasticité • Stigmatisation • Système nerveux • Tissulaire**

Ex. : *Modification de la structure d'un tissu.* L É [S] I O N

a) Ensemble des manifestations d'une maladie. _ _ [_] _ _ _ _ _ _ _

b) Sensibilité excessive. _ _ _ _ _ _ _ _ _ [_] _ _ _ _ _ _

c) Qui s'adapte selon les circonstances (locution).

_ [_] _ _ _ _ _ _ _ _ _ _ _ _ _ _ _ _

d) Ensemble des organes et des éléments de tissus nerveux dont dépendent les fonctions vitales et la réception des messages sensoriels (locution).

_ _ _ _ _ [_] _ _ _ _ _ _ _ _

e) Relatives à la bouche et au visage. _ _ _ _ [_] _ _ _ _ _ _

f) Capacité des tissus lésés à se reformer. _ _ _ _ _ _ _ _ [_] _

g) Maladie nerveuse qui se manifeste par de brusques crises avec convulsions et perte de connaissance. _ _ [_] _ _ _ _ _ _

h) Cellules en forme de fil qu'on retrouve dans certains tissus. _ _ _ _ _ [_]

i) Médicaments contre la douleur. _ _ [_] _ _ _ _ _ _ _ _ _

j) Relatif aux tissus. [_] _ _ _ _ _ _ _ _ _

k) Se dit d'une maladie ou d'un mal difficile à traiter. _ _ _ _ _ _ [_] _ _ _

l) Spécialiste qui étudie les fonctions et les réactions des nerfs et du système nerveux des humains. _ _ _ _ [_] _ _ _ _ _ _ _ _ _ _ _ _

m) Qui évolue lentement et dure longtemps. _ _ _ _ [_] _ _ _ _

Mot caché : Condamnation sévère de quelqu'un, mise à l'écart d'un groupe.

_ _ _ _ _ _ _ _ _ _ _ _ _ _ _

Nom : ______ Groupe : ______ Date : ______

Lisez le texte suivant.

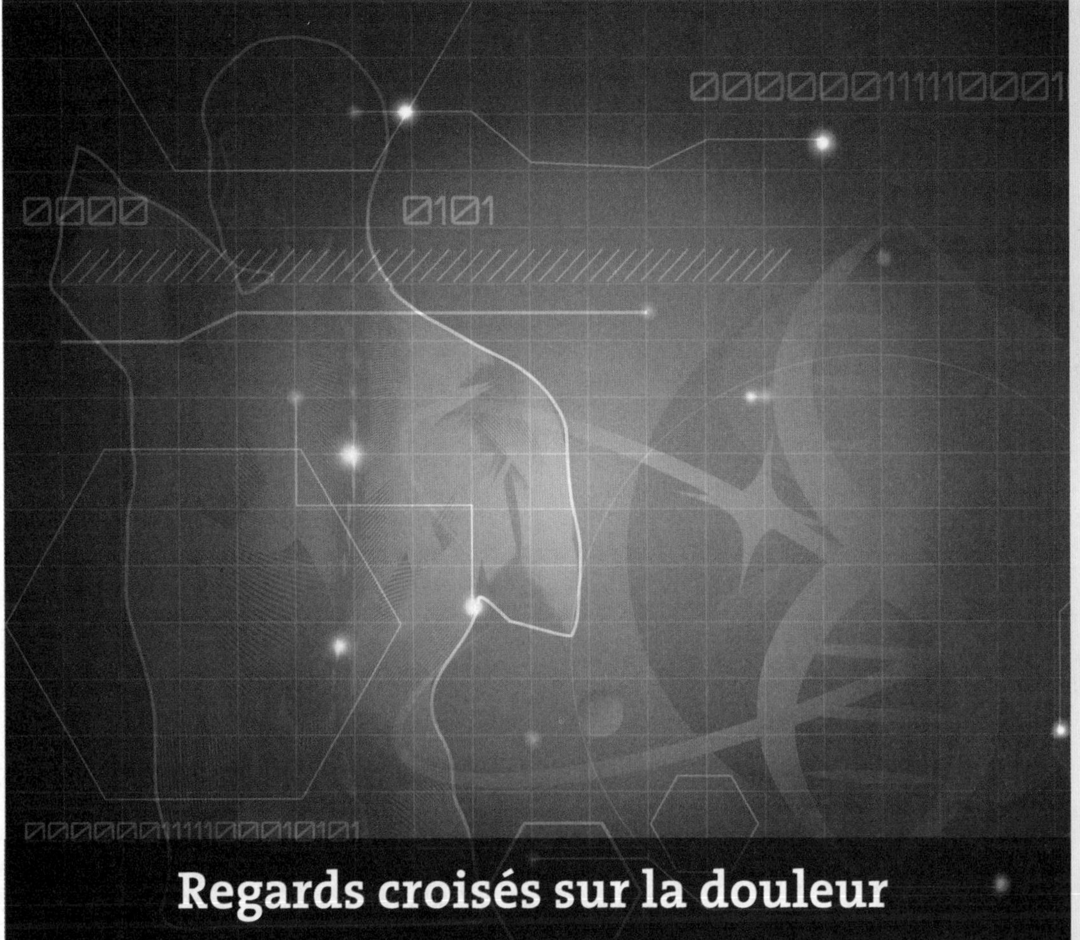

Regards croisés sur la douleur

Des chercheurs de plusieurs disciplines étudient la douleur, une sensation à géométrie variable, tantôt vitale, tantôt carrément néfaste.

« Endure ton mal, ça va t'endurcir ! » Tous les garçons ont entendu cette phrase un jour ou l'autre. Ceux qui considèrent macho (ou maso !) cette attitude seront sans doute heureux de recevoir la bénédiction du neurophysiologiste Yves De Koninck, du Centre de recherche Université Laval Robert-Giffard.

« C'est complètement faux de croire que le corps peut ainsi s'endurcir », s'exclame celui qui est également directeur du Réseau québécois de recherche sur la douleur. « C'est même le contraire. Nous savons maintenant que le fait de ne pas intervenir pour soulager une douleur augmente la probabilité qu'une personne souffre un jour de douleur chronique. »

Il ne s'agit pourtant pas de se gaver d'analgésiques. Aussi désagréable soit-elle, la douleur peut être utile. Pas cette douleur récurrente, qu'on dit chronique. Plutôt celle, plus ou moins intense, ressentie au contact d'une source de chaleur ou à la suite d'une intervention chirurgicale. Celle-là, il faut l'écouter avant de la bâillonner.

Ex. : *Deux sortes de douleur : temporaire et chronique.*

Un signal d'alarme

« La douleur est un signal d'alarme qui attire notre attention », précise Jean-Paul Goulet, professeur à la Faculté de médecine dentaire et spécialiste des douleurs orofaciales récurrentes associées aux dents ainsi qu'aux articulations et aux muscles du visage. « Dans le contexte médical, la douleur dite utile est celle qui nous prévient qu'un dommage tissulaire risque de se produire ou est déjà amorcé. »

Yves De Koninck convient que la douleur est absolument nécessaire à notre survie. « Elle vous oblige à protéger votre corps », précise-t-il. C'est vrai du réflexe qui écarte notre main du feu. Et c'est tout aussi vrai de la douleur qui persiste après une blessure : nous avons alors une hypersensibilité de la région affectée. Par la douleur, le cerveau nous dit de faire attention, de protéger nos tissus pour qu'ils guérissent.

« Cette hypersensibilité est typique de la douleur, le système est construit pour cela », remarque M. De Koninck. Cette stimulation doit cependant atteindre une certaine intensité pour activer les fibres nerveuses sensorielles, qui captent la menace et transmettent le signal de douleur. Par exemple, pour une personne normale, les capteurs de la peau envoient un tel signal uniquement si la température est de 45 °C ou plus.

[...]

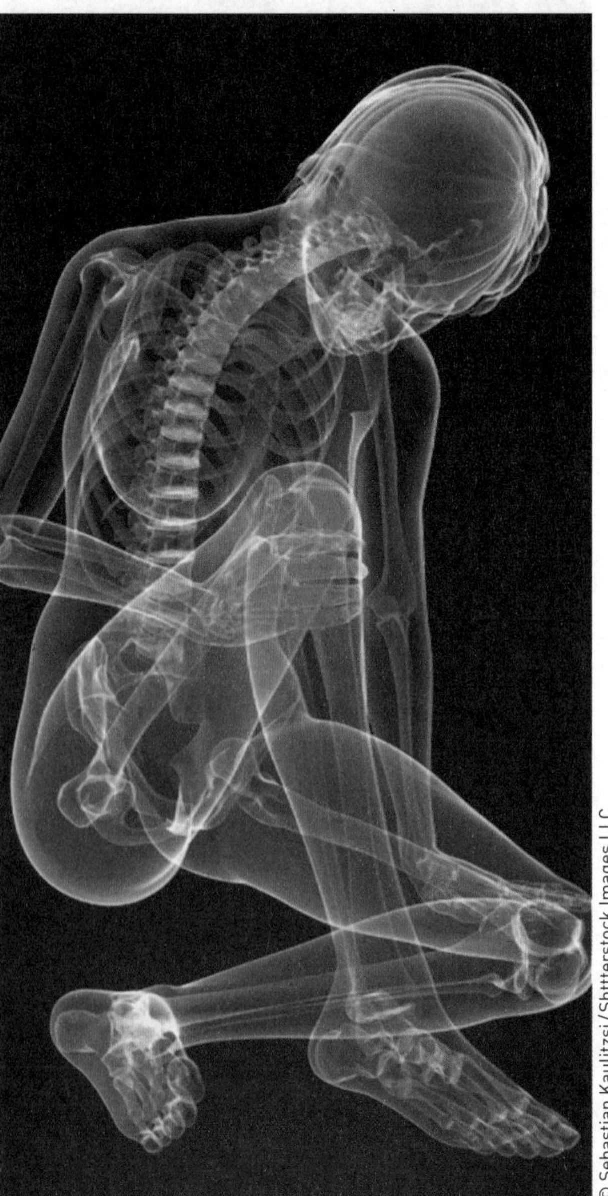

© Sebastian Kaulitzsi/Shtterstock Images LLC

Malade d'avoir mal

L'utilité de la douleur ayant une cause précise (lésion ou pathologie) ne fait aucun doute. Par contre, la douleur chronique inexplicable, qui dure des mois sinon des années, est une indésirable qui mobilise des scientifiques dans le monde entier.

« Vous n'avez rien ! Cessez de vous plaindre ! », entendent souvent les personnes atteintes de ce mal pernicieux qui sape le moral. La stigmatisation sociale n'est pas loin. « Il y a beaucoup de préjugés à l'égard de ceux qui se plaignent de douleurs chroniques », déplore Yves De Koninck.

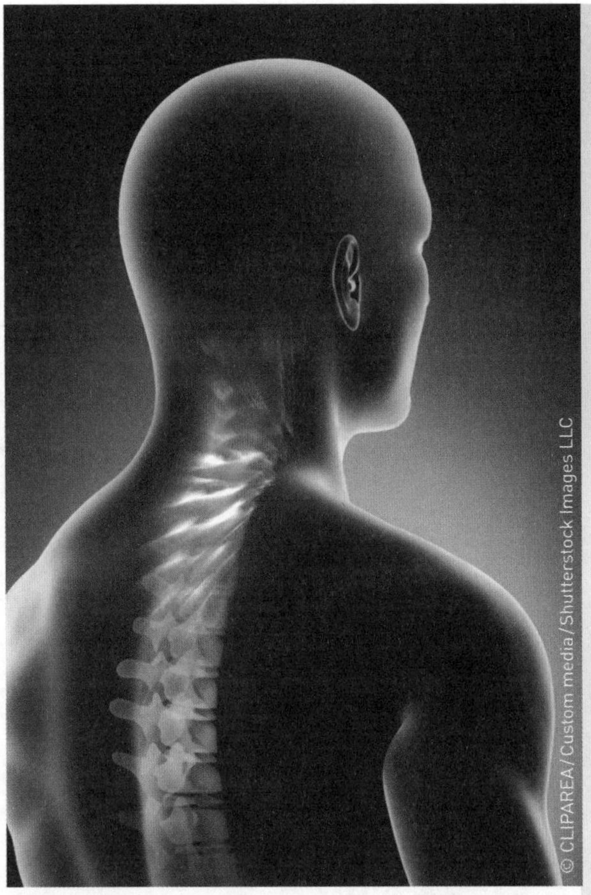
© CLIPAREA/Custom media/Shutterstock Images LLC

Ces préjugés volent en éclats dans les laboratoires d'ici et d'ailleurs. « Nos travaux montrent que la douleur chronique est une pathologie en soi, assure Yves De Koninck. C'est un mauvais fonctionnement du cerveau au même titre que l'épilepsie. Il y a d'ailleurs énormément de liens entre ces deux maladies. »

Les événements qui conduisent à cette pathologie ne sont pas encore bien définis, mais il semble que le système nerveux se modifie au fil du temps lorsqu'il est soumis à un épisode important de douleurs. Les scientifiques parlent de « plasticité » du système nerveux.

Le cerveau reçoit alors des signaux qui, normalement, ne devraient pas être associés à la douleur. Ces signaux sont pourtant interprétés comme tels parce que les cellules qui les acheminent sont les mêmes qui transmettent habituellement la douleur. Tout se passe comme si le système de perception de la douleur était demeuré actif, le flux nerveux poursuivant sa course même une fois la lésion ou la pathologie guéries.

[...]

Une meilleure compréhension de la douleur, plus particulièrement dans sa forme chronique, ouvre aussi la voie à une amélioration de la qualité de vie des personnes. « Il y a 100 ans, rappelle Yves De Koninck, les épileptiques étaient bons pour l'internement en asile psychiatrique. Aujourd'hui, nous savons comment les soigner. » L'attitude des professionnels de la santé, et de la société, à l'égard de la douleur chronique, et même de la douleur en général, changera sans doute à la lumière des récents progrès.

Gilles DROUIN, « Regards croisés sur la douleur », *Contact*, Québec, Université Laval, hiver 2011, [En ligne].

Nom : ______________________ Groupe : __________ Date : __________

COMPRENDRE et interpréter

1 Un texte explicatif respecte généralement un plan.

a) Déterminez les parties de cet article en inscrivant les termes de l'encadré dans les étiquettes appropriées qui se trouvent dans sa marge.

> **• Titre • 1er intertitre • 2e intertitre • Phase de questionnement**
> **• 1er élément explicatif • Transition • 2e élément explicatif • Phase conclusive**

b) Dans la marge de l'article, inscrivez des mots-clés permettant de repérer les informations importantes à propos de la douleur. Inspirez-vous de l'exemple.

c) Formulez la question implicite qui introduit le sujet de l'article et inscrivez-la dans la marge, à côté du chapeau du texte.

2 À deux reprises, l'auteur de l'article cite des commentaires motivés par les préjugés qu'ont certaines personnes à propos de la douleur.

a) Dans l'article, soulignez les **deux citations** révélant des préjugés.

b) Pourquoi ces citations sont-elles inexactes ?

Citation 1 : ______________________

____

Citation 2 : ______________________

____

3 La partie de l'article qui explique le rôle de la douleur est construite selon un plan par succession. Afin de schématiser l'information, placez les éléments de l'encadré au bon endroit dans le plan suivant.

> **Ex. :** ***La douleur disparaît.***
> **• La victime tend à protéger la partie blessée du corps.**
> **• Les fibres sensorielles captent une menace. • Les tissus sont endommagés.**
> **• Les fibres sensorielles transmettent un signal au cerveau.**

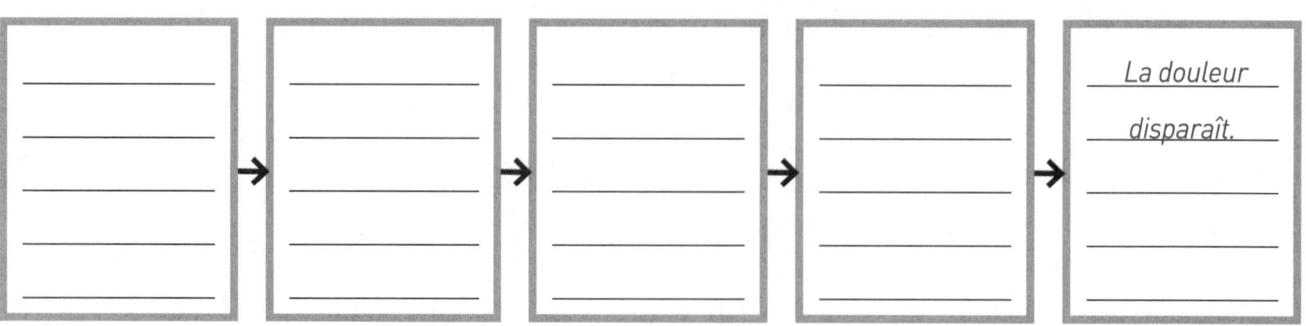

4 Pourquoi, dans certains cas, la douleur ne disparaît-elle pas et devient-elle chronique ?

____

____

Nom : ______________________ Groupe : ____________ Date : ____________

5 Tout texte explicatif comporte des procédés explicatifs.

a) Relevez une **définition** et un **exemple** entre les lignes 18 et 46 du texte.

Définition : ______________________

Exemple : ______________________

____

b) Relevez une **comparaison** entre les lignes 47 et 85 du texte.

Comparaison : ______________________

____

6 Dans les extraits suivants, **soulignez les causes** et **encadrez les conséquences**. Puis, précisez les procédés linguistiques utilisés.

a) « le fait de ne pas intervenir pour soulager une douleur augmente la probabilité qu'une personne souffre un jour de douleur chronique ».

Procédé linguistique : ______________________

b) « le cerveau nous dit de faire attention, de protéger nos tissus pour qu'ils guérissent ».

Procédé linguistique : ______________________

c) « les capteurs de la peau envoient un tel signal uniquement si la température est de 45 °C ou plus ».

Procédé linguistique : ______________________

7 La conclusion de cet article en reprend-elle les principaux éléments ou présente-t-elle une ouverture ? Justifiez votre choix de réponse.

____

____

____

RÉAGIR

8 La lecture de ce texte vous incite-t-elle à modifier votre comportement à l'égard des douleurs ? Justifiez votre réponse.

____

____

____

____

Nom : ______________________ Groupe : ____________ Date : ____________

5 LIRE UN EXTRAIT D'UN MANUEL SCOLAIRE

Par la présence de procédés explicatifs, les textes des manuels scolaires rendent compréhensibles des notions et des concepts. Leurs éléments de présentation (schémas, encadrés, couleurs, etc.) font ressortir les informations importantes.

Avant la lecture

Observez les titres, intertitres et illustrations, et demandez-vous en quoi ils vous facilitent la compréhension du texte.

Lisez le texte suivant.

La saine alimentation

« Nous sommes ce que nous mangeons », dit l'adage. Voilà pourquoi il est si important de bien s'alimenter, de consommer des aliments variés et de manger à sa faim, mais sans faire d'excès. Savez-vous choisir les aliments qui procurent les substances nutritives essentielles à votre organisme ?

Un guide sur l'alimentation

Pour aider la population à adopter une alimentation saine, Santé Canada publie gratuitement depuis de nombreuses années un guide alimentaire. On y classe les aliments en quatre grands groupes :

- les légumes et les fruits ;
- les produits céréaliers ;
- le lait et ses substituts ;
- les viandes et leurs substituts.

Les aliments de ces groupes constituent souvent une combinaison de substances nutritives. Ainsi, les céréales contiennent à la fois des glucides et des protides, la viande est une combinaison de protides et de lipides, etc.

Le guide indique la quantité quotidienne recommandée dans chaque groupe alimentaire, c'est-à-dire le nombre normal de portions selon le sexe et le groupe d'âge. Le tableau 4.3 montre le nombre de portions conseillé à l'adolescence afin de répondre adéquatement aux besoins de votre organisme en pleine croissance.

Si vous suivez bien ces recommandations, vous resterez en bonne forme et vous atteindrez votre poids santé.

Le poids santé

Qu'est-ce que le poids santé ? C'est le poids que vous devriez maintenir pour réduire au minimum le risque de problèmes de santé.

info +

ALIMENT BIO ?

Dans le domaine de l'alimentation, les mots et les logos ne manquent pas pour nous indiquer qu'un produit est biologique. Comment s'y retrouver ? Au Québec, tout aliment biologique doit avoir été certifié par un organisme de certification agréé par le ministère de l'Agriculture, des Pêcheries et de l'Alimentation (MAPAQ). Ce Ministère a d'ailleurs mandaté un conseil pour s'assurer que les produits vendus avec la mention biologique soient conformes à la Loi.

Tout aliment biologique doit avoir été produit, transformé et emballé selon des normes précises. Par exemple, pour produire un aliment, on ne doit pas utiliser d'organismes génétiquement modifiés (OGM) et il faut assurer aux animaux de bonnes conditions d'élevage.

En tant que consommateur ou consommatrice, il faut faire preuve d'une grande vigilance afin de reconnaître les vrais produits biologiques.

Tableau 4.3 > Les recommandations du *Guide alimentaire canadien*

GROUPES ALIMENTAIRES	NOMBRE DE PORTIONS PAR JOUR	
	Filles	Garçons
Légumes et fruits	7	8
Produits céréaliers	6	7
Lait et substituts	3 ou 4	3 ou 4
Viandes et substituts	2	3

Bien manger avec le Guide alimentaire canadien

Source : Santé Canada

72 L'être humain vu de l'intérieur

Nom : ______________________ Groupe : __________ Date : __________

Si vous voulez atteindre et maintenir votre poids santé, vous devez bien vous alimenter et faire au moins 30 minutes d'exercice par jour. Il s'agit, en fait, de trouver un équilibre entre la quantité d'énergie consommée (votre alimentation) et la quantité d'énergie dépensée (vos activités); un déséquilibre important peut entraîner des conséquences graves pour votre organisme.

LA SOUS-ALIMENTATION. On considère qu'une personne est sous-alimentée lorsque sa consommation énergétique est moindre que sa dépense énergétique. La perte de poids en est un symptôme. Or, une perte de poids excessive entraîne des effets néfastes pour la santé :

- une diminution de la masse musculaire;
- des problèmes de rythme cardiaque (arythmie);
- une pression sanguine trop basse (hypotension artérielle);
- une température du corps anormalement basse (hypothermie);
- un affaiblissement du système immunitaire (risque accru d'infection).

© Jacek Chabraszewski / Shutterstock Images LLC

Figure 4.11 > La suralimentation
Au Canada et aux États-Unis, la restauration rapide et les mets préparés font en sorte que les gens mangent trop et mal. La suralimentation entraîne alors un grave problème d'obésité chez la population.

LA SURALIMENTATION. À l'opposé, une personne suralimentée consomme plus d'énergie qu'elle n'en dépense. L'embonpoint en est un symptôme. Les nutriments en surplus dans l'organisme sont transformés en graisses qui vont se loger dans les tissus adipeux, ce qui entraîne aussi des effets néfastes pour la santé :

- un risque de blocage des artères;
- la difficulté pour le cœur à pomper le sang vers les organes;
- un risque accru de diabète;
- la difficulté à se déplacer.

info +

L'INDICE DE MASSE CORPORELLE (IMC)

Les personnes âgées de 18 ans et plus disposent d'un outil pour déterminer si elles ont un poids santé : l'indice de masse corporelle (IMC). On calcule l'IMC d'un individu à partir de sa masse et de sa taille, en tenant compte de son âge et de son sexe. Le résultat permet de déterminer si le poids est insuffisant, normal ou excessif. Voici la formule pour calculer cet indice :

$$\text{IMC} = \frac{\text{masse en kilogrammes}}{[\text{taille en mètres}]^2}$$

Attention ! L'IMC n'est pas approprié à l'adolescence, car il a été établi en se basant sur des échantillons d'adultes. Il n'est rien de plus qu'un indicateur. Si vous voulez connaître votre poids santé, parlez-en à votre médecin.

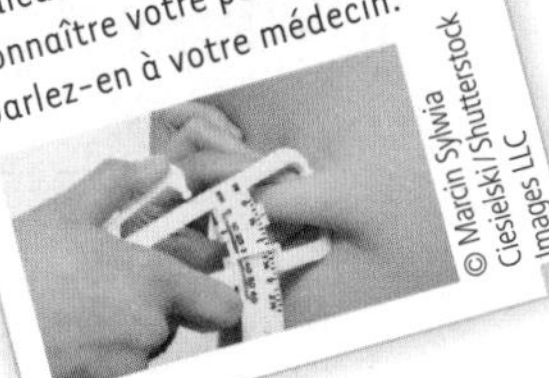

© Marcin Sylwia Ciesielski / Shutterstock Images LLC

ADO

Les troubles alimentaires

Deux troubles alimentaires peuvent apparaître à l'adolescence, en particulier chez les filles : l'anorexie et la boulimie. Ces troubles sont liés à une fausse perception de leur image corporelle.

L'*anorexie* se caractérise par une perte de poids excessive et rapide. La personne anorexique se trouve toujours trop grosse, même avec une masse corporelle insuffisante. Elle s'impose volontairement de graves restrictions alimentaires. En plus de jeûner, elle se fait vomir, prend des laxatifs et fait de l'exercice physique de façon excessive.

La *boulimie* peut être plus difficile à remarquer. Une personne boulimique éprouve une compulsion à manger, elle s'empiffre alors de façon incontrôlable. Elle éprouve ensuite de la honte et elle a peur de prendre du poids, ce qui la pousse à avoir des comportements semblables à ceux de l'anorexique, par exemple, se faire vomir.

© Linda Bucklin / Shutterstock Images LLC

Biosphère, Manuel de l'élève, Montréal, Les Éditions CEC inc., 2007, vol. 1, p. 72-73.

Nom : ______________________ Groupe : __________ Date : __________

COMPRENDRE et interpréter

1 Parmi les questions suivantes, encerclez celle qui introduit le sujet de l'extrait.

a) Savez-vous choisir les aliments qui procurent les substances nutritives essentielles à l'organisme ?

b) Qu'est-ce qu'une saine alimentation ?

c) Comment maintenir son poids santé ?

d) Qu'est-ce qu'un aliment bio ?

2 Les titres et intertitres permettent de distinguer les aspects et sous-aspects du sujet.

a) Remplissez le schéma suivant en y insérant le titre et les intertitres de l'extrait aux bons endroits.

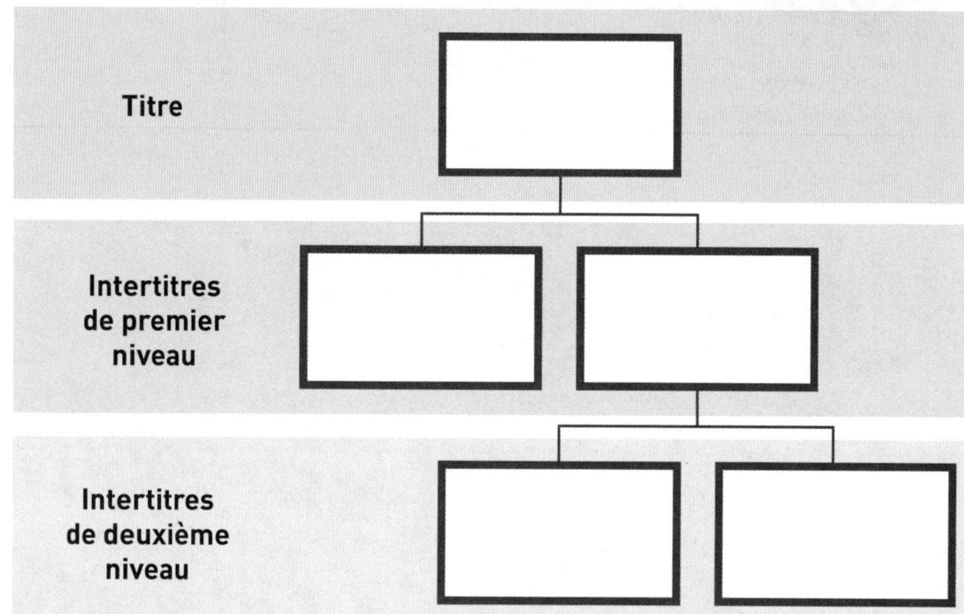

b) Donnez deux raisons pour lesquelles il est pertinent de schématiser les informations.

____

____

3 Résumez en quoi consiste une saine alimentation.

____

____

4 Pour chacun des aspects et des sous-aspects du sujet :

a) soulignez les informations importantes dans l'extrait ;

b) résumez brièvement chaque partie dans la marge de l'extrait.

Nom : ______________________ Groupe : ____________ Date : ____________

5 Un encadré est un texte mis en valeur au moyen d'un cadre ou d'un filet.

a) Combien d'encadrés cet extrait compte-t-il ? ________

b) Ces encadrés offrent-ils une information essentielle ou complémentaire ?

____

c) À l'aide des informations de l'encadré *Aliment bio ?*, définissez ce qu'est un aliment biologique.

____

____

____

6 Un manuel scolaire met à profit tous les procédés explicatifs.

a) Dans la **première page** de l'extrait, relevez les procédés suivants.

Un exemple : ______________________

____

Une illustration : ______________________

Une reformulation : ______________________

____

Une définition : ______________________

____

b) Dans la **deuxième page** de l'extrait, relevez le procédé suivant.

Une comparaison : ______________________

____

7 Un texte explicatif insiste essentiellement sur les causes et les conséquences d'un fait, d'une situation ou d'un phénomène.

a) Dans la deuxième page de l'extrait, les listes à puces présentent-elles des causes ou des conséquences ? ______________________

b) Relevez les moyens linguistiques qui vous ont permis de répondre au numéro précédent.

____

RÉAGIR

8 Comment évaluez-vous votre capacité à retenir l'information importante des manuels scolaires ?

____

____

____

Nom : ______________________ Groupe : __________ Date : __________

LA NARRATION

La narration est le récit d'évènements au cours desquels un ou plusieurs personnages tentent d'établir un équilibre dans une situation qui en est privée.

1. Le schéma narratif

Le schéma narratif présente la structure fondamentale commune à tous les genres de récits : les contes, les romans, les nouvelles littéraires, et même les textes dramatiques. Il permet de mettre en lumière la manière dont un texte narratif est organisé et constitue un outil fort utile à la rédaction d'un tel texte. Il comprend cinq étapes.

LA SITUATION INITIALE Présente l'état d'équilibre dans lequel se trouvent les personnages avant que commence l'histoire ainsi que le contexte général de celle-ci.	Ex. : *Dans un village inuit, un enfant maladroit est la risée des villageois. Il part à la chasse avec son père.*
↓	↓
L'ÉLÉMENT DÉCLENCHEUR Marque le début de l'histoire en présentant l'évènement ou le problème qui brise l'état d'équilibre du départ et qui entraîne les actions et réactions qui suivront. Sans cet élément, il n'y aurait rien à raconter.	*L'enfant découvre un os de phoque, qu'il décide de garder.*
↓	↓
LE DÉROULEMENT Est constitué d'une suite de péripéties (actions et réactions des personnages) découlant du déséquilibre causé par l'élément déclencheur.	• *L'enfant lance l'os et invoque les esprits ;* • *Un esprit apparaît et accepte de l'aider ;* • *L'enfant emprunte un harpon ;* • *Il part seul à la chasse ;* • *L'enfant revient avec deux phoques.*
↓	↓
LE DÉNOUEMENT Marque la fin de l'histoire en présentant l'action ou l'évènement qui permet de résoudre le problème et de retrouver un nouvel état d'équilibre. Parfois, le récit se termine là.	*Au village, on célèbre l'exploit de l'enfant. Les chasseurs le reconnaissent comme un grand parmi eux, l'admirent et le respectent.*
↓	↓
LA SITUATION FINALE Indique comment l'histoire a transformé la vie des personnages et comporte parfois une morale. Elle est souvent absente.	*L'enfant devenu chasseur ne révèle jamais la source de son habileté, mais rend hommage à l'esprit chaque jour.*

Nom : ______________________ Groupe : __________ Date : ______________

2. L'univers narratif

L'univers narratif est le monde fictif ou réel dans lequel se déroule le récit. Cet univers se compose des éléments suivants.

- **Les personnages :** le personnage principal (le héros ou l'héroïne) et les personnages secondaires ;

  Ex. : *Je me le rappelle, comme si c'était d'hier. Il arriva d'un pas lourd à la porte de l'auberge, suivi de ses bagages sur une brouette. C'était un grand gaillard solide, aux cheveux très bruns tordus en une queue poisseuse qui retombait sur le collet d'un habit bleu malpropre ; il avait les mains couturées de cicatrices, les ongles noirs et déchiquetés, et, au visage, une cicatrice d'un blanc sale et livide, qui s'étalait en travers de sa joue.*

  Robert Louis STEVENSON, *L'île au trésor*, 1883.

- **Les lieux :** une planète, un pays réel ou imaginaire, un continent, une île, une jungle, une forêt, une campagne, une ville, un quartier, etc. ;

  Ex. : *Un choc m'apprit que le Nautilus avait heurté la surface inférieure de la banquise, très épaisse encore, à en juger par la matité du bruit. En effet, nous avions « touché », pour employer l'expression marine, mais en sens inverse et par mille pieds de profondeur. Ce qui donnait deux mille pieds de glace au-dessus de nous [...] Circonstance peu rassurante.*

  Pendant cette journée, le Nautilus recommença plusieurs fois cette même expérience, et toujours il vint se heurter contre la muraille qui plafonnait au-dessus de lui.

  Jules VERNE, *Vingt mille lieues sous les mers*, 1869.

- **Le temps ou l'époque :** dans le futur, à l'époque actuelle, au cours de tel ou tel siècle, au Moyen Âge, dans l'Antiquité, l'hiver dernier, etc. ;

  Ex. : *Il faisait atrocement froid. Il neigeait, l'obscurité du soir venait. Il faut dire que c'était le dernier soir de l'année, la veille du jour de l'An. Par ce froid, dans cette obscurité, une pauvre petite fille marchait dans la rue, tête nue, pieds nus.*

  Hans Christian ANDERSON, *La petite fille aux allumettes*, 1845.

- **L'atmosphère ou le ton du récit :** fantastique, humoristique, réaliste, etc.

  Ex. : *Toutefois, de sa tour isolée, l'enchanteur Merlin regardait vivre la famille de ce jeune homme grâce à une sphère magique. Il voyait les talents de chasseur de Perceval, il constatait sa puissance physique et sa bravoure et comprenait la perte qu'il représentait pour la gloire du pays. Il conçut alors un plan afin de révéler au jeune homme le destin qui l'attendait.*

  La légende de Perceval

© Anneka / Shutterstock Images LLC

3. Le schéma actanciel

Le schéma actanciel est une représentation des fonctions ou des rôles remplis par les acteurs d'un récit. Par *acteurs*, on entend les personnages, mais aussi des objets, des sentiments, des valeurs, etc. qui influencent positivement ou négativement le déroulement de l'histoire. Dans un schéma actanciel, on trouve les rôles suivants.

- **Le sujet :** le personnage principal (le héros ou l'héroïne) ;

  Ex. : *L'enfant inuit maladroit.*

- **La quête :** l'ensemble des péripéties, soit toutes les actions entreprises par le sujet dans le but d'obtenir ou d'atteindre l'objet ;

  Ex. : *L'invocation des esprits, la rencontre de l'esprit d'un ancêtre, l'emprunt d'un harpon, la chasse solitaire, le retour avec deux phoques.*

- **L'objet :** ce que cherche à obtenir ou à atteindre le sujet. Ce peut être un objet réel (un trésor, le rivage, etc.) ou plus abstrait (l'amour, le pouvoir, etc.) ;

  Ex. : *Devenir un habile chasseur.*

- **Le destinateur :** ce qui pousse le sujet à tenter d'obtenir ou d'atteindre l'objet, ce qui l'incite à agir. Le destinateur peut être un personnage, un sentiment, une idée, etc. Ce peut aussi être le sujet lui-même ou un autre acteur ;

  Ex. : *L'enfant inuit maladroit.*

- **Le destinataire :** le personnage qui bénéficiera de la quête du sujet. Ce peut être le sujet lui-même ou un autre acteur ;

  Ex. : *L'enfant inuit maladroit.*

- **Les opposants :** tout ce qui entrave la quête du sujet, ce qui lui nuit. Il peut s'agir de personnages, d'obstacles, de handicaps, etc. ;

  Ex. : *La maladresse de l'enfant, ceux et celles qui se moquent de lui.*

- **Les adjuvants :** tout ce qui favorise la quête du sujet, ce qui l'aide. Il peut s'agir de personnages, d'animaux, d'objets, de qualités, etc.

  Ex. : *Le père de l'enfant, l'os de phoque, l'esprit qui apparaît.*

L'évolution du récit, lorsqu'il est suffisamment long, permet parfois à des acteurs de changer de fonction ou de rôle. Par exemple, un opposant peut devenir un adjuvant.

© Vladimir Melnik/Shutterstock Images LLC

Nom : ______________________ Groupe : __________ Date : __________

4. Les types de narrateur

Dans un texte narratif, l'**énonciateur*** est celui ou celle qui raconte l'histoire : le narrateur. Il peut être impliqué dans le récit ou non, être plus ou moins neutre, et donner la parole aux divers personnages, soit en rapportant leurs paroles et en utilisant des **phrases incises**, soit en annonçant un dialogue. Voici les principaux types de narrateur.

- **Les narrateurs au point de vue externe**

  Les narrateurs de ce type ne participent pas à l'histoire.

  - **Le narrateur omniscient**, fréquemment utilisé, sait tout des lieux, de l'époque, de l'intrigue, etc. Il connaît les pensées des personnages, leurs sentiments ; il en sait plus qu'eux-mêmes à leur sujet. Il peut raconter ce qui se passe à plusieurs endroits au même moment, il connaît les évènements passés et il peut prévoir la manière dont les personnages réagiront. Le récit est alors raconté à la troisième personne.

    Ex. : *Tandis que l'officier signait sa libération, Myriam revivait dans sa tête les scènes d'horreur des derniers jours. Jamais plus elle ne serait la même, heureuse et insouciante. Cette aventure lui avait dérobé sa joie de vivre.*

  - **Le narrateur témoin** ne sait pas tout et n'entre pas dans la pensée des personnages. Il agit un peu comme une caméra cachée quelque part. Le récit est alors raconté à la troisième personne.

    Ex. : *Yan se déplace lentement entre les boîtes du grenier. Il ne fait aucun bruit et, à l'aide de sa lampe de poche, examine les lieux. Il semble à la recherche de quelque chose, mais de quoi ? Tout à coup, sur une tablette, un objet poussiéreux attire son attention...*

- **Les narrateurs au point de vue interne**

  Les narrateurs de ce type font partie de l'histoire.

  - **Le personnage principal** raconte sa propre histoire en livrant ses observations sur les évènements, les personnages, les lieux, et en expliquant ce qui se passe, comment il réagit, les émotions et les sentiments qu'il ressent devant chaque situation. Le récit est alors raconté à la première personne.

    Ex. : *Tout s'est passé si vite. Il y a un instant, je me promenais en toute liberté, quand, soudain, une foule m'entourait. J'ai paniqué. Je me suis lancé tête baissée sur les gens. Inutile. Trop compacte, la ligne a tenu le coup. Avec terreur, j'ai compris que j'étais prisonnier de ces inconnus.*

  - **Le personnage secondaire** fait partie de l'histoire sans en être le personnage principal. Il ne sait pas tout et se contente de rapporter sa perception de ce qui se passe et ses observations sur les personnages, les lieux, les évènements, etc. Le récit est alors raconté à la première personne.

    Ex. : *Une voix rude s'élève brusquement au-dessus de nos têtes...*
    — Que faites-vous ici ? Allez-vous-en maintenant !
    Je regardai mon compagnon.
    — Nicolas, qu'est-ce que tu fais ?
    — Rien de grave. Je ramasse des cailloux. Ça peut toujours servir.
    Je le regardai ramasser des pierres, étonné par sa réponse. Qu'avait-il l'intention d'en faire ?

* Les mots en gras bleu sont définis dans *Le glossaire des modes de discours* (page 306).

Nom : ______________________ Groupe : __________ Date : __________

5. Exemple de texte narratif

Le roi tisserand

Le roi tisserand est un conte algérien adapté et dit par Nora Aceval. Ce conte a été enregistré en Algérie dans le cadre du projet *Conte-moi la francophonie*, mené par l'association Deci-dela.

Éléments de l'univers narratif (lieu, temps, personnages)

Schéma actanciel :

Sujet

Objet

Adjuvants ( )

Opposants ( )

Situation initiale

Dans les temps anciens, il y avait un puissant sultan du nom d'Haroun al-Rachid. Il était le calife de Bagdad. Ce monarque avait (une femme de grande intelligence et de bon conseil). Un jour, elle insista auprès de lui : « Monseigneur, le pouvoir est capricieux et la vie pleine de surprises ! Apprends un métier manuel. Les mains, on les emporte toujours avec soi. Un jour ou l'autre l'apprentissage d'un métier révélera son utilité ! »

Le calife accepta et choisit l'art du tissage et de la broderie. Il fit venir (un grand maître tisserand-brodeur) et commença son apprentissage. Plus que le tissage des tapis, il affectionnait la broderie au fil d'or. Par amour du cheval, il inclinait au travail minutieux sur le cuir destiné aux selleries. Mais son érudition le poussait à la calligraphie pour orner les couvertures des manuscrits. Durant sept longues années, il partagea son temps entre ses responsabilités et sa nouvelle passion pour la broderie fine.

Caractère invraisemblable ou merveilleux dans le conte

Mais Haroun al-Rachid était réputé pour son sens aigu de la justice et du bien public. Accompagné de son vizir, il avait l'habitude de se déguiser en simple marchand et de se glisser au milieu de la foule pour s'enquérir de la vie de ses sujets. Un soir, pour une raison inconnue, il s'en fut seul à travers de sombres ruelles.

Élément déclencheur

Il marchait quand, soudain, il tomba au fond d'un trou. C'était un piège préparé par (des bandits détrousseurs) qui devinrent furieux de le trouver sans bourse et les poches vides. Il n'eut la vie sauve qu'en leur faisant une juteuse promesse : « Je suis tisserand et jamais vous ne trouverez une personne qui sache tisser et broder mieux que moi. »

1re péripétie

C'est ainsi qu'il se retrouva esclave parmi les esclaves. De l'aube au crépuscule, il tissait des tapis et exécutait de magnifiques broderies que le maître revendait à prix d'or.

© Thinkstock

Tandis que sa police le recherchait inlassablement dans tout le royaume, le roi mûrissait un projet pour recouvrer sa liberté. Il attendait patiemment le moment propice, car l'infinie cupidité de son geôlier était un atout. Un jour, alors que ce dernier lui exprimait sa satisfaction en soupesant les pièces d'or dans ses mains, le calife lui proposa : « Apporte-moi une étoffe en velours noir et du fil d'or de belle facture ! Je te façonnerai une somptueuse broderie, jamais vue de mémoire de commerçant. L'épouse du calife t'en donnera une fortune. » Aussitôt, on fit remettre à l'esclave le tissu et une bobine de fil d'or. Il ne fallait pas perdre un instant. Le roi tisserand, maître de son art, tissa à l'aiguille une broderie en relief représentant un oiseau posé sur un délicat épi de blé. Un véritable chef-d'œuvre !

2e péripétie

Déroulement

Le maître des esclaves se précipita au palais avec sa précieuse étoffe sous le bras. Il demanda audience et fut reçu. Il déroula la magnifique pièce devant la sultane, qui poussa un murmure de ravissement : « Oh ! Cela ferait un somptueux vêtement de cérémonie ! »

3e péripétie

Mais, à l'observation, un détail attira son attention. En effet, l'épi de blé sur lequel l'oiseau était posé demeurait bien droit. Or le poids de l'oiseau aurait dû le faire pencher. Intriguée, elle regarda de plus près. Elle sentit soudain son cœur bondir dans sa poitrine. Elle venait de reconnaître la dextérité de l'aiguille de son mari. Ne laissant rien paraître de son émotion, elle poursuivit attentivement l'observation des motifs. Méthodiquement. Jusqu'à y déceler le message secret calligraphié qu'elle avait pressenti. Le roi indiquait l'endroit précis où il était détenu. Sur-le-champ, elle fit arrêter le maître des esclaves et fit libérer le sultan.

4e péripétie

Dénouement

C'est depuis cette époque que l'on dit : « L'apprentissage d'un métier révèle toujours un jour ou l'autre son utilité ! »

Situation finale (morale)

Le roi tisserand, conte algérien, adaptation de Nora Aceval, Conte-moi.net, [En ligne].

Nom : ____________ Groupe : ____________ Date : ____________

1 LIRE UN CONTE

À l'origine transmis par la tradition orale, le conte est un récit de fiction qui fait appel au merveilleux, et dont l'action se situe dans un passé lointain et dans des lieux plutôt imprécis.

Généralement, les héros de conte n'ont pas de nom : on les désigne par un trait physique (Barbe bleue), un vêtement (Le Chat botté), une fonction sociale (la princesse) ou une autre de leurs caractéristiques (l'orphelin). Ces personnages accomplissent des exploits dans un univers souvent peuplé d'êtres surnaturels ou malfaisants, tels des fantômes, des démons, des ogres ou des sorcières. Les récits de ce genre connaissent généralement un dénouement heureux et se terminent souvent par une morale.

Lisez le texte suivant.

Les Oiseaux-de-Feu et le Monstre-des-Eaux

Conte amérindien

Au temps où les êtres humains et les bêtes parlaient encore le même langage, un jeune à l'âme solitaire, grand chasseur et protecteur attentionné, vivait au sein d'une tribu paisible. On l'appelait Brave.

L'Esprit de la Montagne lui avait offert quatre flèches-médecines[1] de couleurs différentes. Non seulement touchaient-elles toujours leur cible, peu importe sa distance, mais le bois dont elles étaient faites ne se fendait jamais, et les brins de nerf qui retenaient leur pointe de pierre et leurs plumes stabilisatrices demeuraient bien serrés. Brave récupérait toujours ses flèches intactes.

Le chasseur n'utilisait que la blanche et la jaune, sachant la noire et la rouge trop puissantes pour le gibier habituel des forêts, des plaines et des montagnes.

Un matin, seul, il quitta sa vallée, là où le Fleuve-aux-Cent-Détours ralentit son cours. Pour aller chasser, il parcourut un long trajet. À la fin du jour, il tua un lièvre, le dépouilla, le fit griller et en fit son repas. À la tombée du jour, il s'assoupit.

[1] **Flèche-médecine :** Flèche aux pouvoirs surnaturels.

Nom : ______________________ Groupe : __________ Date : ______________

Il était épuisé, car il n'entendit pas les coups de tonnerre et le fracas de tempête précédant l'arrivée de deux Oiseaux-de-Feu. L'une des deux immenses bêtes le souleva doucement et le déposa sur le dos de l'autre. Puis, ils s'envolèrent vers le lieu où le soleil se couche.

Quand le croissant de lune fut très haut dans le ciel, Brave se réveilla sur son étrange monture, à mille lieues au-dessus du sol.

— Excuse notre manière un peu rude de faire connaissance, lui dit le deuxième oiseau, qui s'était placé tout près pour plonger ses yeux jaunes dans ceux du jeune homme. Sache que tu n'as rien à craindre de nous. Nous sommes les Oiseaux-de-Feu et nous avons besoin de ton aide ; mais avant tout, nous aimerions te montrer quelque chose.

— On raconte que vous, les Oiseaux-de-Feu, appartenez au clan des Êtres-Tonnerre ayant reçu la mission d'exterminer les monstres maléfiques, répondit Brave. Je serai fier et honoré d'entendre votre appel.

Ils volèrent toute la nuit. Aux premières lueurs du jour, ils arrivèrent au sommet d'une très haute montagne. Là, les oiseaux firent descendre Brave et l'amenèrent près d'un nid où des Oiselets-de-Feu piaillaient. Tout en s'occupant des petits, les Oiseaux-de-Feu commencèrent leur récit.

— Dès l'origine du Monde, notre clan a habité cette montagne. Ici, nous mettons au monde nos petits et leur enseignons la vie, le vol, la chasse et le combat. Mais, depuis quelque temps, dès que les oisillons perdent leur duvet, ils sont dévorés par le Monstre-des-Eaux, qui gîte sous le fond boueux du lac que tu vois en bas. Il est venu par la Rivière-du-Bout-du-Monde. Et nous sommes incapables de l'abattre, car son corps et sa gigantesque tête sont couverts d'écailles de silex impénétrables. La foudre qui jaillit de nos yeux est sans effet sur lui.

— Les oiseaux nous ont raconté que tu étais un chasseur habile et courageux, ajouta celui qui avait porté Brave sur son dos. Le Vent-des-Montagnes nous a aussi révélé que tu avais une arme puissante composée de quatre flèches-médecines. Combats le monstre avec nous, et nous demeurerons tes alliés jusqu'à la fin des temps.

— Je ferai tout ce que je peux afin de permettre que mes jeunes sœurs et frères ailés deviennent de grands, braves et beaux oiseaux comme vous, répondit le chasseur.

Les jours passèrent. La lune décrut. Les oisillons perdirent leur duvet. La nuit de la lune noire, les eaux sombres du lac frémirent. Dans un grognement sourd, le terrible Monstre-des-Eaux émergea de la vase et atteignit, en à peine quelques bonds, la paroi du nid.

Posté non loin, à l'abri, le chasseur sortit lentement la flèche noire de son carquois et l'ajusta à son arc. Puis, il dit aux Oiseaux-de-Feu :

— Lancez vos éclairs et votre foudre dans le ciel ! Que la nuit reste claire !

Les Oiseaux-de-Feu firent jaillir un fleuve de flammes dans le ciel obscur de la lune noire. Brave vit alors clairement la gueule du monstre s'ouvrir et ramasser les jeunes oiseaux avec sa langue visqueuse. Il décocha sa flèche-médecine. Pendant son vol, elle s'allongea et s'élargit pour devenir un érable noir qui se planta dans la mâchoire supérieure de l'affamé avant qu'elle ne se referme. Sous le choc, la tête de la bête frappa la paroi de la montagne.

Nom : ______________________ Groupe : __________ Date : ______________

Pendant que la mère des oisillons continuait d'allumer le ciel d'un déluge de feu, le père fit sortir les petits de la gueule du monstre entravée par l'érable.

Aussitôt la couvée en sécurité, Brave tira sa flèche rouge en lançant un long cri. Dans sa course, la flèche devint un pin des montagnes. Ses branches se déployèrent dans la gorge de l'horrible bête et lui fracassèrent la tête.

Le Monstre-des-Eaux dévala l'escarpement rocheux et alla s'anéantir à jamais dans le lac. Brave fit alors entendre son chant de reconnaissance à l'Esprit de la Montagne, tandis que ses pieds dansaient la victoire.

Des milliers d'oiseaux l'entendirent et vinrent des quatre coins du monde voltiger et siffler avec lui.

À la fin de cette cérémonie, la chef des Oiseaux-de-Feu dit :

— Tu as sauvé nos petits et sauvegardé notre clan. À compter de ce jour, tous les oiseaux chanteront ta bravoure et te protégeront. Nous pouvons maintenant te ramener chez toi.

Brave, troublé et ému, s'abîma un moment dans ses pensées, puis répondit :

— Merci, amis ailés. Mais je ne rentrerai pas. Je veux, comme vous le faites, chasser et détruire les Esprits-des-Ténèbres.

Depuis lors, Brave parcourt la Terre armé de ses flèches-médecines pour abattre les monstres. Il apporte ainsi un peu plus de quiétude et de paix à ses sœurs et frères du monde humain et animal.

D'après un conte traditionnel arikara.

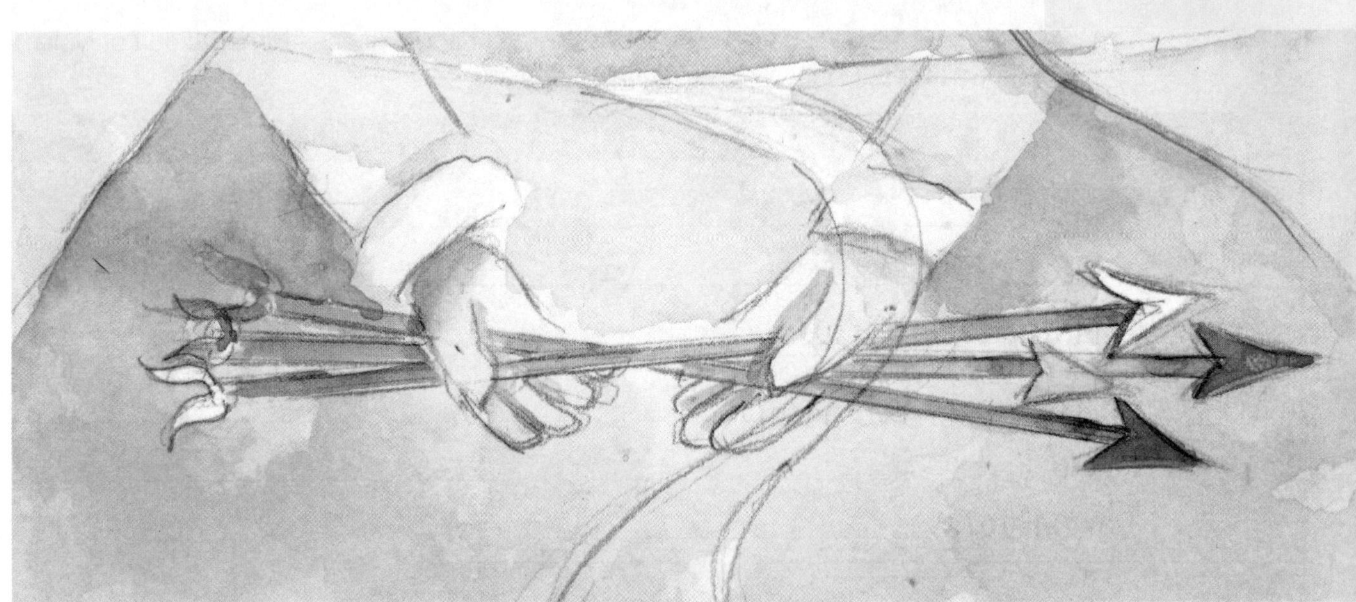

Nom : ______ Groupe : ______ Date : ______

COMPRENDRE et interpréter

1. À l'aide d'accolades dans la marge du texte, délimitez la situation initiale, l'élément déclencheur, les quatre péripéties du déroulement, le dénouement et la situation finale du récit. Puis, inscrivez le nom de chacune de ces parties à l'endroit approprié dans la marge.

2. Dans ce texte, relevez trois éléments qui vous semblent invraisemblables ou surnaturels.

   1. bêtes qui parles le même language
   2. Flèche médecine
   3. Oiseaux-de-feu

3. a) Quel type de narrateur raconte le récit de ce texte ?

   Passif

   b) Relevez deux passages du texte qui justifient votre réponse au numéro précédent et expliquez en quoi ils la justifient.

   Passage 1 : Au temps où les êtres humains…

   Explication : ~~elle~~ narrateur explique la S-I sans s'aborder d. l'histoire

   Passage 2 : On raconte que vous,… répondit Brave.

   Explication : narrateur ne s'implique pas dans l'histoire

4. Dans le texte, repérez trois exemples de chacun de ces éléments de l'univers narratif, puis inscrivez-les dans le tableau.

Éléments	Exemples
Personnages	1. Brave
	2. Oiseaux-de-feu
	3. Monstre-des-eaux
Lieux	1. ~~Tribu paisible~~ plaine
	2. forêt
	3. montagne
Temps	1. Tombée du Jour
	2. soleil se couche
	3. la nuit

Nom : ____________ Groupe : ____________ Date : ____________

5 L'auteur privilégie certains temps verbaux dans ce récit.

Les temps verbaux dans un récit **Page 276**

a) Quel temps verbal emploie-t-il principalement ? passé

b) Quel autre temps verbal emploie-t-il ? passé simple

c) À quelle occasion utilise-t-il cet autre temps verbal ?

Quande le narrateur explique l'aventure de Brave

6 Reportez chaque terme de l'encadré au bon endroit dans le tableau.

• ~~Brave~~ • ~~Le combat pour anéantir le Monstre-des-Eaux~~
• ~~Les flèches magiques~~ • ~~La mort du Monstre-des-Eaux~~
• ~~Le Monstre-des-Eaux~~ • ~~Les Oiseaux-de-Feu~~ • ~~Les oisillons~~

Rôles du schéma actanciel	Acteurs
Destinateur	Brave
Destinataire	~~Monstre des eaux~~ oisillons.
Sujet	~~Brave~~ combat pour anéantir le Monstre-des-eaux
Objet	flèches magiques
Quête	La mort du Monstre-des-eaux
Opposant	Monstre-des-eaux
Adjuvants	• Oiseaux-de-feu • oisillons

RÉAGIR

7 Expliquez pourquoi, selon vous, Brave choisit de ne pas retourner dans son pays à la fin de l'histoire.

car, il veut continuer dà ~~taer~~ anéantir les esprits-des-ténèbres avec les oiseaux-de-feu.

Nom : ______________________ Groupe : ____________ Date : ____________

Lisez le texte suivant.

Durant votre lecture, soulignez les expressions et les mots dont vous ignorez le sens.

Volcano

« J'aurais dû remettre cette rencontre. Qu'est-ce qui me presse tant ? » me suis-je dit en luttant contre les rafales qui m'assaillaient. Au bout du champ, je pouvais à peine distinguer, çà et là, des structures de manèges, des abris de toile gonflés par le vent, quelques fils électriques qui se balançaient sous la bruine incessante. J'étais trempé, et le froid peu à peu gagnait mes membres. Saleté de printemps !

J'allais à travers ce terrain vague, un peu en retrait de la petite ville où j'habitais, parce que, la veille, j'avais aperçu dans le journal une annonce offrant un emploi temporaire. Le propriétaire du carrousel de la foire ambulante recherchait un étudiant pour accomplir un travail qui, durant tout l'été, allait le faire voyager partout dans la province. L'idée m'avait plu, et le salaire me semblait acceptable.

Le sentier que je suivais difficilement demandait toute mon attention. Malgré cela, j'avais cru entendre très distinctement un hennissement. En plein champ, ce cri plaintif n'aurait pas dû me surprendre, sauf que, depuis belle lurette, personne n'avait vu dans les environs un seul cheval. Si cela me surprit, je ne m'en inquiétai pas outre mesure, beaucoup moins que de cette vague odeur de soufre que je percevais, de plus en plus persistante au fur et à mesure que j'approchais du manège.

Après encore quelques instants de cette marche pénible, je frappai à la porte d'une maison de planches disjointes, un taudis à fenêtre unique d'où filtrait une pâle lueur. De longues minutes s'écoulèrent avant qu'une espèce de grognement à peine articulé s'informât de mon identité et de l'objet de ma visite.

La porte s'ouvrit sur un intérieur délabré : table fragile encombrée de vaisselle malpropre et d'affiches, corde traversant la pièce à laquelle on avait suspendu les vêtements usés de la dernière lessive, ampoule nue se balançant au bout d'un fil électrique. De mon hôte, nulle trace. Je le cherchai dans la pénombre. Il ne pouvait tout de même pas s'être volatilisé ! Je le découvris tapi dans un coin, près du poêle éteint. Je ne savais si je devais quitter les lieux ou rester là. Comme j'allais opter pour la première solution, une voix rauque venant de l'ombre me dit :

— Puisque vous y êtes, asseyez-vous.

J'obéis. L'homme s'approcha.

— Vous venez pour l'emploi ?

J'allais répondre qu'effectivement, ce travail m'intéressait lorsqu'il enchaîna :

— J'abandonne le métier pour toujours. Si vous acceptez, je vous cède gratuitement l'entière propriété de mon manège. Vous héritez de tout. N'est-ce pas mieux que le salaire miteux que je proposais dans l'annonce du journal ?

Je n'en croyais pas mes oreilles. Quelle aubaine ! Tous les profits allaient être pour moi. La perspective d'être mon propre patron, doublée de celle d'un revenu qui me procurerait une certaine indépendance financière, me poussa à accepter cette offre inespérée.

L'affaire fut conclue en deux temps, trois mouvements. Alors que j'allais prendre congé de cet homme étrange, celui-ci, dans un murmure, me fit cette mise en garde :

Élément déclencheur

— Surtout... surtout, méfiez-vous de ce maudit cheval noir.

Il était vraiment magnifique, Volcano. Et populaire à part cela. Il était toujours le premier choisi ; des enfants pleuraient parce qu'ils devaient se contenter de l'autruche, de la gazelle, des chevaux blancs ou dorés, ternes compagnons de carrousel de Volcano.

On aurait cru, lorsque je poussais le levier de mise en marche, que c'était lui qui entraînait les autres animaux de la bande dans leur voyage circulaire. Son magnétisme exceptionnel jouait aussi sur moi, et je ne pouvais le quitter des yeux tout le temps qu'il galopait autour de l'axe du manège. Tout juste si je parvenais à l'oublier le soir venu, et, même là, je le retrouvais souvent dans mes cauchemars, alors qu'il m'apparaissait toujours sous une forme gigantesque. L'animal me subjuguait.

Mes ennuis commencèrent véritablement durant la nuit du premier vendredi de juillet. J'étais couché et je dormais, du moins je le crois. Soudain, je fus réveillé par des hennissements tantôt rageurs, tantôt plaintifs. Un bruit continu de sabots frappant un parquet de bois soutenait ces hurlements effroyables.

Je m'habillai en vitesse, pris une lampe de poche et courus vers le manège. Le tapage s'estompa peu à peu, et, quand j'arrivai, tout était calme. J'en fis le tour et ne remarquai rien d'anormal.

Ce n'est que le lendemain, quand je revins sur les lieux, que j'aperçus les traces du carnage.

Plusieurs chevaux portaient au cou, sur la croupe ou aux jarrets des marques évidentes de morsures. Seul Volcano était intact. Des traces de fers creusaient par endroits la pelouse autour du carrousel, comme si un terrible combat avait eu lieu là, sur la place publique. J'en étais stupéfait. Je mis une longue journée pour effectuer les réparations nécessaires sous l'œil amusé et narquois de mon grand cheval noir.

Le second incident se produisit le dimanche matin suivant. Je nettoyais le manège quand les cloches de l'église du village où nous étions installés se mirent à carillonner, appelant les paroissiens à la messe. Comme si cette volée de cloches avait déclenché un quelconque mécanisme, Volcano se mit en mouvement, entraînant avec lui les autres animaux. Au moment où j'allais recevoir un coup de sabot d'une puissance mortelle, le grand oiseau bleu et gris, voisin de Volcano, me heurta au bras, le fracturant tout en me sauvant la vie.

À partir de ce jour, je n'approchai plus le terrible cheval noir qu'avec la plus grande prudence. Volcano, quant à lui, me surveillait continuellement du coin de l'œil, espérant le moindre relâchement de mon attention pour en finir avec moi.

Et tout ce temps, chaque nuit, de furieuses batailles faisaient rage là-bas, au manège. Je n'osais plus m'y aventurer de peur qu'il s'agisse d'un stratagème du cheval diabolique pour m'attirer près de lui. Volcano m'effrayait, me terrorisait. Je devais pourtant continuer à faire tourner le manège...

Pourquoi n'ai-je pas eu le courage de faire descendre cette enfant aux yeux si limpides et à la tignasse blonde qui avait enfourché Volcano ?

Aujourd'hui, ne serait-ce que pour apaiser mon remords, je veux croire que l'enfant, dans sa candeur, à cause peut-être de l'affection sincère qu'elle portait au cheval de bois, m'était apparue comme le seul être au monde capable de dresser le sombre cheval. Volcano n'oserait pas s'attaquer à la fillette ; il ne pouvait faire de mal à ce petit ange. Impossible.

Et je mis le manège en marche sur la seule foi de ce touchant tableau.

L'enfant passait et repassait, souriante, ravie par cette cavalcade sur le dos de mon diable d'ébène.

Puis, le mouvement s'accentua imperceptiblement. Un tour, deux tours... les animaux tournaient de plus en plus vite... Les figures des tout-petits perdaient leur sourire, se crispaient. Certains pleuraient, d'autres criaient d'arrêter la promenade infernale.

Je tirai le levier, en proie, moi aussi, à la panique, mais en vain. Le manège tournait, tournait, tournait tant qu'humains et animaux s'étaient dissous dans une espèce de brouillard mouvant.

J'appuyai de toutes mes forces sur le mécanisme. Je sentis que, malgré l'importante résistance offerte par son mouvement giratoire, le carrousel ralentissait tout doucement. Je n'en pouvais plus, mes forces m'abandonnaient. J'allais m'effondrer quand j'entendis la musique du manège reprendre son rythme normal.

Sur le plancher de bois, une masse disloquée gisait recouverte de vêtements en loques. Volcano venait de tuer. Je n'arrivais plus à retrouver mes esprits. Le triste spectacle de cette enfant broyée sous les sabots de la bête semblait sorti d'un cauchemar dont j'espérais la fin. J'allais m'éveiller, il le fallait, et constater que tout cela n'était qu'un cauchemar.

La police accourue sur les lieux du drame, après une brève enquête, ordonna la fermeture de la foire. On ne crut évidemment pas à ma version des faits. Beaucoup me considéraient comme un détraqué. C'était tellement invraisemblable.

Nom : ____________ Groupe : ____________ Date : ____________

Je passai la journée comme dans les limbes, dans un état de semi-conscience. Je restai couché jusqu'à la nuit tombée. Vers une heure, comme un automate, je réussis à me lever en titubant, me munis d'une lourde hache de sapeur et me dirigeai vers le manège.

Il était là, devant moi, orgueilleux, arrogant, si difficile à atteindre. Je soulevai péniblement la hache au-dessus de ma tête, comme si une force surnaturelle entravait mes mouvements. Seules la colère et la haine que je vouais à Volcano me permirent, dans un élan douloureux, de la rabattre sur le front de l'animal. Je n'ai jamais su si je l'avais atteint. Une formidable secousse m'ébranla de la tête aux pieds et je perdis tout contact avec la réalité.

Lorsque j'ouvris les yeux, le cheval avait disparu. Une forte odeur de soufre flottait dans l'air. À l'endroit où se trouvait autrefois l'animal, je vis les empreintes calcinées de quatre sabots, tandis qu'au loin, quelque part entre la lune brouillée et les nuages, un rire satanique fusait, emplissait le ciel, s'emparait de tout mon être, m'habitait.

Guy LESSARD, *Volcano*, d'après une nouvelle de Ray Bradbury.

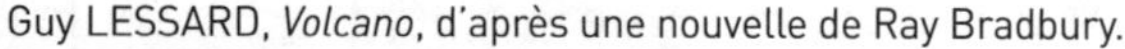

Nom : ____________ Groupe : ______ Date : ______

COMPRENDRE et interpréter

1 Donnez la définition des expressions ou des mots que vous avez soulignés durant votre lecture.

Bruine: Pluie très fine.

Foire: Grand marché public

hennissement: action de hennir, crier, en parlant du cheval

disjointes: partie plus joint

taudis: Logement insalubre.

2 Quel type de narrateur raconte cette histoire ? Justifiez votre réponse. Puis, dans le texte, surlignez cinq passages qui appuient votre justification.

Type de narrateur : ~~engagé~~ interne

Justification : car, le narrateur est le personnage principale

Nom : ______________________ Groupe : __________ Date : __________

3 À l'aide d'accolades dans la marge du texte :

a) délimitez le dénouement. Puis, inscrivez son nom à l'endroit approprié dans la marge.

b) délimitez les huit péripéties qui composent le déroulement. Puis, inscrivez chaque sous-titre de l'encadré vis-à-vis de la péripétie appropriée.

• Chevauchée infernale • Destruction ratée • Fermeture de la foire • Magnétisme de Volcano • La peur s'installe • Réaction du héros • Tapage nocturne • Volcano s'attaque au héros

4 Dans la situation initiale, l'auteur tente de créer un climat de tension propice à susciter la peur. Mettez entre parenthèses six des expressions qu'il emploie pour y parvenir.

5 Dans le texte, entre les lignes 75 et 136, mettez entre crochets trois éléments du texte révélant la croyance religieuse qui semble avoir une influence sur les évènements de cette histoire.

La virgule
Page 206

La coordination et la juxtaposition
Page 198

6 Dans le texte, relevez quatre énumérations.

a) Énumération composée de GV :

le chevaux partart au cou...

b) Énumération composée de GV :

le cheveaux me faisait peur, triste

c) Énumération composée de GAdj :

Il était grand, écoeurant, bizarre,

d) Énumération composée de GN :

Il était un méchant, un tuer...

Nom : ______ Groupe : ______ Date : ______

7. Pourquoi l'auteur utilise-t-il la répétition dans le passage suivant : « Le manège tournait, tournait, tournait tant » (ligne 105) ?

sa tournait constamment

8. Ce texte contient quatre phrases non verbales. Relevez-en deux.

Phrase non verbale 1 : vas-y

Phrase non verbale 2 : Il me donnait des ennuis

RÉAGIR

9. Des contes *Volcano* et *Les Oiseaux-de-Feu et le Monstre-des-Eaux*, indiquez lequel vous préférez. Puis, justifiez votre choix à l'aide d'au moins deux arguments qui peuvent porter sur, entre autres, l'intérêt du sujet, la façon de raconter le récit, l'utilisation du merveilleux, les personnages et l'univers narratif

Nom : ____________________ Groupe : __________ Date : __________

2 LIRE UNE LÉGENDE

Un peu comme le conte, la légende est un récit à caractère merveilleux. Toutefois, on y trouve des réalités ou des faits historiques transformés, parfois embellis, par l'imagination populaire. C'est une histoire traditionnelle qui s'appuie sur des lieux ou des personnages réels.

Lisez le texte suivant.

La légende du rocher Percé

Légende québécoise

Situation Initiale

Blanche de Beaumont vivait en Normandie, dans un vieux château. C'était une belle jeune fille âgée d'à peine seize ans. Elle était fiancée au chevalier Raymond de Nérac, dont elle était très amoureuse.

Sur les ordres du roi, le chevalier de Nérac dut se rendre en Nouvelle-France pour combattre les féroces Iroquois. Adieu la douce vie en France, les plaisirs de la cour et la belle et adorable fiancée de Normandie.

Une fois en Nouvelle-France, le chevalier de Nérac n'eut pas la vie facile. Il dut combattre les Iroquois et affronter nos durs hivers tout en commandant des hommes qui n'étaient guère obéissants. Il se rongeait d'ennui et d'amour pour sa fiancée, qui le hantait.

Pendant ce temps, Blanche de Beaumont se morfondait également dans l'attente de son bien-aimé. Elle prit un jour la décision d'aller rejoindre son fiancé en Nouvelle-France et de l'épouser. Blanche de Beaumont s'embarqua donc pour la Nouvelle-France avec son frère, que le roi avait prié de faire du service dans sa colonie.

À la mi-octobre, le navire arriva à la hauteur des côtes de Terre-Neuve. Soudain la vigie annonça un navire à bâbord, et on eut tôt fait de reconnaître un vaisseau pirate. Le capitaine ordonna à tous les hommes de se munir de leurs armes et assigna à chacun d'eux un poste en attente de l'abordage. Ce fut l'horreur ! Les Français offrirent une résistance farouche, mais les pirates, plus nombreux et mieux armés, s'emparèrent du navire et de son contenu. Ils firent plusieurs prisonniers dont Blanche de Beaumont, qu'on enferma dans une cabine.

Hanter : occuper un esprit

Se morfondre : ennuie, inquiétude

Vigie : personne chargé d'observation au bout d'un mât

Bâbord : partie gauche d'un navire quand on le regarde de devant

Quand le capitaine des pirates aperçut la jeune fille, il décida qu'elle devait lui appartenir. Mais au lieu de la violenter, comme c'était souvent son habitude, il voulut en faire sa femme, la patronne du navire et la mère de ses enfants. Les enfants qu'il aurait seraient de sang noble.

Mais c'était sans compter la détermination de Blanche de Beaumont. Celle-ci accepta la proposition du capitaine, mais, au moment de la célébration, alors qu'on s'y attendait le moins, elle se retourna, se mit à courir et se jeta à l'eau avant que personne n'ait pu intervenir. Elle disparut dans les profondeurs de la mer.

Par la suite, le navire glissa dans un épais brouillard. Le lendemain, lorsque le soleil eut réussi à dissiper cette brume, l'équipage aperçut une masse énorme : c'était le rocher Percé. Cet imposant rocher, semblant flotter près du rivage comme un navire ancré, s'imposait comme une menace mystérieuse et impitoyable. Les pirates, figés de terreur, distinguèrent à son sommet une espèce d'apparition voilée dans laquelle ils crurent reconnaître Blanche de Beaumont. Puis, brusquement, cette apparition abaissa ses mains vers le vaisseau dans un geste de malédiction, et ce dernier, avec tous ses occupants, fut changé en un rocher dont on retrouve encore des vestiges aujourd'hui.

Impitoyable : ______

Quant au chevalier de Nérac, il périt peu après aux mains des Iroquois.

Il paraît qu'à certains moments, lorsque le rocher Percé est enveloppé de brouillard, on croit parfois entrevoir Blanche de Beaumont à la recherche de son amour perdu...

La légende du rocher Percé, légende québécoise.

Nom : ____________ Groupe : ____________ Date : ____________

COMPRENDRE et interpréter

1 Dans la marge du texte, donnez la définition des mots soulignés dans le texte.

2 À l'aide d'accolades dans la marge du texte, délimitez la situation initiale, l'élément déclencheur, le dénouement et la situation finale du récit. Puis, inscrivez le nom de chacune de ces parties à l'endroit approprié dans la marge.

3 Dans la situation initiale, relevez quatre faits, lieux, personnages ou réalités qui ont existé et qui, dans certains cas, existent encore.

Beaumont, Normandie, France, château

4 Le déroulement comporte quatre parties ou péripéties. Donnez à chacune un titre qui tient compte du contenu du texte.

Péripétie 1 : La proposition royale

Péripétie 2 : Arrivée inattendue

Péripétie 3 : Piraterie.

Péripétie 4 : l'enfui

5 Pour ce récit, déterminez les acteurs associés aux rôles du schéma actanciel.

Rôles	Acteurs
Destinateur	roi
Sujet	chevalier
Objet	~~chevalier~~ trouver le chevalier
Destinataire	Blanche de Beaumont
Opposants	Pirates

6 Relevez deux énumérations qui se trouvent entre les lignes 30 et 38 du texte et encadrez les noyaux des éléments énumérés.

La coordination et la juxtaposition **Page 198**

Énumération de GN : Quand le capitaine des pirates...

Énumération de GV : Alors qu'ont s'y attendait le moins ...

Nom : ______ Groupe : ______ Date : ______

7. Repérez une comparaison entre les lignes 39 et 61 du texte, puis indiquez les mots ou groupes de mots qui correspondent à ses éléments.

Comparaison : Flotter proche du rivage comme un navire ancré

Ce qui est comparé et ce à quoi on le compare : rivage, ancré

Point de comparaison : comme

Terme comparatif : comme

8. Dans la situation finale, relevez trois mots ou expressions qui laissent planer un doute sur la véracité de ce dont parle le narrateur.

périt, peu après, aux mains des iroquois.

9. Entre les lignes 30 et 67, repérez deux subordonnées compléments de phrase qui expriment le temps. Placez-les entre crochets et soulignez leur subordonnant.

RÉAGIR

10. Prisonnière des pirates, Blanche de Beaumont se lance à la mer pour ne pas épouser leur capitaine. Était-ce la meilleure solution ? Qu'auriez-vous fait à sa place ?

J'aurai volé le bateau, car je suis un bad-ass comme Rambo.

ÉCRIRE

11. Modifiez le dénouement et la situation finale de cette légende.

Consignes d'écriture :

a) Votre texte sera écrit sur une feuille mobile et n'excédera pas 25 lignes.

b) Il tiendra compte des personnages de Blanche, de Raymond de Nérac et des pirates, apportera une explication de la présence du rocher Percé en Gaspésie et inclura une part de merveilleux ou de fantastique.

c) Il ne contiendra aucun dialogue.

d) Il conclura la situation initiale et le déroulement sans les modifier.

Nom : ______ Groupe : ______ Date : ______

3 LIRE UN RÉCIT MYTHIQUE

Le mythe est un récit qui met en scène des personnages aux pouvoirs surnaturels et aux sentiments humains.

Comme la légende, il mêle des réalités existantes ou ayant existé et des éléments surnaturels. Il relate des évènements situés dans un lointain passé et sert toujours à expliquer le monde ou les phénomènes naturels et culturels.

Généralement court, il exprime les croyances d'une communauté et les désirs profonds des êtres humains.

Lisez le texte suivant.

Dédale et Icare

Mythe grec

Il y a fort longtemps vivait en Grèce un fabuleux maître artisan : Dédale. À la fois sculpteur, architecte, forgeron, menuisier et inventeur, il construisit des édifices et des machines impressionnantes tant par leur beauté que par leur ingéniosité. La légende raconte que ses statues semblaient animées et qu'il fallait même les enchaîner pour les empêcher de s'enfuir.

Sur les chantiers et à son atelier, Dédale était presque toujours accompagné de nombreux apprentis issus des familles les plus fortunées et les plus puissantes d'Athènes.

Nom : ______ Groupe : ______ Date : ______

Le plus doué d'entre eux était Talos, son neveu peu fortuné. Talos apprenait rapidement auprès de Dédale et se révéla bientôt au moins aussi habile que son maître. Il inventa la tour de potier, le compas et, après avoir observé l'arête centrale d'un poisson, la première scie.

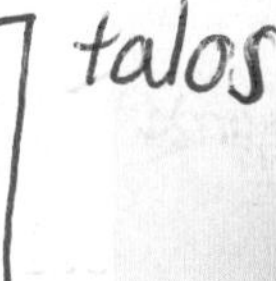

On commençait à parler de l'apprenti et de son immense talent. Un jour, Dédale entendit des ouvriers parler entre eux des mérites de son neveu :

« Talos a inventé des outils astucieux. Et il a à peine douze ans ! » commenta l'un d'eux.

« Quand il aura grandi, il pourrait bien dépasser le grand Dédale », ajouta un autre.

L'architecte le plus connu du monde n'avait jamais craint d'être surpassé. Son humeur s'assombrit. Les ouvriers avaient peut-être raison : sa renommée ternirait au profit de celle de son neveu. Il en vint à ne plus supporter la présence de Talos, qui ne comprenait pas ce changement d'attitude et s'en peinait. Dédale lui faisait des remontrances, ne répondait plus à ses questions, négligeait de regarder ses travaux.

Aussi Talos fut-il heureux quand le maître l'invita à une promenade. Convaincu de pouvoir se réconcilier avec son oncle, il le suivit joyeusement. Les deux hommes grimpèrent sur le toit du temple d'Athéna.

Là, à la faveur de la nuit, Dédale poussa son neveu dans le vide. Il redescendit rapidement pour effacer les traces de son forfait et enterrer le corps, mais celui-ci avait disparu.

Élément déclencheur

La déesse Athéna, qui aimait l'habileté et l'esprit du jeune garçon, l'avait transformé en oiseau dans sa chute.

Dédale, craignant que son crime ne soit découvert, choisit de s'exiler. Il s'embarqua sur un navire à voiles vers l'île de Crète, avec son jeune fils, Icare, sans remarquer le triste chant d'un oiseau qui les accompagnait.

Le roi de Crète, Minos, fut très enthousiaste à l'arrivée du fameux architecte. Il cherchait justement un artisan habile à concevoir une prison exceptionnelle pour y enfermer le Minotaure, un monstre à corps de géant et à tête de taureau, assoiffé de chair humaine.

Dédale imagina alors un lieu inextricable fait de galeries qui partent dans tous les sens, s'entrecroisent, s'enchevêtrent, se raccordent à des passages dissimulés et mènent à des impasses. Il avait inventé le labyrinthe dont personne ne peut sortir. Ériger un lieu aussi complexe et tortueux demanda des tonnes de pierre et de bois, le labeur de centaines d'esclaves et des mois de travaux d'échafaudage.

Quand on y enferma enfin le Minotaure, Dédale fut le dernier à sortir, effaçant toute trace pouvant donner le plus petit indice du chemin vers la sortie.

Fier de son travail et applaudi de tous, il entendit d'une oreille distraite le morne chant d'un oiseau tournant au-dessus du labyrinthe.

Le roi Minos célébra en grand l'édification de cet ouvrage inventif. Dédale était estimé, chanté, couvert de gloire et de biens. Cependant, il n'affectionnait guère le roi, qu'il trouvait tyrannique et cruel. De plus, il s'ennuyait de sa terre natale, où il aurait aimé voir son fils devenir adulte.

Souvent, Dédale et Icare allaient marcher au port. Ils y bavardaient avec les capitaines de navire. Mais personne ne voulait prendre à son bord un homme qui n'avait pas la permission du roi de s'embarquer et de partir. Car Minos avait eu vent du désir nostalgique de Dédale et il refusait de le laisser retourner chez lui.

Nom : ____________________ Groupe : __________ Date : __________

Alors, au cours de leurs promenades sur le rivage, le plus vieux des deux hommes s'arrêtait souvent pour regarder le ciel. Comme il enviait les oiseaux ! En les observant, il dit à son fils : « Le roi est très puissant. Il contrôle les routes de la terre et de la mer. Mais Minos ne règne ni sur le ciel ni sur l'air. Les oiseaux sont libres. »

Minos, de son côté, s'inquiétait. Dédale pouvait bien inventer un moyen pour s'échapper. Il savait aussi qu'un grand architecte et inventeur fertile comme Dédale représenterait une menace s'il se mettait au service d'un autre roi. Il le fit donc enfermer avec Icare dans le labyrinthe.

Ce dernier était inhabité depuis que le champion des Athéniens, Thésée, y avait tué le Minotaure. Ariane, la fille de Minos, avait remis au héros une balle de fil pour lui permettre de retrouver son chemin et de sortir du labyrinthe.

Dédale et Icare n'avaient pas la chance de Thésée. L'inventeur du labyrinthe savait bien que, sans la pelote de fil, ils n'en trouveraient jamais la sortie. Icare était bien malheureux. Il écoutait les oiseaux en songeant à ce qu'avait dit son père au bord de la mer. Un chant particulier attira son attention.

« Écoute, père, dit-il, on dirait un oiseau inconsolable. Son chant brise le cœur. »

« Écoute et regarde plutôt ceux qui piaillent et voltigent. Ils m'ont inspiré une belle idée. Nous nous échapperons de ce lieu en volant, comme eux. »

Pendant des jours, ils ramassèrent les plumes des oiseaux dans le labyrinthe ; ils nourrirent aussi leurs compagnons ailés afin de les attirer et de grossir leur moisson de plumes. Dédale travaillait sans arrêt.

Un matin, il réveilla Icare pour lui montrer deux grandes ailes et deux plus petites, faites de plumes, de cire et de bouts de fil. Il attacha les plus petites aux épaules et aux bras du garçon, qui aida son père à endosser les plus grandes.

Ensuite, Dédale fit quelques mouvements pour enseigner le vol à son fils. Comme elle était belle cette danse d'apprentissage du père et du fils ! Icare, en riant, s'arracha du sol et vola.

« Le ciel est à nous », chantait Icare.

« Prends bien garde, mon fils, lui répondit Dédale. Ne vole pas trop haut, car le Soleil ferait fondre la cire de tes ailes ; ne vole pas trop bas, car la buée, les gouttelettes et l'écume des vagues mouilleraient tes ailes et les alourdiraient. Dans les deux cas, tu tomberais et serais avalé par la mer. »

Nom : ______________________ Groupe : __________ Date : ______________

Ils prirent leur envol, suivis par l'oiseau au triste chant. Dédale, devant, surveillait son fils. Des bergers les virent et crurent que des dieux venaient voir ce qui se passait sur la terre des humains.

Quand ils survolèrent l'océan, des marins étonnés et effrayés pensèrent avoir aperçu des bêtes fabuleuses mi-hommes mi-oiseaux.

La Crète n'était plus visible. Dédale, heureux, relâcha un peu la surveillance de son fils pour s'abandonner à la joie de revoir son pays.

Icare trouvait son père ennuyeusement prudent, mais n'avait pas osé lui désobéir tant que ce dernier l'avait regardé. Profitant de la distraction de Dédale, il monta plus haut et fut irrésistiblement attiré par la lumière de l'astre du jour. Il s'éleva tant qu'il put entrevoir le merveilleux char d'or du dieu Soleil. Fasciné, il ne s'aperçut pas que la chaleur faisait fondre la cire de ses ailes.

Une pluie de gouttes jaunes, à laquelle se mêlaient plumes et bouts de fil, tomba dans la mer. Le vent traversait les ailes du jeune homme, qui se mit à piquer du nez de plus en plus vite. Icare battit des ailes désespérément, poussa un grand cri et disparut dans une vague.

Dédale, en entendant les cris, s'était tourné vers son fils. Mais il ne vit rien d'autre dans le ciel qu'un étrange oiseau qui semblait applaudir le spectacle avec ses ailes. Sur la mer, seulement quelques plumes étaient visibles sur la crête des vagues.

Gémissant et pleurant, le malheureux père se posa sur une île et resta assis jusqu'à ce que la marée lui ramène le corps de son jeune fils. Le cœur lourd, il ensevelit la dépouille d'Icare dans la terre de cette île.

Ensuite, il reprit son vol en tournant le dos à son pays natal. L'oiseau au triste chant, qui avait assisté à la chute d'Icare, l'accompagna un moment avant de disparaître au zénith de la voûte céleste.

Dédale se posa en Sicile, où il fut bien accueilli par le roi. Il continua à inventer, à créer de magnifiques constructions, mais son âme tourmentée ne retrouva plus la paix ni la joie.

Dédale et Icare, adaptation.

Nom : ______________ Groupe : ______________ Date : ______________

→ COMPRENDRE et interpréter

1 À l'aide d'accolades dans la marge du texte, délimitez le dénouement et la situation finale du récit. Puis, inscrivez le nom de chacune de ces parties à l'endroit approprié dans la marge.

2 Inscrivez chaque thème de l'encadré dans l'espace approprié en marge du déroulement du texte.

• L'exil • L'invention • Le labyrinthe • La mise en garde • La nostalgie • Les prisonniers • La témérité • Le voyage

3 La situation initiale de ce récit peut être divisée en trois parties. Vis-à-vis du début de chacune, dans la marge du texte, inscrivez un titre que vous lui aurez choisi.

4 Dans la situation initiale, quels indices indiquent que cette histoire se déroule dans un passé très lointain ?

Il y a fort longtemps vivait en Grèce . . .

5 Que nous apprend ce récit sur l'époque où il se déroule : société, culture, croyances, etc. ?

dans le temps quand la Grèce était un pouvoir national, mythologie grecque et philosophie.

6 Dans le texte, relevez quatre expressions qui déterminent les quatre villes ou États où se déroule le récit.

1. Athènes
2. Athéna
3. Île crête
4. voûte céleste

7 Nommez les principaux adjuvants et opposants de ce récit.

Adjuvants : 1. Talos 2. oiseau déesse Athéna

Opposants : 1. minotaure 2. Minos 3. Roi Minos 4. une pluie

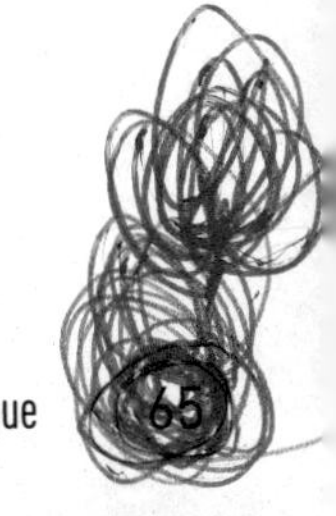

Nom : ______________________ Groupe : __________ Date : __________

8 Repérez les interventions des dieux dans le récit, puis précisez si elles sont volontaires ou non. Justifiez vos réponses.

Ils etaient tous volontaires pour admirer Dédale

9 Cochez les termes qui décrivent le mieux le caractère de chaque personnage.

a) Dédale (2 termes) : ☑ inventif, ◯ hypocrite, ◯ envieux, ◯ cruel, ◯ désespéré.

b) Talos (1 terme) : ☑ naïf, ◯ respectueux, ◯ pauvre, ◯ intelligent.

c) Icare (1 terme) : ◯ joyeux, ☑ obéissant, ◯ respectueux, ◯ étourdi, ◯ talentueux.

Les discours rapportés
Page 146

10 Dans la situation initiale, relevez deux phrases incidentes.

1. La légende raconte...
2. Talos apprenait ....

Le groupe du verbe
Page 105

11 Dans le texte, relevez deux énumérations composées de GV et une composée de GN.

a) Énumération composée de GV :

Ériger un lieu si complexe,...

b) Énumération composée de GV :

Fier de son travail,....

c) Énumération composée de GN :

Il monta plus haut...

12 Quel est l'antécédent de chacun des pronoms soulignés suivants ?

a) « Quand il aura grandi » (ligne 17) : Talos

b) « celle de son neveu » (ligne 21) : profits.

c) « pour lui permettre de retrouver » (ligne 70) : Thésée

d) « ils n'en trouveraient jamais la sortie » (ligne 73) : Inventeur

Nom : ____________________ Groupe : __________ Date : __________

13 Le narrateur de ce texte est un narrateur externe omniscient.

a) Pourquoi dit-on de ce narrateur qu'il est externe ?

car il est absent de l'histoire

b) Relevez trois exemples prouvant que le narrateur connaît les pensées de Dédale.

1. Dédale Imagina
2. Dédale fit
3. Dédale a

c) Relevez trois exemples prouvant que le narrateur connaît les sentiments secrets de Dédale.

1. Dédale Imagina
2. Dédale fit
3. Dédale a

14 Relevez deux éléments du récit qui vous paraissent fantastiques, surnaturels, imaginaires ou peu vraisemblables.

1. Minotaure
2. oiseau au triste champ.

RÉAGIR

15 Selon vous, le destin de Dédale est-il injuste ? Dédale mérite-t-il cette fin de vie ? Justifiez votre position à l'aide de deux arguments.

~~Donc~~ Non, car il ~~était~~ meurt sans joie et il meurt avec son frère

16 Comment expliquez-vous le comportement d'Icare, qui s'approche du Soleil malgré les mises en garde de son père ?

Il est un thug du Ghetto de ~~Montréal~~ la Grèce.

Nom : ______________________ Groupe : __________ Date : __________

4 LIRE UN EXTRAIT DE ROMAN HISTORIQUE

Le roman historique est constitué d'un récit fictif auquel sont intégrés des faits réels. Les personnages et évènements historiques ancrent le récit dans la réalité, le rendent vraisemblable et accroissent son intérêt. Certains auteurs n'hésitent pas à prendre des libertés avec la vérité si cela peut être utile à leur propos ou au déroulement de l'intrigue : ajouter ou retrancher des faits, créer des lieux, inventer des personnages secondaires, prêter à des personnages qui ont existé des gestes ou des propos invérifiables, etc.

Si l'auteur est bien documenté, ce genre de roman permet de découvrir la vie quotidienne à une époque et en un lieu précis. Quand un tel roman est réussi, il donne envie d'aller plus loin, de chercher dans une encyclopédie ou un manuel si les choses se passaient bien ainsi à l'époque et à l'endroit décrits, de les comparer avec l'actualité, d'en parler avec d'autres, etc.

Mise en contexte

À la fin de 1837, plusieurs patriotes, menacés d'arrestation, trouvent refuge dans les villages américains situés près de la frontière du Bas-Canada. C'est le cas de la famille Gagnon. Gabrielle et Pierre se sont installés à Champlain, dans l'État de New York, avec leurs sept enfants. Mais un nouveau coup d'État contre le régime en place au Canada se prépare.

Lisez le texte suivant.

Les chemins de l'exil : au temps des patriotes

Extrait d'un roman historique

Les deux enfants s'habillent en vitesse avec des vêtements chauds, enfilent deux paires de bas, enfouissent chacun un pain dans leur baluchon, puis vont se glisser sous la toile, à l'arrière de la charrette. Cinq minutes plus tard, Pierre et Georges embarquent en silence dans la voiture.

— J'ai omis d'en parler à ta mère, avoue le père en confidence. Elle s'inquiéterait pour nous.

— Les jumeaux fulmineront quand ils constateront notre absence, mais l'école me semble prioritaire.

— Je considère notre mission comme étant trop dangereuse pour les mêler à nos affaires, ajoute le père.

— Surtout si les gardiens de l'arsenal nous prennent la main dans le sac.

— Tout fonctionnera à merveille. D'après le plan, un officier de l'armée nous attend pour nous faciliter la tâche.

Sous l'épaisse toile, les clandestins écoutent la conversation sans vraiment en saisir la portée. Chose certaine, leur père les grondera sévèrement quand ils sortiront de leur abri. Surtout qu'ils devront bientôt révéler leur présence ; le froid du petit matin de ce vingt-trois février glace leurs membres. Pour ajouter à leur misère, de gros flocons commencent à tomber. Par chance, le lever du jour coïncide avec l'arrivée du soleil et la fin de la bordée de neige.

La route cahoteuse secoue les jeunes passagers, dont le dos endolori leur fait regretter cette escapade matinale. Mais ils doivent encore patienter, car, si Pierre découvre trop tôt leur présence, il les renverra à la maison sur-le-champ.

Au centre-ville de Plattsburgh[1], Pierre arrête la voiture pour permettre aux chevaux de se reposer un moment, et aux deux hommes de se restaurer. Georges attache les bêtes, les caresse et prend le temps de leur parler. Les jumeaux profitent de cette halte pour sortir de leur cachette ; ils laissent entrer les voyageurs dans l'auberge, soulèvent la toile avec prudence, puis les suivent à l'intérieur de l'établissement.

Jeanne et Paul rejoignent leur frère et leur père, sous le regard furibond de ce dernier. Comme prévu, le chef de famille se retient de les sermonner pour éviter d'attirer l'attention des autres clients. Georges sourit quand il les voit s'asseoir et regarder leur père d'un air triomphant, alors que les yeux de Pierre lancent des flammes. Le frère aîné leur commande une boisson chaude, les aide à retirer les manteaux, puis leur masse les mains et le dos pour essayer de les réchauffer.

[1] **Plattsburgh :** Ville américaine à la frontière du Québec.

De son côté, Pierre garde les dents serrées.

— Nous en reparlerons à la maison.

Paul baisse les yeux pour s'empêcher de parler. Frondeuse, Jeanne répond du tac au tac :

— Nous avons commencé cette histoire ensemble, nous la terminerons ensemble !

— Nous désirons simplement participer à toutes les actions des patriotes, ajoute Paul.

— Les soldats sont formés pour guerroyer et pour tuer, pas pour jouer avec les enfants, lance Pierre, impatient.

— Nous grandissons vite, réplique le jumeau.

Paul prend une gorgée de lait chaud et remet le gobelet sur la table avec rudesse. Pour sa part, Georges essaie de tempérer les propos de chacun en proposant une solution.

— Les laisser combattre les militaires serait irresponsable de notre part, mais ils pourraient s'impliquer et poser des gestes non violents ou moins dangereux.

— À une condition, ajoute Pierre, son regard perçant braqué sur les adolescents. Dès votre retour, vous irez à l'école sans rouspéter.

Un court silence suit ses paroles, le temps pour la serveuse de déposer les plats commandés sur la table.

— D'accord, s'empresse de répondre le garçon.

Jeanne accepte à son tour, mais redoute tout de même la réaction de sa mère.

— C'est la patronne qui décide, soutient Pierre dans un éclat de rire. Elle aura donc le dernier mot.

Georges donne raison à son père et saisit cette occasion pour les ramener à la réalité.

— Bon, les amis ! Nous avons une mission à accomplir à Elizabethtown[2].

Après un repas des plus conviviaux, Pierre conduit la charrette à bonne allure. Georges confie aux enfants qu'ils prendront livraison d'un important chargement à la caserne de la ville en soirée. Embarrassé, le père tente de justifier son acte.

— Un messager de Robert Nelson nous a remis un peu d'argent pour les dépenses encourues. Cette excursion nous permettra d'acheter des vêtements pour les petits.

[2] **Elizabethtown :** Ville de l'État de New York.

Nom : ______________________ Groupe : __________ Date : __________

Les voyageurs arrivent à destination quelques heures plus tard. Ils dissimulent la voiture dans le boisé près de l'immeuble et attendent le bon moment avant d'entrer en jeu. À l'heure fixée par les instigateurs, Pierre et Georges, nerveux en raison du geste inhabituel qu'ils doivent poser, marchent dans le noir jusqu'au bâtiment. Les jumeaux ont reçu la consigne de surveiller les environs et de signaler toute présence indésirée grâce à leur imitation habituelle du hurlement d'un loup. Comme convenu, un militaire a laissé la porte arrière entrouverte. Pierre la pousse avec une extrême prudence, jette un coup d'œil soupçonneux aux alentours, puis, suivi de son fils, pénètre à l'intérieur.

L'officier de garde, présent sur les lieux, leur fait signe d'avancer. Il murmure à l'oreille de Pierre :

— Enfermez-moi dans une pièce et vous serez tranquille pour emporter les fusils. J'ai déjà fracassé la serrure. Une charrette et un cheval vous attendent derrière.

Les visiteurs exécutent l'ordre avant de s'introduire dans l'armurerie. Leur mission consiste à s'emparer du maximum de munitions. Georges approche les voitures près de la bâtisse. Au même moment, un homme à cheval arrive dans le sentier, passe tout près des intrus sans les voir et, au grand soulagement des Gagnon, s'éloigne aussitôt. Pendant que Jeanne continue à surveiller la route, les autres s'activent à charrier le matériel convoité. Ils attachent solidement les armes, puis les camouflent sous d'épaisses toiles. Ils déguerpissent en silence et retournent au plus vite à Champlain[3].

[3] **Champlain :** Ville américaine à la frontière du Québec.

Nom : ____________ Groupe : ____________ Date : ____________

En chemin, Georges s'inquiète :

— Si les policiers nous arrêtent avec un tel chargement, nous croupirons quelques années en prison.

— Selon les instructions, nous déchargerons la marchandise dans une maison de ferme près de Plattsburgh. Après, nous devrons oublier cette affaire.

— À quoi serviront ces munitions, papa ?

— À reprendre notre liberté, ma fille.

Même si cette réponse ambiguë laisse l'adolescente sur sa faim, elle renonce à poser plus de questions. Jeanne regarde le visage sombre de son frère aîné à la lueur de la pleine lune : ce dernier semble plus disposé à faire des confidences. Georges murmure alors à l'oreille de Jeanne :

— Une lutte féroce se prépare contre le général Colborne et son armée. D'autres exilés ont reçu l'ordre de piller l'arsenal de Watertown[4] et celui de Batavia[5]. Dans une semaine, des patriotes cambrioleront le dépôt de Potton, dans les Cantons-de-l'Est.

— Les volontaires de cette région disposeront de moins de fusils pour attaquer et terroriser les femmes, répond Jeanne avec un sérieux désarmant.

Les quatre voyageurs se débarrassent des armes chez un nommé Tanguay, au nord de Plattsburgh, puis filent à toute allure vers Champlain. À leur retour à la maison, Gabrielle, furieuse, les accueille avec une extrême froideur : son regard glacial condamne leur folle équipée nocturne. Même si Pierre ignorait la présence des jumeaux dans la charrette et essaie de lui expliquer, rien n'y fait. Elle reste de mauvaise humeur.

Quelques jours plus tard, la mère accepte néanmoins de laisser partir les jeunes avec leur père pour le Bas-Canada lorsque Georges lui parle du projet de ralliement de Robert Nelson.

— Jeanne et Paul rêvent de brandir le drapeau des patriotes depuis la bataille de Saint-Eustache. Ce serait dommage de les punir de la sorte. Nous veillerons sur eux.

— Georges, tu dois me promettre de les ramener tout de suite après la cérémonie. Et toi aussi, ajoute-t-elle en regardant son mari.

Le fils aîné y consent et court préparer les bagages, les jumeaux sur ses talons.

Avant leur départ, Pierre réussit quand même à lui voler un baiser et à lui arracher un sourire.

Viateur LEFRANÇOIS, *Les chemins de l'exil : au temps des Patriotes*, Île Bizard, © Éditions du Phœnix, 2011, p. 31-38.

[4] **Watertown :** Ville de l'État du Massachusetts.

[5] **Batavia :** Ville de l'État de New York.

Nom : ______________________ Groupe : __________ Date : __________

COMPRENDRE et interpréter

1. Donnez la définition des expressions ou des mots du texte dont vous doutez du sens.

____

____

____

____

____

____

____

____

____

____

2. Donnez la définition des expressions suivantes.

a) Prendre la main dans le sac (ligne 11) :

____

b) Saisir la portée (ligne 15) :

____

c) Répondre du tac au tac (ligne 39) :

____

d) Laisser sur sa faim (ligne 118) :

____

3. Dans le texte, mettez entre crochets cinq GN différents qui reprennent le groupe *Les deux enfants* de la première ligne.

4. Quels sont les personnages antécédents de chacun des pronoms soulignés suivants ?

a) « un officier de l'armée <u>nous</u> attend » (ligne 12) :

____

b) « <u>Nous</u> avons commencé cette histoire ensemble » (ligne 41) :

____

Nom : ______________________ Groupe : ____________ Date : ______________

c) « <u>Nous</u> désirons simplement participer » (ligne 43) :

____

d) « qu'<u>ils</u> prendront livraison » (ligne 66) :

____

e) « <u>Nous</u> veillerons sur eux. » (ligne 138) :

____

5. Expliquez pourquoi Pierre, le père, se retient de réprimander les enfants quand il découvre que ceux-ci l'ont accompagné cachés dans la charrette.

____

____

____

6. En cochant la colonne appropriée, indiquez si chacun des éléments suivants du récit est une réalité historique ou une fiction.

Éléments du récit	Réalités	Fictions
a) Le général Colborne et son armée		
b) Le repos que le groupe s'accorde à Plattsburgh		
c) La trahison de l'officier de l'armée		
d) La bataille des patriotes à Saint-Eustache		
e) L'aide des enfants au pillage de la caserne		
f) La mission confiée à Pierre et à Georges		

7. Pour ce récit, déterminez les acteurs associés aux rôles du schéma actanciel.

Rôles	Acteurs
Sujet	
Objet	
Destinateur	
Destinataire	
Principaux opposants	
Principaux adjuvants	

Nom : ________________ Groupe : ________ Date : ________

8 Quel personnage voit ses sentiments évoluer le plus au cours de cette histoire ? Justifiez votre choix en précisant quatre des principales étapes de cette évolution.

Personnage dont les sentiments évoluent le plus :

____

Étape 1 :

____

Étape 2 :

____

Étape 3 :

____

Étape 4 :

____

RÉAGIR

9 Comment jugez-vous le fait que Pierre accepte d'amener les jumeaux avec lui dans cette mission périlleuse ?

____
____
____
____
____
____
____
____

10 Ajoutez une péripétie au déroulement du récit. Dans la marge du texte, marquez d'une flèche (→) l'endroit précis où s'insérera votre péripétie.

Consignes d'écriture :

a) Votre texte sera écrit sur une feuille mobile et n'excédera pas une page.

b) Il s'inscrira normalement dans le déroulement sans que les évènements précédents et suivants doivent être modifiés.

c) Il respectera le caractère des personnages.

d) Si vous rédigez un dialogue, celui-ci se présentera comme les autres dialogues du récit.

LA POÉSIE

Longtemps considérée comme la langue des dieux, la poésie peut être définie de mille et une façons. Au fil des siècles, elle a énormément évolué, passant d'une forme régie par des règles strictes à une forme plus libre. Cependant, depuis toujours, elle constitue une manière différente d'exprimer la vie. Elle est le fruit du lien entre la sensibilité de son auteur, son langage et le monde. Et elle cherche bien plus à suggérer et à évoquer qu'à décrire ou à expliquer.

Le texte poétique s'écrit et se lit, évidemment, mais il est d'abord destiné à être entendu. On y met en valeur cinq aspects du langage, tous liés les uns aux autres : le **thème**, la **structure**, les **mots**, les **images** et la **musique**.

1. Le thème

Le thème d'un poème est son sujet : ce dont il est question, ce dont l'auteur parle. C'est le point commun entre les divers éléments qui composent le poème. L'ensemble des éléments et des liens qui les unissent révèle l'univers du poème, c'est-à-dire le monde qu'il représente. Puisque le poème est l'œuvre d'une personne, l'univers du poème découle du point de vue de cette personne sur le thème et de sa vision du monde, comme dans plusieurs autres modes de discours.

De tout temps, les poètes, grands observateurs de la vie, ont privilégié des thèmes touchant à l'expérience humaine comme l'amour, la mort, la nature, la beauté, la folie, la liberté, la guerre, etc.

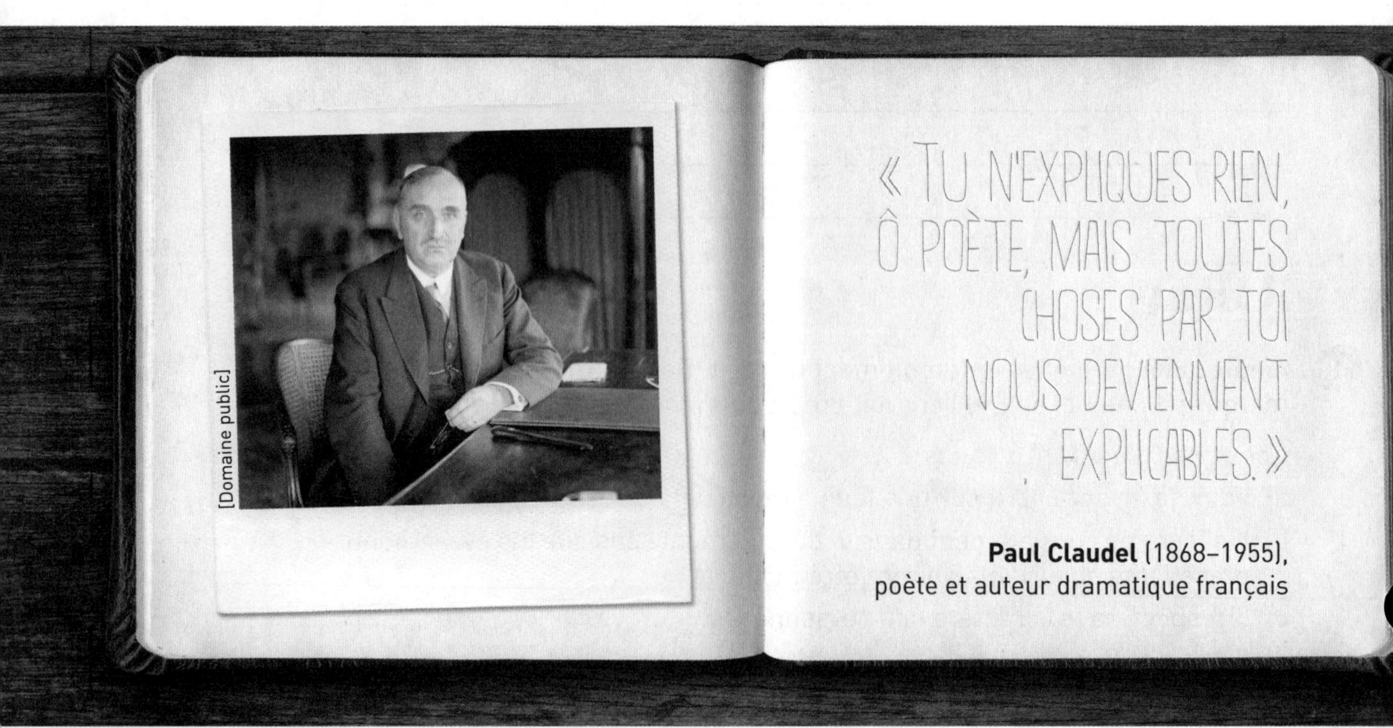
[Domaine public]
« TU N'EXPLIQUES RIEN, Ô POÈTE, MAIS TOUTES CHOSES PAR TOI NOUS DEVIENNENT EXPLICABLES. »
Paul Claudel (1868–1955),
poète et auteur dramatique français

Nom : ______________________ Groupe : ____________ Date : ____________

2. La structure

La structure générale d'un texte poétique diffère de celle des autres modes de discours. On l'élabore à l'aide de **vers** regroupés en **strophes**.

- Le **vers** est une ligne de texte formant une unité rythmique.
- La **strophe** est un ensemble de vers caractérisés par une unité de sens et une harmonie. Elle est l'équivalent d'un paragraphe dans un texte narratif ou explicatif. Dans le texte d'une chanson, les couplets et les refrains sont des strophes.

Les strophes portent des noms différents selon le nombre de vers qu'elles contiennent. Le **tercet** (trois vers) et le **quatrain** (quatre vers) sont parmi les strophes les plus communes.

La manière d'assembler les divers types de vers et de strophes donne sa forme au poème. Certains de ces assemblages existent depuis fort longtemps et sont soumis à des règles précises. Ce sont les poèmes à **forme fixe** de la poésie classique. Depuis la fin du Moyen Âge, de nombreuses formes fixes ont été définies, tels le sonnet, la ballade ou l'ode. Dans tous ces cas, chaque **vers** commence par une majuscule, et les règles de ponctuation y sont rigoureusement respectées.

Au fil du temps, les auteurs ont joué avec ces formes fixes et les ont fait éclater, pour en arriver à imaginer des formes qui ne respectent aucune règle traditionnelle. On dit de leurs poèmes modernes qu'ils sont à **forme libre**.

3. Les mots

Comme le texte poétique est généralement court, le choix des **mots** et leur agencement sont très importants, car l'**énonciateur*** veut évoquer rapidement des émotions et des sentiments divers chez le destinataire. Le poète exploite donc la ***polysémie*** des mots, c'est-à-dire le fait qu'ils ont de multiples sens. De plus, l'utilisation de **champs lexicaux** liés au thème et au sens du poème crée une atmosphère et un contexte cohérents et suggestifs. Bien sûr, le choix du titre n'est pas laissé au hasard non plus.

© Classic Image/Alamy
© Picsfive/Shutterstock Images LLC

« LES MOTS SONT COMME DES SACS ; ILS PRENNENT LA FORME DE CE QU'ON MET DEDANS. »

Alfred Capus (1857-1922), journaliste, romancier et dramaturge français.

* Les mots en gras bleu sont définis dans *Le glossaire des modes de discours* (page 306).

4. Les images

Le texte poétique suscite des images, produites par l'imagination lorsque les mots sont lus ou entendus. Pour que surgissent ces images, on utilise des procédés stylistiques, communément appelés ***figures de style***, comme la **comparaison**, la **métaphore**, la **personnification** et l'**antithèse**. Ces procédés contribuent grandement à révéler la vision de l'**énonciateur** et à enrichir le sens de ses propos.

- L'**antithèse** consiste à faire ressortir le contraste entre deux mots ou groupes de mots de sens opposés.

  Ex : *Je t'ai reconnu entre l'**ombre** et la **lumière**.*

- La **métaphore** consiste à rapprocher deux réalités grâce à leurs points communs sans utiliser de termes comparatifs.

  Ex : *Un **épais manteau blanc** recouvre la ville.*

- La **personnification** consiste à attribuer des traits, des attitudes, des sentiments ou des comportements humains à une réalité non humaine.

  Ex : *Le **bonheur** ne s'est pas présenté au rendez-vous qu'il m'a donné.*

5. La musique

La musique est au cœur du texte poétique. Puisque la poésie est d'abord conçue pour être déclamée, donc entendue plutôt que lue, les poètes ont recours à des jeux de sonorités comme la **répétition**, l'**allitération** et la **rime**, qui sont aussi des **figures de style**. Ces effets, combinés à la variation ou à la constance de la longueur des vers, donnent de la musicalité et du rythme aux poèmes et rehaussent le pouvoir évocateur des mots.

- L'**allitération** consiste à répéter volontairement une ou plusieurs consonnes.

  Dans l'extrait suivant de la chanson *Bonnie and Clyde*, de Serge Gainsbourg (1928–1991), la répétition de **sons durs** évoque le tir d'une arme automatique.

  *Dans les **t**rois jours, voilà le **t**ac-**t**ac-**t**ac*

  *Des mi**t**raille**tt**es qui reviennen**t***
  *à l'a**tt**aque.*

  Dans l'extrait suivant du poème *Les chats*, de Charles Baudelaire (1821–1867), la répétition de **sons doux** rappelle la finesse et la douceur du chat qui se couche.

  *Des grands **s**phin**x** allongés au fond*
  *des **s**olitudes,*

  *Qui **s**emblent **s**'endormir dans un rêve*
  sans fin.

Paul Verlaine, peint par Gustave Courbet (1819–1877)

[Domaine public]

« DE LA MUSIQUE AVANT TOUTE CHOSE... »

Paul Verlaine (1844–1896), poète français

Nom : ______________________ Groupe : ____________ Date : ______________

Disposition des rimes

En poésie dite *classique*, les couples de rimes doivent être disposés de manière à alterner selon une structure précise. Par exemple, pour former des rimes suivies ou plates, une première sonorité termine le premier et le deuxième vers (pour former une première rime), et une seconde termine le troisième et le quatrième (pour former une seconde rime). De plus, l'une de ces sonorité doit avoir des caractéristique dites *féminines*, et l'autre, des caractéristiques dites *masculines*. On obtient donc deux sonorités, une masculine et une féminine, réparties sur plusieurs vers.

Ainsi, les règles de l'alternance des rimes exigent que l'on s'attarde non seulement à la disposition des sons à la fin des vers, mais aussi aux diverses qualités de ces sons.

Dans les poèmes à forme fixe, les trois dispositions de rimes les plus communes sont les rimes **suivies** ou **plates**, les rimes **croisées** et les rimes **embrassées**.

RIMES	
Types	**Rimes féminines**
	Les rimes féminines sont les rimes qui se terminent par un *e* muet (un *e* que l'on ne prononce pas), que les mots soient masculins, féminins ou sans genre.
	Rimes masculines
	Les rimes masculines sont les rimes qui se terminent par une consonne ou par une autre voyelle qu'un *e* muet, que les mots soient masculins, féminins ou sans genre.
Dispositions	**Rimes suivies ou plates (a, a, b, b)**
	Sans la langue, en un mot, l'auteur le plus divin (a) Est toujours, quoi qu'il fasse, un méchant écrivain. (a) Travaillez à loisir, quelque ordre qui vous presse, (b) Et ne vous piquez point d'une folle vitesse. (b) Nicolas BOILEAU, *L'art poétique, Chant 1*, 1674.
	Rimes croisées (a, b, a, b)
	Demain, dès l'aube, à l'heure où blanchit la campagne, (a) Je partirai. Vois-tu, je sais que tu m'attends. (b) J'irai par la forêt, j'irai par la montagne. (a) Je ne puis demeurer loin de toi plus longtemps. (b) Victor HUGO, « Demain, dès l'aube... », *Les contemplations*, 1856.
	Rimes embrassées (a, b, b, a)
	Il brille, le sauvage Été, (a) La poitrine pleine de roses. (b) Il brûle tout, hommes et choses, (b) Dans sa placide cruauté. (a) Théodore de BANVILLE, « L'Été », *Les cariatides*, 1843.

Nom : ____________________ Groupe : __________ Date : __________

6. Exemple de texte poétique

Devant deux portraits de ma mère

Le thème

Le vieillissement

La structure

4 strophes

1er quatrain

2e quatrain

1er tercet

2e tercet

Ma mère, que je l'aime en ce portrait ancien,
Peint aux jours glorieux qu'elle était jeune fille,
Le front couleur de lys et le regard qui brille
Comme un éblouissant miroir vénitien !

Ma mère que voici n'est plus du tout la même ;
Les rides ont creusé le beau marbre frontal ;
Elle a perdu l'éclat du temps sentimental
[Où son hymen[1] chanta] comme un rose poème.

Aujourd'hui je compare, et j'en suis triste aussi,
Ce front nimbé de joie et ce front de souci,
Soleil d'or, brouillard dense au couchant des années.

Mais, mystère de cœur qui ne peut s'éclairer !
Comment puis-je sourire à ces lèvres fanées ?
Au portrait qui sourit, comment puis-je pleurer ?

Émile Nelligan, *Devant deux portraits de ma mère*, vers 1898.

Les mots

Champ lexical du visage humain

La musique

Rimes embrassées : rimes masculines et rimes féminines

Allitération avec un son doux

Allitération avec un son dur

Répétition

Les images

Comparaison

[Personnification]

Métaphore

Antithèse

[1] **Hymen :** Anciennement, en langage soutenu, synonyme de *mariage*.

Émile Nelligan (1879–1941), poète québécois

Nom : ____________________ Groupe : __________ Date : __________

1 LIRE UN POÈME LYRIQUE

Les termes *lyrique* et *lyrisme* sont dérivés du mot *lyre*. La lyre est un instrument de musique à cordes pincées dont s'accompagnaient certains poètes de l'Antiquité grecque. Ainsi, on qualifiait de *lyrique* la poésie accompagnée de musique, tout comme le poète composant de telles œuvres.

Depuis le milieu du XVIIIe siècle, on appelle *lyrique* la poésie par laquelle un poète exprime des pensées, des émotions, des sentiments personnels et intimes.

Exemple de poème lyrique

Poèmes saturniens

Épilogue II, extrait

Donc, c'en est fait. Ce livre est clos. Chères Idées
Qui rayiez mon ciel gris de vos ailes de feu
Dont le vent caressait mes tempes obsédées,
Vous pouvez revoler devers l'Infini bleu !

Et toi, Vers qui tintais, et toi, Rime sonore,
Et vous, Rhythmes chanteurs, et vous, délicieux
Ressouvenirs, et vous, Rêves, et vous encore,
Images qu'évoquaient mes désirs anxieux,

Il faut nous séparer. Jusqu'aux jours plus propices
Où nous réunira l'Art, notre maître, adieu,
Adieu, doux compagnons, adieu, charmants complices !
Vous pouvez revoler devers l'Infini bleu.

Paul VERLAINE, « Épilogue », *Poèmes saturniens*, 1866.

Nom : ______________________ Groupe : __________ Date : __________

Mise en contexte

Arthur Rimbaud publie ses premiers poèmes à l'âge de 15 ans. Un an plus tard, il se révolte contre l'ordre établi. Sans argent et sans autorisation, il fuit sa région natale à plus d'une occasion. Ces fugues lui inspirent le poème *Ma bohème*.

Lisez le texte suivant.

bohème = quelqun qui vit vagabonde.

Ma bohème (fantaisie)

Je m'en allais, les poings dans mes poches crevées ;
Mon paletot[1] aussi devenait idéal ;
J'allais sous le ciel, Muse[2], et j'étais ton féal[3] ;
Oh ! là là ! que d'amours splendides j'ai rêvées !

Mon unique culotte avait un large trou.
Petit-Poucet[4] rêveur, j'égrenais dans ma course
Des rimes. Mon auberge était à la Grande-Ourse.
Mes étoiles au ciel avaient un doux frou-frou[5]

Et je les écoutais, assis au bord des routes,
Ces bons soirs de septembre où je sentais des gouttes
De rosée à mon front, comme un vin de vigueur[6] ;

Où, rimant au milieu des ombres fantastiques,
Comme des lyres, je tirais les élastiques
De mes souliers blessés, un pied près de mon cœur !

Arthur Rimbaud, *Ma bohème (fantaisie)*, vers 1870.

Arthur Rimbaud (1854-1891), poète français

1 **Paletot :** Manteau.

2 **Muse :** Poésie.

3 **Féal :** Fidèle.

4 **Petit-Poucet :** Personnage de conte qui retrouve son chemin grâce à des miettes de pain semées.

5 **Frou-frou :** Bruit léger que produit le froissement de quelque chose.

6 **Vin de vigueur :** Vin qui rend vigoureux.

Champ lexical : ______________

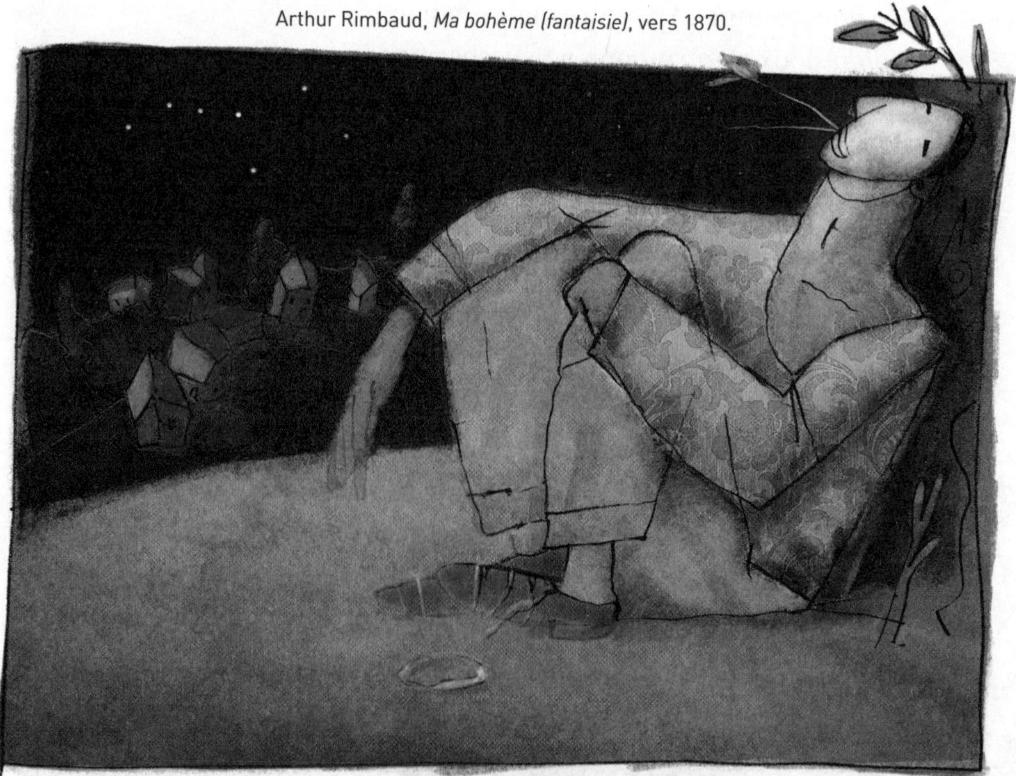

Nom : ______________________ Groupe : __________ Date : __________

COMPRENDRE et interpréter

1 Complétez la phrase suivante en inscrivant les termes de l'encadré dans les lacunes appropriées.

• fixe • quatrains • tercets • trois • vers

Ce poème à forme ______________ est constitué de deux ______________, c'est-à-dire de deux strophes de quatre ______________, et de deux ______________, c'est-à-dire de deux strophes de ______________ vers.

2 Le tableau suivant présente le dernier mot de chacun des 14 vers du poème.

a) Dans le tableau, soulignez les rimes du poème.

b) Précisez de quelles dispositions de rimes il s'agit en complétant les phrases suivantes.

- Les deux premières strophes contiennent des rimes ______________.
- Les strophes 3 et 4 contiennent une rime ______________ et deux rimes ______________.

c) Justifiez votre réponse en inscrivant **F** (rime féminine) ou **M** (rime masculine) dans l'espace à droite de chaque rime.

d) Vrai ou faux ? Dans ce poème, la règle d'alternance entre les rimes féminines et masculines a été respectée. ______________

1re strophe		2e strophe		3e strophe		4e strophe	
Rimes	**F/M**	**Rimes**	**F/M**	**Rimes**	**F/M**	**Rimes**	**F/M**
Ex. : *crevées*	*F*	trou		routes		fantastiques	
idéal	*M*	course		gouttes		élastiques	
féal	*M*	Grande-Ourse		vigueur		cœur	
rêvées	*F*	frou-frou					

3 Pour parler du peu d'objets qu'il possède, l'auteur utilise un champ lexical.

a) À l'endroit approprié dans la marge du texte, inscrivez le thème de ce champ lexical.

b) Dans le texte, soulignez les cinq mots formant ce **champ lexical**.

4 Dans le texte, mettez deux comparaisons entre crochets.

5 Lorsque l'auteur s'adresse à la Muse, quelle figure de style emploie-t-il ?

____

Nom : ______________________ Groupe : __________ Date : __________

6 a) À l'aide des vers 6 et 7, complétez les phrases suivantes.

Le Petit-Poucet, dans le conte du même nom, égrenait des ______________

______________ derrière lui afin de retrouver son chemin le temps venu.

Rimbaud, quant à lui, affirme égrener des ______________ sur sa route.

b) Précisez la figure de style utilisée dans ces vers. ______________

7 Relevez le vers où l'auteur crée une allitération avec le son [s], puis mettez en évidence les sons répétés en les encadrant.

____

8 a) À l'aide du propos du poème et du contexte dans lequel il a été écrit, justifiez le choix de titre qu'a fait l'auteur.

____

____

____

____

b) Au vers 7, que veut dire l'auteur par « Mon auberge était à la Grande-Ourse » ?

____

c) Selon vous, que ressent Rimbaud durant l'aventure évoquée par son poème ? Justifiez votre réponse.

____

____

____

____

RÉAGIR

9 Selon vous, si vous laissiez tout tomber pour vivre la bohème comme le fait le jeune poète, éprouveriez-vous les mêmes sensations que celles décrites dans le poème ? Justifiez votre réponse à l'aide des éléments du texte.

____

____

____

____

____

____

____

Nom : ______________________ Groupe : __________ Date : __________

2 LIRE UN CALLIGRAMME

C'est le poète Guillaume Apollinaire (1880–1918) qui est à l'origine du mot-valise ***calligramme***. Par télescopage, il a fusionné les mots *calligraphie* et *idéogramme*. La calligraphie est l'art de former les lettres, et un idéogramme est un signe graphique représentant un mot ou une idée. Un calligramme est donc un poème dont les mots sont disposés de manière à former une image plus ou moins concrète liée au thème. Ce type de poème est un bel exemple de poésie moderne à forme libre.

Exemple de calligramme

Un oiseau chante

Un oiseau chante ne sais où
C'est je crois ton âme qui veille
Parmi tous les soldats d'un sou
Et l'oiseau charme mon oreille

Écoute il chante tendrement
Je ne sais pas sur quelle branche
Et partout il va me charmant
Nuit et jour semaine et dimanche

Mais que dire de cet oiseau
Que dire des métamorphoses
De l'âme en chant dans l'arbrisseau
Du cœur en ciel du ciel en roses

L'oiseau des soldats c'est l'amour
Et mon amour c'est une fille
La rose est moins parfaite et pour
Moi seul l'oiseau bleu s'égosille

Oiseau bleu comme le cœur bleu
De mon amour au cœur céleste
Ton chant si doux répète-le
À la mitrailleuse funeste

Qui claque à l'horizon et puis
Sont-ce les astres que l'on sème
Ainsi vont les jours et les nuits
Amour bleu comme est le cœur même

Guillaume Apollinaire, *Un oiseau chante*, 1915.

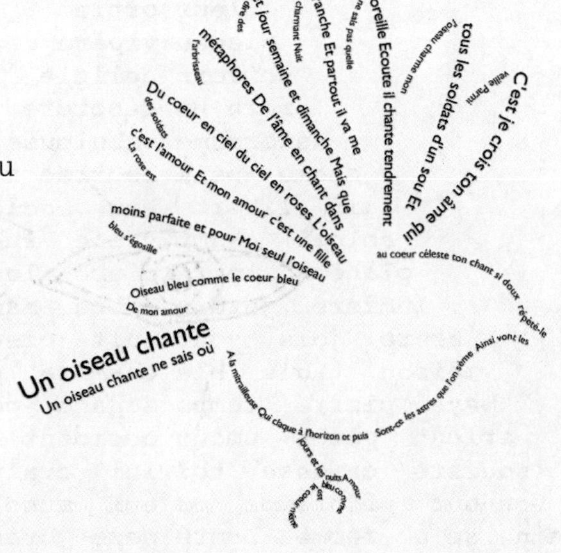

© Réalisation : Catherine Lepicard

Nom : ______________________ Groupe : __________ Date : __________

Raôul Duguay (né en 1939), poète, musicien et artiste visuel québécois

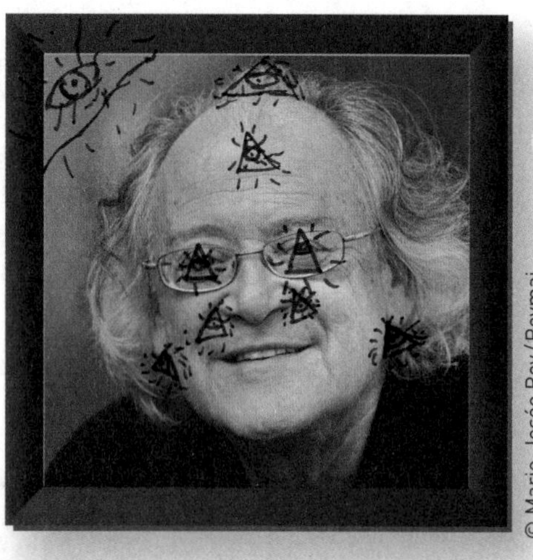

Mise en contexte

À l'époque où l'artiste québécois Raôul Duguay crée ce calligramme, au début des années 1970, la poésie québécoise est en pleine ébullition. À sa façon, il s'approprie le français québécois et joue allègrement avec les normes de la langue et de la poésie.

Lisez le texte suivant.

Arbre généalogique de toulmonde

ô
a a
ma ta
oui non
tout rien
fleur ortie
oiseau vipère
univers cellule
ordre un désordre
astérisme nébuleuse
atome pain beurre feu
air liberté eau esclave
soleil champ ville ruelle
planète terre globe lunaire
lumière jardin ombre asphalte
arbre joie jour nuit pleur peur
maison table blé chambre province
pays pierre temps espace poussières
orient plein amour occident vide faim
sourire caresse toi lui crainte travail
bonheur printemps on eux muscles fer pied
main sein femme bonté sexe bras femme roche
coeur essence soif foi corps existence prison
lumière feuille été jus automne plastique béton
montagne cheval sentiers vallée automobile ciment
oeuf éclosion santé maman bombe explosion sang bobo
musique étoile neige sapin cri sommeil crépuscule loi
couleur rythme papillon jeu ver gris vitesse stop meute
danse vague océan rivage sel accident visage écume coulée
chant prière parole livre sol machine radio télévision plan
dessin ligne courbe volume pas building argent électricité go
fruit légume lait miel céréales hot dog hamburger steak patates
enfant femme beauté paix HOMME HOMME animal végétal minéral mû

Raôul Duguay

Nom : ______________________ Groupe : __________ Date : __________

COMPRENDRE et interpréter

1. Au sens propre, qu'est-ce qu'un arbre généalogique ?

c'est une pyramide de mots ~~de~~ poétique

2. D'après le titre du poème, sa forme et les espaces entre ses mots, quelle image ce calligramme vous semble-t-il former ? Justifiez votre réponse.

elle forme un triangle illuminati, à cause des 3 côtés

3. L'auteur de ce calligramme utilise une figure de style grâce à laquelle il met en opposition un grand nombre de termes ou d'expressions.

a) Indiquez le nom de cette figure de style. ~~calligraphique~~ antithèse

b) Remplissez le tableau en relevant six oppositions dans le calligramme.

Premier terme	Terme opposé	Premier terme	Terme opposé
joie (vers 16)	Pleur	santé	sang
Jour	nuit	orient (vers 19)	occident
liberté	esclave (vers 12)	couleur	gris (vers 28)

4. Quelle est la signification de l'antithèse formée au vers 32 ?

c'est des mets ~~de différentes~~ et breuvages.

RÉAGIR

5. Selon vous, quel est le sens de ce calligramme ?

il veut montrer que l'illuminati nous regardent toujours et ils sont supérieures à nous.

ÉCRIRE

6. À la manière de Raôul Duguay ou de Guillaume Apollinaire, créez un calligramme sur une feuille mobile. Rappelez-vous que les vers d'un calligramme peuvent être composés de phrases, et non seulement de mots détachés comme dans *L'arbre généalogique de toulmonde*.

Nom : ____________________ Groupe : __________ Date : __________

3 LIRE UN TEXTE DE CHANSON

L'auteur, compositeur et interprète québécois Daniel Bélanger (né en 1961) a publié son premier album solo en 1992. S'il aime faire éclater la langue et jouer avec le sens des mots dans ses chansons, il peut également faire passer des messages qui touchent un grand nombre de personnes.

© Le Soleil, Jean-Marie Villeneuve

Lisez le texte suivant.

Sortez-moi de moi

Quelqu'un m'a dit que tout autour
De mon nombril se trouve la vie
La vie des autres, la vie surtout
De ceux qui meurent faute de nous
Qu'il faudrait qu'il pleuve
Où il ne pleut guère
Qu'il faudrait un fleuve
Où c'est sans rivière

Et moi j'étais sur moi alors
J'écoutais couler dans mes veines
Mes vaisseaux et mes anticorps
Depuis des mois, des années même
J'observais battre mes paupières
Mon corps prendre et rendre l'air

J'ai des yeux qui refusent de voir
Des mains qui frôlent sans toucher
Sortez-moi de moi
Chacun ses envahisseurs
Chacun ses zones sinistrées
Sortez-moi de moi
De moi

Nom : ______ Groupe : ______ Date : ______

Ce même quelqu'un m'a dit, je cite :
« Je pars pour l'autre continent »
Il n'était pas très explicite
Mais juste assez bouleversant
« Je pars et c'est important
Donner mon temps souffler mon vent »

Mais moi j'ai des yeux qui refusent de voir
Des mains qui frôlent sans toucher
Sortez-moi de moi
Chacun ses envahisseurs
Chacun ses zones sinistrées
Sortez-moi de moi
De moi

Pour me voir quitter l'alvéole
Où je veille et où je dors
Il me faudrait l'amour le plus fol[1]
Un incendie et quoi encore
Il m'a dit voir beaucoup souffrir
Sans doute voulait-il m'instruire
Sur le fait que son bonheur
Repose sur l'index et le majeur
Puis il a brandi ses deux doigts
La main bien haute le bras bien droit

Mais moi j'ai des yeux qui refusent de voir
Des mains qui frôlent sans toucher
Sortez-moi de moi
Chacun ses envahisseurs
Chacun ses zones sinistrées
Sortez-moi de moi
Sortez-moi de moi

Auteur-compositeur
Daniel Bélanger / Michel Bélanger
Éditions Kaligram

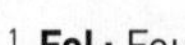

[1] **Fol :** Fou.

Nom : ______________________ Groupe : __________ Date : __________

COMPRENDRE et interpréter

1. Dans la marge du texte, indiquez le début des couplets et des refrains de la chanson.

2. Dans cette chanson, l'auteur raconte ce qui lui arrive.

   a) Selon les deux premiers couplets, quelle est la personnalité de l'auteur ?

   ____

   ____

   ____

   ____

   b) À quelques reprises, l'auteur mentionne un autre personnage avec qui il s'est entretenu. Lui ressemble-t-il ? Justifiez votre réponse.

   ____

   ____

   ____

   ____

3. Relevez le vers qui démontre que l'auteur n'est pas nécessairement heureux de sa personnalité et qu'il aimerait la changer.

   ____

4. Que veut dire l'auteur aux vers 18 et 19 ?

   ____

   ____

   ____

   ____

   ____

5. Surlignez deux des antithèses qui se trouvent dans cette chanson.

6. Relevez une personnification.

   ____

7. Au vers 13, la succession et la répétition des lettres *b*, *p* et *r* forment une allitération : « J'o**b**se**r**vais **b**att**r**e mes **p**au**p**iè**r**es ». Qu'évoque cet agencement de sons ?

   ____

   ____

Nom : ______________________ Groupe : __________ Date : __________

8 Dans les vers suivants, le narrateur suggère un signe fait par son interlocuteur :

« Sur le fait que son bonheur
Repose sur l'index et le majeur
Puis il a brandi ses deux doigts
La main bien haute le bras bien droit »

De quel signe s'agit-il ?

____

9 Ce texte de chanson est-il un texte poétique à forme fixe ou à forme libre ? Justifiez votre réponse.

____

____

____

____

10 À l'aide d'accolades dans la marge du texte :

a) délimitez deux exemples de discours rapporté **directement**. Puis, vis-à-vis de chaque exemple, indiquez le type de discours rapporté dont il s'agit.

Les discours rapportés
Page 269

b) délimitez deux exemples de discours rapporté **indirectement**. Puis, vis-à-vis de chaque exemple, indiquez le type de discours rapporté dont il s'agit.

RÉAGIR

11 Si vous réfléchissez à votre personnalité et à celle des gens qui vous entourent, dans votre quartier, à l'école ou dans votre famille, diriez-vous qu'on trouve plus d'êtres humains ressemblant au narrateur ou à son interlocuteur ? Justifiez votre réponse.

____

____

____

____

____

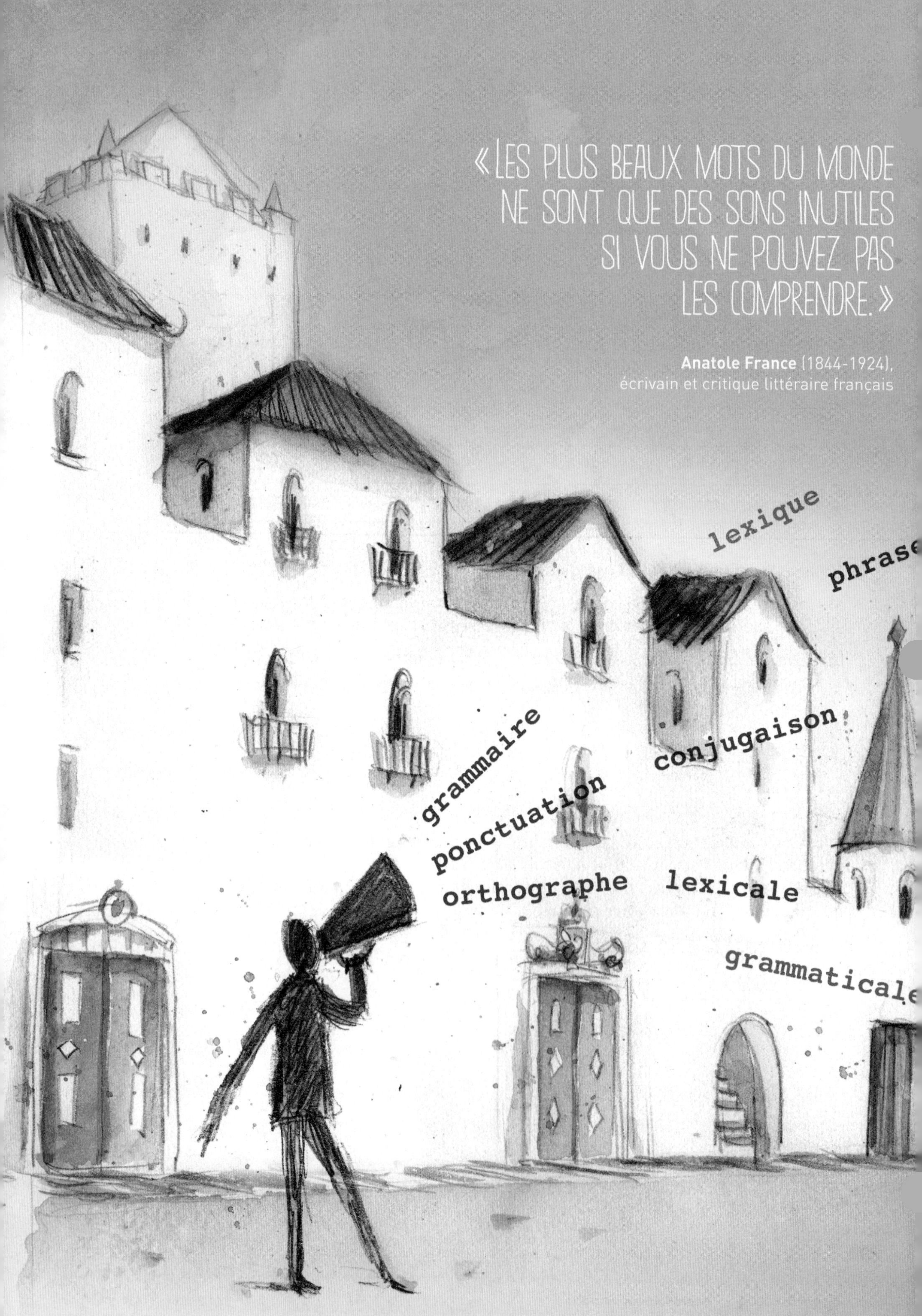
« LES PLUS BEAUX MOTS DU MONDE
NE SONT QUE DES SONS INUTILES
SI VOUS NE POUVEZ PAS
LES COMPRENDRE. »
Anatole France (1844-1924),
écrivain et critique littéraire français
lexique
phrase
grammaire
conjugaison
ponctuation
orthographe
lexicale
grammaticale

LES RESSOURCES DE LA LANGUE

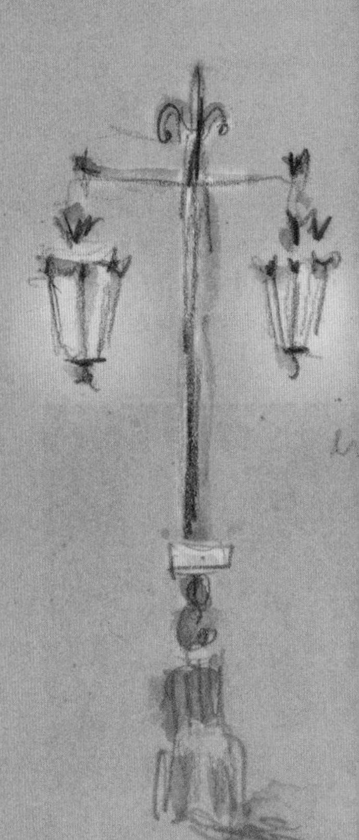

Nom : ______________________ Groupe : __________ Date : __________

LA  RAMMAIRE DE LA PHRASE

1 LE GROUPE DU NOM (GN)

1.1 Les constructions du GN

Rappelez-vous QUE...

- Le GN a un **nom**, commun ou propre, comme noyau.

  Ex : [*Mon **frère***]^{GN} *a lu* [*cette **histoire***]^{GN}. [***Thomas***]^{GN} *aime visiter* [*ses **nièces***]^{GN}.
- Le nom noyau peut être seul ou accompagné d'un déterminant. De plus, il peut avoir une ou des **expansions** qui le complètent.
- Voici différentes constructions du GN.
  - N seul
  - Dét + N
  - Dét + N + GAdj
  - Dét + N + GPrép
  - Dét + N + GN
  - Dét + N + Sub. relative
  - Dét + N + GVpart

 Dans le texte suivant, encadrez les GN dont le noyau est en gras et indiquez leur construction au-dessus.

Coup de POUCE

N'oubliez pas ! Les expansions du nom ne sont pas toujours placées après le noyau du GN.

Dét + GAdj + N

Ex. : [*Ce nouveau **roman***] *fut une surprise pour tout le monde.*  ***Julie**, qui disait ne pas aimer les contes fantastiques, l'a adoré. Lecteur assidu depuis toujours, **Antoine** avait dit qu'il préférait les **histoires** relatant des faits vécus. Maintenant, il avoue que le **conte** dont on parle est un nouvel **univers** à découvrir. Quant à mon meilleur **ami** Maxime, il a lu cette **histoire** à grand déploiement en seulement deux jours.*

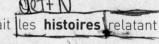

© Artemily Bogdanoff/Shutterstock Images LLC

Nom : ______________________ Groupe : __________ Date : __________

1.2 Les fonctions du GN

Rappelez-vous **QUE...**

- Le tableau ci-dessous regroupe les principales fonctions du GN.

Fonctions du GN	Exemples
Sujet	***Ce nouveau roman*** *est vendu partout.*
Attribut du sujet	*Ce roman est* ***sa plus belle réussite****.*
Complément du nom	*L'auteure,* ***une avocate****, écrivait durant ses heures libres.*
Complément du pronom	***Auteure célèbre****, elle se consacre désormais à l'écriture.*
Complément direct du verbe	*Depuis toujours, elle adore* ***l'écriture****.*
Complément du verbe impersonnel	*Il faut* ***dix minutes*** *de lecture pour aimer cette histoire.*
Complément de phrase	***Tous les soirs****, j'ai hâte de retrouver ces personnages.*
Complément du présentatif	*Voici* ***un bon livre*** *pour tous.*

© Mayer George / Shutterstock Images LLC

1 Dans les phrases suivantes, encadrez le noyau de chaque GN en gras. Puis, indiquez le numéro associé à la fonction de ces GN.

1 Sujet	**2** Compl. de P	**3** Compl. dir.
4 Compl. du N	**5** Compl. du Pron	**6** Attr. du sujet
7 Compl. du V impers.	**8** Compl. du présentatif	

Ex. : ***Une jeune fille*** *achète* ***vos deux livres****.* 1, 3

a) **Cette grande écrivaine** deviendra **sa préférée** . ______

b) **Auteure accomplie** , elle vous éblouira . ______

c) Je crois qu'il faudrait **de nouveaux livres** ici . ______

d) Je reconnais avoir adoré **ce roman palpitant** . ______

e) L'animateur a dit : « Voici **un chef-d'œuvre** . » ______

f) **Deux ans plus tard** , elle publiait **son dernier ouvrage** . ______

g) Mon amie **Céline** a lu tous ses romans . ______

Coup de POUCE

N'oubliez pas : certains mots peuvent être parfois un **nom**, parfois un **adjectif**.

Ex. : *Les* ***jeunes*** *arrivent.* (nom)

Les ***jeunes*** *filles sont arrivées.* (adjectif)

2 Dans les phrases suivantes, soulignez tous les GN et spécifiez leur fonction.

Ex. : *Ma jeune sœur emprunte souvent mes livres.* Sujet, Compl. dir.

a) Seras-tu avec nous samedi prochain ? ______

b) Mon beau-père aurait bien aimé voir ce film. ______

c) Il faudrait un scénario mieux structuré. ______

d) Depuis longtemps, il est mon favori. ______

e) Il y aura deux projections cette semaine. ______

f) Les deux acteurs rencontrent tous les journalistes. ______

Nom : ______________________ Groupe : __________ Date : __________

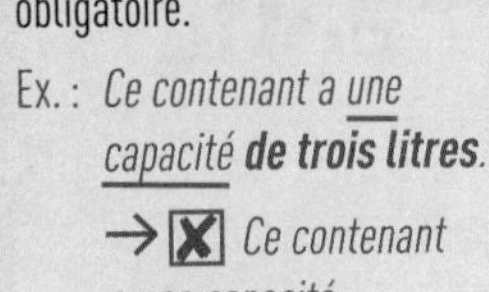

Dans un GPrép de construction « Préposition + GN », le nom noyau du GN, quand il est sans déterminant, peut être au singulier ou au pluriel, selon le contexte.

Ex. : *une salle* ***de classe*** (singulier), *une base* ***de données*** (pluriel)

1.3 La fonction de complément du nom

- Le nom peut être suivi d'une expansion, qui a la fonction de complément du nom.

Le complément du nom peut être :	Exemples
un GN	*Son scénario,* ***une histoire sordide****, est bien écrit.*
un GAdj	*Le film regorge de péripéties* ***dramatiques à souhait****.*
un GPrép	*Sa vie* ***sur un autre continent*** *ne l'a pas transformé.*
une Sub. relative	*Les problèmes* ***dont il nous parlait*** *sont résolus.*
un GVpart	*Il a choisi un cinéaste* ***ayant la même vision que lui****.*

- Certains compléments du nom sont **détachés** par la virgule. Ces compléments sont généralement mobiles. Ils sont souvent placés en début de phrase, avant le nom. Si le sens le permet, ils peuvent être placés en fin de phrase.

GN détaché

Ex. : *Ma cousine,* ***son sac à l'épaule****, arriva à la bibliothèque.*

→ ✓ ***Son sac à l'épaule****, ma cousine arriva à la bibliothèque.*

→ ✓ *Ma cousine arriva à la bibliothèque,* ***son sac à l'épaule****.*

GAdj détaché

Cette bibliothèque, ***rénovée depuis peu****, a une nouvelle salle d'ordinateurs.*

→ ✓ ***Rénovée depuis peu****, cette bibliothèque a une nouvelle salle d'ordinateurs.*

→ ☒ *Cette bibliothèque a une nouvelle salle d'ordinateurs,* ~~***rénovée depuis peu***~~*.*

Dans l'exemple ci-dessus, le déplacement du complément du nom en fin de phrase est impossible, car il pourrait prêter à confusion (ce n'est pas la salle d'ordinateurs qui a été rénovée, mais la bibliothèque).

Dans certains cas, le complément du nom est obligatoire.

Ex. : *Ce contenant a une capacité* ***de trois litres****.*

→ ☒ *Ce contenant a une capacité* ~~*de trois litres*~~*.*

1 Dans chacune des phrases suivantes, encadrez le GN dont le noyau est en gras et identifiez toutes les expansions qui ont la fonction de complément du nom.

Ex. : [*Des* ***articles*** *scientifiques*] *sont publiés chaque année .* — GAdj.

a) Ce **phénomène** naturel dont tu m'as parlé hier est étonnant. __________

b) J'ai lu des **articles** insolites qui m'ont bien fait rire. __________

c) Ils traitent parfois de ces **sujets** dont il est rarement question. __________

d) Mon oncle m'a offert une **revue** de situations cocasses. __________

e) L'**article** expliquant comment faire rire les singes m'a intrigué. __________

f) La **photo** de ce singe que tu m'as montrée n'avait pas l'air réelle. __________

2 Dans les phrases suivantes, encadrez les compléments des noms en gras et identifiez-les.

Ex. : *Un* [*nouveau*] ***récit*** [*du XVIIe siècle*] *vient de paraître.* — GAdj, GPrép.

a) Cette **épopée** se déroulant en Nouvelle-France est passionnante. __________

b) Elle est basée sur d'authentiques **récits** de matelots. __________

c) Ils racontent la **vie** pénible à bord des navires de cette époque. ______

d) Le **voyage** étant risqué, peu d'hommes se rendaient à destination. ______

e) On disait que l'**embarcation**, véritable prison, transportait la mort. ______

f) Pourtant, un jeune **matelot** plein de ressources s'en sort indemne. ______

g) La **survie** de ce jeune homme reste, encore aujourd'hui, inexpliquée. ______

h) Ces **récits**, dont on a confirmé l'authenticité, sont exposés au musée. ______

3 Dans les phrases suivantes, ajoutez au nom en gras les compléments demandés.

a) Cette **stratégie** semble efficace. (GAdj + GPrép)

______

b) Hier, j'ai vu le **documentaire**. (GPrép + Sub. relative)

______

c) **Amélie** avait du mal à rester calme. (GN détaché + Sub. relative)

______

d) Vous devrez attendre dans le **corridor**. (GAdj + GVpart)

______

e) Cette **automobile** est une antiquité. (GAdj + Sub. relative)

______

f) Cette **salle** est fantastique. (GAdj + GPrép + Sub. relative)

______

JUSTIFIEZ VOTRE RÉPONSE

4 Récrivez ces phrases en corrigeant l'erreur qu'elles contiennent et justifiez votre réponse.

a) Jacinthe alla s'informer à la bibliothécaire, perdue dans cette immense bibliothèque.

______

______

Justification : ______

______

______

b) Lecteur boulimique Philippe lit tous les soirs avant de s'endormir.

______

Justification : ______

______

Nom : ______________________ Groupe : __________ Date : __________

© Ivan Cholakov/Shutterstock Images LLC

Activité synthèse

1 Dans le texte suivant, soulignez tous les GN comprenant au moins un complément du nom. Puis, dans chacun de ces GN, encadrez le noyau.

Notre dernier voyage à Rimouski

1 Lorsque l'adaptation cinématographique du roman a été annoncée, tout le monde voulait voir le résultat. 2 Devant le cinéma, l'immense marée humaine dont nous ne voyions pas la fin nous inquiétait. 3 La salle étant petite, nous n'étions pas certains d'obtenir des billets. 4 Pourtant, malgré la foule très dense, nous avons choisi de rester. 5 Nous n'avions tout de même pas fait ce long voyage à Rimouski pour retourner aussitôt à la maison ! 6 Nous avions tellement hâte que cette biographie, la meilleure des dernières années, devienne animée ! 7 Heureusement, Pierre-Luc, s'étant levé tôt, était arrivé depuis longtemps. 8 Voilà un jeune homme aventureux qui avait réussi à acheter des billets pour nous tous !

9 En se faufilant, il a réussi à nous retrouver dans l'interminable file d'attente. 10 Enfin, l'histoire dont on parlait depuis des semaines allait prendre vie devant nous !

2 Indiquez la construction de chaque GN souligné dans le texte précédent.

1 ______________________ 6 ______________________

2 ______________________ 7 ______________________

3 ______________________ 8 ______________________

4 ______________________ 9 ______________________

5 ______________________ 10 ______________________

3 Indiquez la fonction de chaque GN souligné.

a) Voici, à votre gauche, la Promenade de la mer. ______________

b) Son point d'intérêt est la Tour de marée. ______________

c) Outil de signalisation des marées, elle est très utile aux vacanciers. ______________

Nom : ______________________ Groupe : __________ Date : __________

2 LE GROUPE DE L'ADJECTIF (GADJ)

2.1 Les constructions du GAdj

Rappelez-vous **QUE...**

- Le GAdj a un **adjectif** comme noyau. L'adjectif **qualifiant** exprime une qualité (positive ou négative). L'adjectif **classifiant** permet de classer un nom dans une catégorie ou de lui donner un rang (adjectif ordinal).

  Ex. : *un* **[grand]** *changement* (Adj qualifiant) *un changement* **[climatique]** (Adj classifiant)

MS MANIPULATIONS SYNTAXIQUES

- Pour vérifier si un mot est un adjectif, on essaie de le remplacer par un autre adjectif.

  Ex. : *une terre* **[appauvrie]** → ✓ *une terre* **[pauvre]**
- L'adjectif qualifiant peut avoir une ou plusieurs expansions. Par exemple, il est souvent précédé d'un adverbe (*peu*, *plus*, *très*, etc.). Pour savoir si un adjectif est qualifiant ou classifiant, on peut donc essayer d'ajouter un adverbe devant cet adjectif.

  Ex. : ✓ *un* **[très grand]** (GAdj) *changement* (adjectif qualifiant)

  Ex. : ☒ *un changement* **[très climatique]** (GAdj) (adjectif classifiant)

1 Dans le texte suivant, encadrez chaque GAdj et soulignez son noyau. Puis, au-dessus du noyau, indiquez s'il est qualifiant (Q) ou classifiant (C).

L'île d'Anticosti fait partie de la région québécoise de la Côte-Nord. On y trouve des paysages vraiment magnifiques. Il y a, entre autres, de très nombreuses rivières, des chutes spectaculaires, des plates-formes rocheuses et des canyons plutôt profonds. Ce n'est pas sans raison que l'île est considérée comme un joyau du patrimoine naturel de la province. On peut y découvrir une flore et une faune variées, et on peut également y observer des fossiles de l'ère paléozoïque. C'est donc une destination fort intéressante pour les amoureux de la nature.

Nom : ______________________ Groupe : __________ Date : __________

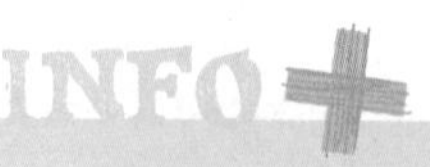

Dans certains cas, on peut utiliser l'adjectif ou le participe présent.

Ex. : *un montant* ***équivalent / équivalant*** *à la moitié du prix*

- Certains adjectifs sont issus d'un verbe au participe présent ou au participe passé.

  Ex. : *une petite chute* ***murmurante*** (participe présent du verbe *murmurer*)
  des cieux ***assombris*** (participe passé du verbe *assombrir*)

- Dans certains cas, l'adjectif a une orthographe différente du verbe au participe présent.

  Ex. : *un circuit* [*fati**gant***] (Adj) *un circuit* [*fati**guant***] *les marcheurs* (part. présent)

- Pour savoir si un mot est un adjectif ou un participe présent, on essaie de le mettre au féminin. Si c'est impossible, c'est un participe présent.

  Ex. : ✓ *une excursion* [*fati**gante***] (Adj) ☒ *une excursion* [~~*fatiguante*~~] *les marcheurs* (part. présent)

Vous doutez de l'orthographe d'un adjectif ou d'un participe présent ? Pourquoi ne pas vérifier dans le dictionnaire ou dans un ouvrage de conjugaison ?

2 Dans les GN suivants, écrivez l'adjectif ou le participe présent issus des verbes indiqués.

a) précéder : la journée précédée
la journée précédée l'accident

b) négliger : un guide négligeable
un guide néglige ses randonneurs

c) convaincre : un argument convaincant
un avocat convaincu le jury

d) zigzaguer : un sentier zigzagant
un vélo zigzag sur la route

- Voici différentes constructions du GAdj :
  – Adj seul – GAdv + Adj – Adj + GPrép – Adj + Sub. complétive

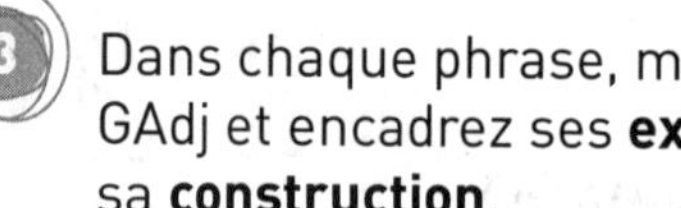

3 Dans chaque phrase, mettez le **GAdj** entre crochets, soulignez le **noyau** du GAdj et encadrez ses **expansions**. Puis, au-dessus de chaque GAdj, indiquez sa **construction**.

a) Voici un texte très facile à lire. (adj seul)

b) Ils ont vu une maison semblable à la nôtre. (adj)

c) Cette maison, je suis certaine qu'elle te plairait. (Gadv + adj)

d) Les gélinottes huppées sont particulièrement craintives. (adj + Gprep)

© Paul Binet/Shutterstock Images LLC

La gélinotte huppée fait partie de la faune de l'île d'Anticosti.

Nom : ______________________ Groupe : __________ Date : __________

2.2 Les fonctions et la place du GAdj

Rappelez-vous **QUE...**

- Le GAdj peut être **complément du nom**. Dans le GN, le GAdj se place souvent après le nom. Parfois, il se place avant.

Remarques :
- Le GAdj formé d'un adjectif classifiant autre que l'adjectif ordinal se place après le nom ;
  Ex. : *les changements* ***climatiques***
- Le GAdj formé d'un adjectif ordinal se place avant le nom ;
  Ex. : *le* ***premier*** *sentier*
- Le GAdj détaché peut se placer avant ou après le nom.
  Ex. : *Émile,* ***heureux*** *de visiter l'île, s'est levé tôt.*
  Heureux *de visiter l'île, Émile s'est levé tôt.*

- Le GAdj peut être **attribut du sujet**. Il est généralement placé après le verbe.
  Ex. : *Ces rivières sont* ***profondes***.

Dans la phrase emphatique, l'adjectif attribut peut être déplacé en début de phrase.
Ex. : ***Profondes*** *sont ces rivières.*

Dans les phrases suivantes, encadrez chaque GAdj et soulignez son noyau. Puis, indiquez la fonction de chaque GAdj.

Ex. : *Nous avons fait une* [*très longue*] (*Compl. du N* route) *route pour nous rendre sur cette île* [*côtière*] (*Compl. du N* île).

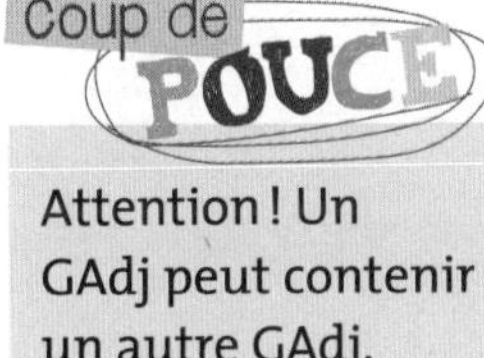

Attention ! Un GAdj peut contenir un autre GAdj.

a) L'île bénéficie-t-elle d'un climat maritime ou boréal ?

b) Notre deuxième randonnée s'est terminée sous une pluie torrentielle.

c) Les étés y sont frais et les hivers y sont relativement doux.

d) Rempli d'une odeur saline, l'air particulièrement pur est vivifiant.

e) L'île possède une très longue histoire et est riche en fossiles variés.

2 Dans les phrases du numéro précédent, relevez :

a) le GAdj formé d'un adjectif ordinal : ______________________

b) le GAdj détaché : ______________________

Des pêcheurs viennent de partout pour pêcher le saumon sur l'île d'Anticosti.

2.3 Les fonctions dans le GAdj

Rappelez-vous QUE...

- L'adjectif qualifiant peut être suivi d'une expansion (un groupe prépositionnel ou une subordonnée complétive), qui a la fonction de **complément de l'adjectif**.

Ex. : *Voici une excursion* [GAdj ***pleine*** [GPrép *de surprises*] compl. de l'Adj] ! *Je suis* [GAdj ***sûr*** [Sub. complétive *que tu as eu du plaisir*] compl. de l'Adj].

- L'adjectif qualifiant peut être précédé (ou encadré) d'une expansion, qui a la fonction de **modificateur de l'adjectif**. On parle alors de mise en degré de l'adjectif.

Ex. : *Voici un* [GAdj [GAdv *très*] modif. de l'Adj ***grand***] *parcours.* *Votre parcours est* [GAdj [GAdv *plus* ***long*** *que le nôtre*] modif. de l'Adj].

- Dans la **mise en degré**, le modificateur attribue à l'adjectif qualifiant un degré d'intensité ou un degré de comparaison.

DEGRÉ D'INTENSITÉ	
• faible : *moins, peu, à peine, presque* • moyen : *assez, plutôt, pas mal* • élevé : *très, beaucoup, fort, bien, trop, tout*	*Ils sont* ***peu*** *nombreux.* *Ils sont* ***assez*** *nombreux.* *Ils sont* ***très*** *nombreux.*
DEGRÉ DE COMPARAISON	
• comparatif d'infériorité : *moins... que* • comparatif d'égalité : *aussi... que* • comparatif de supériorité : plus... que	*Ce fossile est* ***moins*** *gros* ***qu'un œuf****.* *Ce fossile est* ***aussi*** *gros* ***qu'un œuf****.* *Ce fossile est* ***plus*** *gros* ***qu'un œuf****.*
• superlatif d'infériorité : déterminant *le/la/les* ou déterminant possessif *mon, ma, mes*, etc. + *moins* • superlatif de supériorité : déterminant *le/la/les* ou déterminant possessif *mon, ma, mes*, etc. + *plus*	*Ce sentier est* ***le moins*** *risqué* ***de tous****.* *Ces vacances sont* ***mes plus*** *belles.*

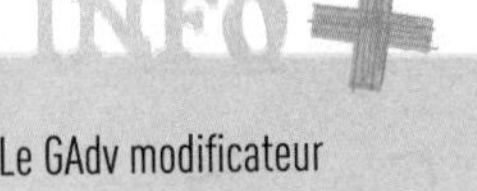

INFO +

Le GAdv modificateur attribuant un degré de comparaison est souvent formé de deux éléments : un à gauche et un à droite de l'adjectif, mais celui de droite peut être sous-entendu.

Ex. : *Ce sentier est* ***le moins*** *risqué* (***de tous***).

1 Dans les phrases suivantes, mettez chaque **GAdj** entre crochets, soulignez son **noyau** et encadrez son **expansion**. Puis, indiquez la **sorte d'expansion** et sa **fonction**.

a) L'île est une plate-forme inclinée vers le sud .

Expansion : ______ Fonction : ______

b) Jason a passé la journée tout entière à sillonner les routes .

Expansion : ______ Fonction : ______

c) Il est convaincu qu'il trouvera un fossile .

Expansion : ______ Fonction : ______

Nom : ______________________ Groupe : __________ Date : __________

Écrivez une phrase contenant le GAdj indiqué.

- GAdj contenant un GPrép complément de l'adjectif

____

____

- GAdj contenant une subordonnée complétive complément de l'adjectif

____

____

- GAdj contenant un GAdv modificateur de l'adjectif

____

____

Dans les phrases suivantes, encadrez l'adjectif mis en degré et soulignez le ou les mots qui servent à sa mise en degré. En dessous, indiquez le degré d'**intensité** ou de **comparaison** attribué à l'adjectif par le modificateur.

Ex. : *En été, la température sur l'île est assez fraîche.*

Degré d'intensité : moyen.

a) La pente la plus douce de l'île se trouve près d'ici.

____

b) Les cours d'eau sont très nombreux.

____

c) Nous avons vu des lièvres aussi rapides que l'éclair.

____

d) La faune de l'île est plus pauvre que celle du continent.

____

e) L'île est peu peuplée.

____

f) Ce parc est le moins exploité de tous.

____

g) L'île est moins large que longue.

____

© Michael Rowlandson/Shutterstock Images LLC

Un cerf de Virginie

Nom : ______________________ Groupe : __________ Date : __________

© Alex, Anticosti

Activité synthèse

Lisez le texte suivant, puis répondez aux questions.

L'île d'Anticosti

[Cette île de la région nord-côtière est fascinante.] [Aussi, chose fort étonnante, son sous-sol contient du pétrole.] Une firme spécialisée en évaluation de réserves d'hydrocarbures estime le potentiel de l'île à 30 milliards de barils d'or noir ! Le tout est de savoir si la population veut exploiter ces ressources pétrolifères. En effet, de nombreux Québécois pensent qu'on ne doit pas nécessairement exploiter les ressources naturelles de leur territoire. Je suis sûr qu'on débattra chaudement cette question.

[Moi, je crois que la nature est la richesse la plus extraordinaire de cette île.] [Je vous le dis, voir un gracieux cerf de Virginie se pointer le museau à la fenêtre pour une carotte, ça vaut de l'or!]

1. Soulignez les GAdj et écrivez leur construction au-dessus.

2. Relevez les trois GAdj formés d'un adjectif classifiant. Justifiez votre réponse.
   - fascinante
   - étonnante
   - gracieux

   Justification : ils sont des adj qui décrit le restant de la phrase.

3. Relevez les deux adjectifs mis en degré. Justifiez votre réponse en précisant le degré d'intensité ou de comparaison des adjectifs.

   étonnante — degré = fort over 9000!!!

   extraordinaire — degré = plus

Nom : ______ Groupe : ______ Date : ______

3 LE GROUPE DU VERBE (GV)

3.1 Les constructions du GV

Rappelez-vous **QUE...**

- Le GV a comme noyau un **verbe** conjugué à un mode personnel (indicatif, subjonctif, impératif).
- Le verbe à l'infinitif est le noyau du GVinf. Le verbe au participe présent est le noyau du GVpart.
- Le GV peut être formé d'un verbe seul ou avoir une ou plusieurs expansions.

MS MANIPULATIONS SYNTAXIQUES

- Pour repérer un verbe conjugué à un temps simple, on l'encadre par ***ne... pas*** ou ***n'... pas***. Pour repérer un verbe conjugué à un temps composé, on encadre l'auxiliaire (*avoir* ou *être*) par ***ne... pas*** ou ***n'... pas***.

  Ex. : *Ce film épique accroche le public.*
  ✓ *Ce film épique **n'**accroche **pas** le public.*
  ✓ *Ce film épique **n'**a **pas** accroché le public.*

- Le GV remplit la fonction de **prédicat**. Le GV prédicat est, comme le sujet, un **constituant obligatoire** de la phrase de base.

Les constituants de la phrase **Page 137**

Repérer le prédicat **Page 289**

1 Dans les phrases suivantes, soulignez les verbes conjugués à un mode personnel.

a) Dans ce film pour enfants, les animaux discutaient avec les humains, et le personnage principal était... un rat !

b) Devenir actrice est un rêve d'enfance pour Elsa.

c) Je me rappelle très bien ses déguisements de starlette, car j'en ai conservé plusieurs photos.

d) Julien s'est procuré son film préféré, mais il attend Max pour le regarder.

e) Jusqu'à aujourd'hui, ce lecteur de DVD avait fonctionné parfaitement !

f) L'acteur principal était touchant ; en le regardant, je me sentais émue.

2 Dans les phrases du numéro précédent, relevez :

a) sept verbes conjugués à un **temps simple** ;

était, devenir, rapelle, est, attend, regarder, était

b) trois verbes conjugués à un **temps composé** ;

ai conservé, est procuré, avait fonctionné

c) trois **verbes pronominaux**.

devenir, rapelle, regarder

Un verbe **pronominal** est un verbe accompagné du pronom *se* à l'infinitif.

Nom : ______________________ Groupe : __________ Date : __________

La subordonnée complétive
Page 170

- Voici différentes constructions du GV :
  - V seul
  - V + GN
  - V + GPrép
  - V + GAdj
  - V + GAdv
  - V + GVinf
  - Pron + V
  - V + Sub. complétive

3 Dans les phrases suivantes, soulignez le **verbe conjugué** à un mode personnel, mettez le **sujet** entre crochets et encadrez le **prédicat**.

Ex. : *Hier soir, [nous] avons regardé un film de Charlie Chaplin à l'auditorium.*

a) Durant le film, mon professeur de piano a improvisé une trame sonore.

b) Jouer du piano semble une seconde nature pour lui.

c) De ses doigts s'échappent des mélodies, comme par enchantement.

d) Cette soirée l'a rendu populaire.

e) Le lendemain du film, il a reçu, en entrant à la cafétéria, un tonnerre d'applaudissements.

f) Aurait-il, à ce moment-là, figé sur place ?

g) Il a, au contraire, salué tout le monde.

h) Inscrivez-vous au club des cinéphiles dès aujourd'hui.

Coup de  POUCE

Dans certaines phrases transformées, l'ordre des constituants peut être modifié.

Dans la phrase impérative, le sujet n'est pas exprimé : il est sous-entendu.

4 Dans chaque phrase :
- mettez le **GV** entre crochets ;
- soulignez le **noyau** du GV et encadrez ses **expansions** ;
- au-dessus de chaque GV, indiquez sa **construction**.

Ex. : *Adèle [possède une belle collection de films].* (V + GN)

a) Cette actrice fut flamboyante dans plusieurs de ses films.

b) Jusqu'à tard dans la nuit ils parleront de ce film bouleversant.

c) Pendant cette scène, Gaëlle a blêmi.

d) Adam ne collaborera pas à l'écriture de ce scénario.

e) Elle s'est éclipsée avant la fin du film.

f) Ce réalisateur leur promettait la lune !

Nom : ______________________ Groupe : __________ Date : __________

Rappelez-vous QUE...

- Le noyau du GV peut être une locution verbale, construite le plus souvent avec un verbe et un nom sans déterminant, comme *avoir confiance*, *donner lieu*, *perdre patience*.

MS MANIPULATIONS SYNTAXIQUES

- Dans une locution verbale, le nom forme avec le verbe une expression qui correspond à un seul mot, à une seule idée. En effet, on ne peut pas encadrer ce nom par ***c'est... que***.

  Ex. : *Ce jeune acteur perd patience.*

  ☒ ~~*C'est patience que*~~ *ce jeune acteur perd.*

5 Dans chacune des phrases :
- soulignez le **noyau** du GV et encadrez ses **expansions** ;
- au-dessus de chaque GV, indiquez sa **construction** en précisant s'il s'agit d'un verbe ou d'une locution verbale.

a) Virginie aime aller au cinéma de temps en temps.

b) Nous avions peur d'ouvrir nos yeux pendant cette scène terrifiante.

c) Ce cascadeur a fait preuve de beaucoup de courage.

d) Apparemment, Mathieu aurait donné son billet de cinéma à Samuel.

e) Il le lui avait demandé.

f) Ce geste aurait donné lieu à une dispute entre Mathieu et Emma.

g) Ce soir-là, au cinéma, Emma fit semblant d'apprécier le film !

6 Les phrases suivantes contiennent toutes une subordonnée complétive.
- Soulignez les **verbes conjugués** ou les **locutions verbales** ;
- Mettez la **subordonnée** complétive entre crochets ;
- Au-dessus de la subordonnée, indiquez la **construction** de son GV.

Ex. : *Victor croit [qu'il assistera à notre petite soirée cinéma].* (V + GPrép)

a) Les spectateurs savaient qu'on leur présenterait un dénouement heureux.

b) Emma espère que Mathieu ne lui fera pas faux bond.

c) Victor trouve qu'on a donné beaucoup de maïs soufflé à Emma.

© Paleka/Shutterstock Images LLC

Nom : ______________________ Groupe : __________ Date : __________

Repérer le complément direct
Page 290

3.2 Les fonctions dans le GV

- Le **complément direct**, généralement placé à droite du verbe, est une expansion du verbe. Il peut être constitué d'un GN, d'un pronom (*le*, *la*, *les*, *en*, *que*, etc.), d'un GVinf ou d'une subordonnée complétive.

Ex. : *Je **préfère** [aller au cinéma]* (GVinf). *J'**espère** [qu'il remportera le prix du jury]* (Sub. complétive).

MS MANIPULATIONS SYNTAXIQUES

- Le complément direct ne peut pas être déplacé hors du GV.
- Il peut être remplacé par *quelqu'un* ou *quelque chose*.

Ex. : *Le technicien **a donné** [un cours de montage sonore] à Alexis.* (compl. dir.)
✓ *Le technicien **a donné** [quelque chose] à Alexis.*

- Le GVinf complément direct est parfois introduit par une préposition.

Ex. : *Il apprend [**à** faire des montages sonores].* (Prép + GVinf, compl. dir.) → ✓ *Il apprend [quelque chose].*

1 Dans les phrases suivantes, encadrez le complément direct du verbe en gras et indiquez de quoi il est constitué.

Ex. : *Il **complimente** [cet élève] pour son excellent travail.* *GN.*

a) Alexis **pense** [qu'il aimerait] en faire un métier . Sub. comp
b) Juliette **trouve** [de nouveaux effets] sonores chaque jour . GN
c) Charles **aurait souhaité** [se joindre à notre équipe] . GVinf
d) Il **craignait** [de ne pas en savoir assez] sur le sujet . Prép + GVinf
e) Il **a rencontré** [les sœurs Miron] grâce à ce festival . GN

2 Récrivez les phrases du numéro précédent en remplaçant le complément direct par un pronom placé avant le verbe. Accordez le participe passé, s'il y a lieu.

Ex. : *Il **le** complimente pour son excellent travail.*

a) il ne compliment pas son excellent trav.
b) il peut complimenter...
c) il complimente...
d) il fut complementer pour ...
e) il sais pas comment complémenter...

Nom : ______________________ Groupe : ____________ Date : ______________

- Le **complément indirect**, généralement placé à droite du verbe et construit avec une préposition (*à*, *de*, *en*, etc.), est une expansion du verbe. Il peut être constitué d'un GPrép, d'un pronom (*lui*, *leur*, *en*, *y*, *dont*, etc.), d'un GAdv ou d'une subordonnée complétive.

Ex. : *L'acteur ne **se souvient** plus [de ses répliques].* (GPrép)

*On **s'attend** [à ce que le film triomphe].* (Sub. complétive)

Repérer le complément indirect
Page 291

MS MANIPULATIONS SYNTAXIQUES

- Le complément indirect ne peut pas être déplacé hors du GV.
- Il peut être remplacé par une préposition (*à*, *de*, *en*, etc.) + *quelqu'un* ou *quelque chose* ou par *quelque part*.

  Ex. : *Le technicien **a donné** un cours de montage sonore [à Alexis].* (compl. ind.)

  ✓ *Le technicien **a donné** un cours de montage sonore [à quelqu'un].*

© Sorbis/Shutterstock Images LLC

3 Dans les phrases suivantes, encadrez le complément indirect du verbe en gras et indiquez de quoi il est constitué.

Ex. : *Florence **prête** souvent sa caméra vidéo à [Zachary].* *GPrép.*

a) Les organisateurs **ont annoncé** la nouvelle à [tous]. GPrép à

b) Les participants **sont** dans la salle [de visionnement]. GAdv prép

c) Ce cinéaste **se plaint** qu'on l'ait exclu [du festival]. GN Sub comp

d) Éliane **croit** à son talent d'actrice depuis [le début]. GN GPrép

e) Coralie **retourne** là-bas [l'an prochain]. GAdv

f) Je **doute** qu'il accepte de jouer dans [ce film]. GN Sub comp

4 Récrivez les phrases du numéro précédent en remplaçant le complément indirect par un pronom placé avant le verbe. Conservez la préposition si c'est nécessaire.

Ex. : *Florence **lui** prête souvent sa caméra vidéo.*

a) ~~Les participant ne sont pas~~ Les org. les ont ...

b) Les participants ne sont pas ...

c) Ce cinéaste lui plaint ...

d) Éliane lui croit ...

e) Coralie ne retourne ...

f) Je lui doute ...

Nom : _______________ Groupe : _______________ Date : _______________

5 Écrivez la préposition qui convient au début des GPrép compléments indirects. Au besoin, consultez un dictionnaire pour vérifier la préposition commandée par le verbe.

a) La jeune femme s'occupe _____ réserver les salles de cinéma.

b) Il a remplacé un film belge _____ un film australien.

c) Le cinéaste dispose _____ beaucoup de moyens pour son film.

d) Leurs amis ont eu droit _____ une place pour la première.

e) Vicky s'est décidée _____ les accompagner.

f) Ils accèdent _____ la salle par l'entrée derrière le bâtiment.

g) Ces vêtements excentriques conviennent parfaitement _____ à ces actrices.

h) Nous comptons _____ cette sélection pour que le festival soit un succès.

i) Ils ont convenu _____ une année sabbatique après le tournage de ce film.

6 Ajoutez ou non une préposition dans les GV prédicats, selon qu'il s'agit d'un complément direct ou indirect. Au besoin, consultez un dictionnaire.

a) Pendant le festival, elle a téléphoné plusieurs fois _____ son copain.

b) Pendant le festival, elle a appelé plusieurs fois _____ son copain.

c) Ils se rappelaient très bien _____ cet acteur.

d) Ils se souvenaient très bien _____ cet acteur.

e) Julien adore _____ ce genre de film.

f) Julien raffole _____ ce genre de film.

7 Indiquez si les verbes suivants se construisent avec un complément direct ou indirect. Ensuite, rédigez une phrase avec chacun de ces verbes.

a) dépendre : _______________

____

b) quitter : _______________

____

c) nuire : _______________

____

d) contredire : _______________

____

e) succéder : _______________

____

Nom : ______________________ Groupe : __________ Date : __________

8 Indiquez la fonction (complément direct ou indirect) des pronoms en gras dans les phrases suivantes.

a) Tu **nous** téléphoneras après la remise des prix. ______________

b) Monsieur, Marion **vous** a déjà rappelé. ______________

c) Kevin n'en finissait plus de **me** remercier. ______________

d) Thomas **t'**a-t-il parlé ? ______________

e) Alexia **vous** a répondu, j'espère. ______________

f) Alexandre **te** rejoindra plus tard. ______________

g) La journaliste **m'**explique la décision des juges. ______________

h) Yan **nous** encourage à assister à la remise des prix. ______________

9 Observez vos réponses du numéro précédent et cochez l'énoncé qui est vrai.

Les pronoms *me* (*m'*), *te* (*t'*), *nous* et *vous* :

a) ne peuvent être que des compléments directs. ◯

b) ne peuvent être que des compléments indirects. ◯

c) peuvent être des compléments directs ou indirects. ◯

10 Observez les subordonnées relatives entre crochets dans les phrases suivantes.

- Surlignez le **GV prédicat** de chaque subordonnée relative ;
- Soulignez le **noyau** de ce GV ;
- Indiquez la **fonction** du pronom relatif en gras.

La subordonnée relative
Page 163

Ex. : *J'apprécie beaucoup les DVD [**que** tu m'as donnés].*

Fonction de que : *Compl. dir.*

a) La scène de film [**qu'**a racontée Alex] m'a fait sourire.

Fonction de *qu'* : ______________

b) Le court métrage [**dont** vous parliez] était excellent.

Fonction de *dont* : ______________

c) Les machinistes [**dont** on aurait besoin] sont déjà occupés ce mois-ci.

Fonction de *dont* : ______________

d) L'endroit [**où** nous allons] est fréquenté par tout le gratin artistique.

Fonction de *où* : ______________

e) J'aurais aimé porter la robe splendide [**qu'**Émilie m'a montrée].

Fonction de *qu'* : ______________

Nom : ______________________ Groupe : ____________ Date : ____________

Repérer l'attribut du sujet
Page 293

INFO +

Pour vérifier si un verbe est attributif, on le remplace par le verbe *être*.

Ex. : *Il **semble** excellent.*
✓ *Il **est** excellent.*

- L'**attribut du sujet**, construit avec un verbe attributif (*être*, *paraître*, *sembler*, *devenir*, *avoir l'air*, etc.) et généralement placé à droite du verbe, est une expansion du verbe. Il peut être constitué d'un GAdj, d'un GN, d'un GPrép ou d'un pronom (*le/l'*, *en*, etc.).

Ex. : *L'éclairagiste **est** [en retard]* (GPrép). *Il [l']* (Pron) ***est** souvent.*

MS MANIPULATIONS SYNTAXIQUES

- L'attribut du sujet ne peut généralement pas être effacé et il ne peut pas être déplacé hors du GV.

Ex. : *Le nombre de figurants **paraît** [extrêmement élevé]* (attr. du sujet) *!*

☒ *Le nombre de figurants **paraît** ~~[ ]~~ !*
☒ *Le nombre de figurants ~~[extrêmement élevé]~~ **paraît** !*

11 Dans les phrases suivantes :
- soulignez le **verbe attributif** ;
- encadrez son **expansion** et indiquez de quoi elle est constituée ;
- vérifiez si l'expansion est bien un attribut en la remplaçant par un GAdj .

Ex. : *Cette femme, là-bas, est [la chef de plateau]* (GN). *Compétente.*

a) Avant le tournage , le plateau demeurait [sans éclairage]. incompetente

b) Ce texte est [le tien]. compétente

c) Ce tournage s'est [avéré un succès]. incomp.

d) Le public restait [de glace]. comp.

12 Indiquez la fonction des pronoms en gras dans les phrases suivantes (compl. dir., compl. ind. ou attr. du sujet).

a) Daphnée est très fiable. Elle **l'**est depuis toujours. direct

b) Samuel a vu ce figurant. Il **l'**observe depuis tantôt. direct

c) Je vous souhaite de belles vacances. Profitez-**en** bien. indirect

d) Ils sont de très bons cascadeurs. Je te jure qu'ils **en** sont. attr suj

e) Camille sera costumière. Elle **le** deviendra sûrement. direct

f) Rencontrez les élèves. Vous **leur** parlerez de votre métier. direct

g) Zachary fait d'énormes progrès. Il **en** fait chaque jour. indirect

Dans le texte suivant :
- soulignez de deux traits les 10 verbes **attributifs** conjugués à un mode personnel ;
- soulignez d'un trait les 10 autres verbes conjugués à un mode personnel.

Maître Corbeau : acteur

« Hé ! bonjour, Monsieur du Corbeau.
Que vous êtes joli ! que vous me semblez beau !
Sans mentir, si votre ramage
Se rapporte à votre plumage,
Vous êtes le phénix des hôtes de ces bois. »[1]

Oiseau noir de grande taille, le corbeau se reconnaît facilement. Entre autres, il a un bec robuste, et sa queue est en forme de pointe de flèche. Son cou, à cause de ses plumes longues et pointues, paraît orné d'un collier. De plus, le corbeau croasse : il parle fort. Vous voyez qu'il a tous les « attributs » d'un grand acteur !

Dans la fable de La Fontaine, son croassement lui a fait perdre son fromage. Selon vous, qui passe pour le coupable ? Le corbeau, sûrement un brin orgueilleux, ou le renard, flatteur et rusé ?

Pour l'auteur, Maître Corbeau semble bien trop sensible à la flatterie et il reste le seul responsable de la perte de son fromage. Cette interprétation est la sienne. Cependant, ne faut-il pas un peu de ce tempérament orgueilleux pour survivre sous les feux des projecteurs ?

En tout cas, depuis qu'il a joué dans la fable, il est devenu un acteur célèbre !

1. Extrait de *Le Corbeau et le Renard* (Jean de La Fontaine).

© Liusa/Shutterstock Images LLC

Dans le texte du numéro précédent, pour chaque phrase contenant un verbe attributif, indiquez :
- le sujet ;
- le verbe attributif ;
- l'attribut du sujet, en précisant de quoi il est constitué.

a) Sujet : ______________ Verbe attributif : ______________

Attribut du sujet : ______________________________

b) Sujet : ______________ Verbe attributif : ______________

Attribut du sujet : ______________________________

c) Sujet : ______________ Verbe attributif : ______________

Attribut du sujet : ______________________________

d) Sujet : ______________ Verbe attributif : ______________

Attribut du sujet : ______________________________

Nom : ______________________ Groupe : __________ Date : __________

e) Sujet : __________ Verbe attributif : __________

Attribut du sujet : ____________________

f) Sujet : __________ Verbe attributif : __________

Attribut du sujet : ____________________

g) Sujet : __________ Verbe attributif : __________

Attribut du sujet : ____________________

h) Sujet : __________ Verbe attributif : __________

Attribut du sujet : ____________________

i) Sujet : __________ Verbe attributif : __________

Attribut du sujet : ____________________

j) Sujet : __________ Verbe attributif : __________

Attribut du sujet : ____________________

© Liusa/Shutterstock Images LLC

15 Parmi les verbes non attributifs (soulignés d'un trait) du numéro 13 :

- relevez un **GV** qui correspond à chacune des constructions suivantes ;
- soulignez l'**expansion** de chaque GV ;
- indiquez la **fonction** de l'expansion, s'il y a lieu.

Constructions	GV	Fonction des expansions
Verbe seul		
Verbe + GN		
Verbe + GPrép		
Verbe + GVinf		
Verbe + Sub. complétive		

Nom : ______________________ Groupe : __________ Date : __________

- Le **modificateur** modifie ou nuance le sens du verbe. Il est une expansion du verbe. Il est souvent constitué d'un GAdv, parfois d'un GPrép. Le modificateur est généralement placé après le verbe ou l'auxiliaire.

Ex. : *Elle* ***s'exprime*** *naturellement* (GAdv). *Elle* ***joue*** *avec brio* (GPrép).

MS MANIPULATIONS SYNTAXIQUES

- Le modificateur ne peut pas être déplacé hors du GV. Il peut être effacé.

Ex. : *Il* ***a*** *beaucoup* (modif.) ***aimé*** *travailler avec cette actrice.*

☒ *Il* ~~*beaucoup*~~ ***a aimé*** *travailler avec cette actrice.*

✓ *Il* ***a*** [ ] ***aimé*** *travailler avec cette actrice.*

Remarque : Le GAdv *ne... pas* qui encadre le verbe ou l'auxiliaire ne modifie pas le verbe. Il joue plutôt le rôle syntaxique de marqueur négatif, puisqu'il permet de transformer une phrase positive entière en phrase négative.

Ex. : *Après le tournage, les artisans* *ne* ***voulaient*** *plus* *se quitter !*

16 Dans les phrases suivantes, soulignez le **noyau** du GV. Puis, encadrez, s'il y a lieu, le **modificateur** du verbe et indiquez de quoi il est constitué.

Ex. : *Elle a interprété ce rôle magistralement.* *GAdv.*

a) Les acteurs ont encore répété aujourd'hui. __________

b) Pierre-Olivier a dit cette dernière réplique trop lentement. __________

c) Après le tournage, les festivités ont eu lieu dans le calme. __________

d) Vous travaillez beaucoup trop en ce moment. __________

e) Il décrit le caractère de ce personnage avec exactitude. __________

f) Ces dialogues m'ont semblé particulièrement réussis. __________

Coup de POUCE

Notez bien que l'adjectif et l'adverbe peuvent également avoir un modificateur.

Ex. : *Cette réplique est très* ***émouvante.***

Elle va vraiment ***bien.***

17 Parmi les phrases du numéro précédent, écrivez les GAdv dans lesquels l'adverbe noyau est lui-même modifié par un autre adverbe. Précisez quel est l'adverbe noyau.

GAdv : __________ Noyau : __________

GAdv : __________ Noyau : __________

18 Relevez les phrases du numéro 16 qui contiennent un GPrép modificateur. Récrivez ces phrases en transformant ces GPrép en GAdv modificateurs.

____

____

Nom : ______________________ Groupe : ____________ Date : ______________

3.3 Le GVinf et ses fonctions

- Le **GVinf** a un verbe à l'infinitif (présent ou passé) comme noyau. Le GVinf peut être formé d'un verbe seul ou avoir une ou plusieurs expansions.

  Ex. : [GVinf: ***Chanter***] *était son rêve.* *Ils ont dit* [GVinf: ***avoir aimé*** *cette scène*].

- Le GVinf peut être un sujet ou un complément direct du verbe.

  Ex. : [GVinf, Sujet: ***Lire*** *un scénario*] *est excitant.* *Les acteurs veulent* [GVinf, compl. dir.: ***lire*** *le scénario*].

- Le GVinf peut être le prédicat d'une phrase infinitive.

  Ex. : [GVinf, Prédicat: ***Apprendre*** *les répliques par cœur*] [Compl. de P: *avant la prochaine journée de tournage.*]

1 Dans les phrases suivantes :
- soulignez les verbes à l'**infinitif**, présent ou passé ;
- mettez chaque **GVinf** entre crochets et indiquez sa construction au-dessus ;
- à droite, indiquez la **fonction** du GVinf.

Pron + V inf. prés. + GPrép

Ex. : *Marc souhaite [te parler du scénario].* *Compl. dir.*

a) Remettre une feuille de route à chacun . ____________

b) Amal préfère ne pas assister au tournage . ____________

c) Être partis trop tôt aurait été frustrant . ____________

d) Elle croit réussir facilement ces effets spéciaux . ____________

JUSTIFIEZ VOTRE RÉPONSE

2 Une erreur s'est glissée dans chacune des phrases ci-dessous. Récrivez les phrases en corrigeant cette erreur et justifiez votre réponse.

a) Avoir engager cet acteur pour ce rôle a été génial.

____

Justification : ______________________________

____

b) Ils veulent tous les deux nous invités au cinéma.

____

Justification : ______________________________

____

Nom : ______________________ Groupe : __________ Date : __________

FAITES LE POINT

Activité synthèse

© magicinfoto/Shutterstock.com

1 Dans les phrases suivantes :
- soulignez les **verbes conjugués** à un mode personnel ;
- encadrez le **prédicat** ;
- mettez le **sujet** entre crochets.

Ex. : *Avons* - [*nous*] *déjà fini la répétition* ?

a) J'ai rencontré ce réalisateur exceptionnel lors d'un festival à Cannes.

b) Les membres de mon cinéclub regardent de nouveaux films chaque semaine.

c) Nous avons expliqué les techniques cinématographiques aux élèves.

d) La trame sonore ravit les auditeurs dès la première écoute.

e) Des mélodies et des rythmes variés permettent au compositeur de soutenir les images.

f) De nos jours, nombreux sont les amateurs de films d'action.

g) Ses admirateurs, à la fin de l'entrevue, lui ont demandé de signer des autographes.

2 Récrivez les phrases du numéro précédent en pronominalisant les **expansions** du verbe. Accordez les **participes passés**, s'il y a lieu. Puis, précisez à droite la **fonction** de chaque pronom.

Ex. : ***L'****avons-nous déjà finie ?* — *L' : compl. dir.*

a) ______________________ ______________

b) ______________________ ______________

c) ______________________ ______________

d) ______________________ ______________

e) ______________________ ______________

f) ______________________ ______________

g) ______________________ ______________

Nom : ______________________ Groupe : __________ Date : __________

3 Dans le texte suivant :

- soulignez les **verbes conjugués** à un mode personnel ;
- encadrez les **GV** ;
- au-dessus de chaque GV, indiquez sa **construction** en précisant la fonction des expansions.

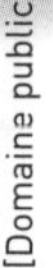
[Domaine public]

Le génie du cinéma muet

V + GN compl. dir.

Connaissez-vous Charlot ? J'ai découvert ce scénariste-réalisateur-acteur-compositeur… grâce au film *Les lumières de la ville*. Mon copain, qui aime beaucoup Charlie Chaplin, se procure encore de vieux films de ce grand du cinéma. La première fois que j'ai vu sa gestuelle de mime et de clown, j'ai beaucoup ri. Je faisais semblant d'être la jeune fleuriste aveugle du film et je me moquais de la naïveté du sujet.

Cependant, à force de repenser à ces images qui décrivent tellement bien la nature humaine, j'ai changé d'opinion. Je suis devenue une admiratrice. Quand on a affaire à un génie comme Charlie Chaplin, rien de plus facile ! Son talent est indéniable. Maintenant, quand j'ai envie de me détendre, je m'installe confortablement et je regarde un film de Charlot !

4 Parmi les verbes soulignés dans le texte précédent, relevez :

- trois verbes **pronominaux** ;

____

- trois **locutions verbales**.

____

Nom : ______________________ Groupe : __________ Date : ______________

5 Dans le tableau suivant :

- écrivez une **phrase** pour chaque construction de GV proposée ;
- soulignez d'un trait le **noyau** du GV et de deux traits son **expansion** ;
- indiquez la **fonction** de l'expansion du GV.

Constructions	Phrases
a) Verbe seul	______________________ Fonctions des expansions *Aucune expansion.*
b) Verbe + GAdj	______________________ Fonctions des expansions ______________________
c) Verbe + GN	______________________ Fonctions des expansions ______________________
d) Verbe + GPrép	______________________ Fonctions des expansions ______________________
e) Verbe + GAdv	______________________ Fonctions des expansions ______________________
f) Pronom + verbe	______________________ Fonctions des expansions ______________________

6 Écrivez des phrases correspondant aux constructions suivantes.

Ex. : *Phrase avec un GV contenant un* ***GN attribut du sujet***
Émile deviendra ***un grand réalisateur****.*

a) Phrase avec un GV contenant un **pronom compl. dir.** et un **pronom compl. ind.**

____

b) Phrase avec un GV contenant un **GPrép modificateur**

____

c) Phrase avec un GV contenant une **subordonnée complétive compl. ind.**

____

7 Complétez les phrases suivantes selon les **fonctions** et les **constructions** proposées.

a) GVinf complément direct (V inf. + GAdv + GN)

Il dit ______________________

b) GVinf sujet (V inf. + GN)

______________________ *me fait toujours plaisir.*

Nom : ______________________ Groupe : __________ Date : __________

4 LE GROUPE DE LA PRÉPOSITION (GPRÉP)

4.1 Les constructions du GPrép

Rappelez-vous **QUE...**

- Le GPrép a une **préposition** comme noyau. La préposition sert à former un complément : elle a donc toujours une expansion qui la suit.

  Ex. : *Le copain* [GPrép: ***de** ma sœur*] *est allé* [GPrép: ***à** une rencontre*] [GPrép: ***sur** les différents métiers*].

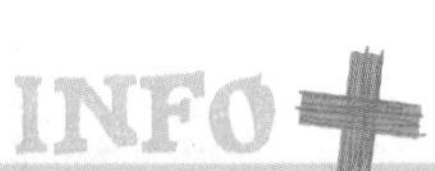

Les prépositions *à* et *de* forment avec les déterminants définis *le* et *les* les déterminants contractés *au, aux, du, des*. Ils introduisent des GPrép.

Ex. : *aller* [GPrép: ***au** marché*]

revenir [GPrép: ***du** marché*]

MS MANIPULATIONS SYNTAXIQUES

- L'expansion de la préposition ne peut pas être effacée ; elle est essentielle. En ce sens, le GPrép est un groupe particulier, puisque son noyau ne peut pas être le seul mot du groupe.

  Ex. : ✓ [***Durant** la rencontre*], *nous recueillerons de l'information.*

  ☒ [***Durant** ~~_____~~*], *nous recueillerons de l'information.*

- La préposition simple est formée d'un seul mot, comme *à*, *hors*, *parmi*. La préposition complexe, appelée aussi *locution prépositive*, est formée de plusieurs mots, comme *à cause de*, *au lieu de*, *grâce à*, *près de*, *quant à*.
- La préposition est choisie selon le sens à exprimer dans un contexte (voir le tableau du numéro 1 ci-après). Parfois la préposition est commandée par :
  - l'adjectif ou le verbe qui précède : *sûr* ***de*** *réussir, téléphoner* ***à*** *quelqu'un* ;
  - le nom qui suit : ***à/en*** *vélo*, ***par*** *surprise*, ***avec*** *plaisir*, ***de*** *connivence*.

1 Classez dans le tableau ci-dessous les prépositions (ou locutions prépositives) suivantes selon leur sens. Certaines prépositions peuvent avoir plusieurs sens.

~~à cause de~~ • ~~contre~~ • ~~depuis~~ • ~~chez~~ • ~~pour~~ • ~~jusqu'à~~ • ~~à~~ • ~~de~~ • ~~en~~ • sauf • ~~au lieu de~~ • ~~après~~ • ~~afin de~~ • ~~sous~~ • ~~avec~~ • ~~par~~ • ~~avant~~ • ~~sans~~

Sens	Prépositions ou locutions prépositives	Sens	Prépositions ou locutions prépositives
Appartenance	avec, pour	Matière	sous, par
But	de	Moyen	afin de, en
Cause	à cause de	Opposition	contre
Lieu	chez, jusqu'à, à	Privation, exclusion	sans, sauf
Manière	au lieu de	Temps	après, depuis, avant

Nom : ______________________ Groupe : __________ Date : __________

- Voici les différentes constructions du GPrép :
  - Préposition + GN
  - Préposition + Pronom
  - Préposition + GVinf
  - Préposition + GAdv
  - Préposition + GPrép
- Dans le GN qui suit une préposition, le nom commun non précédé d'un déterminant se met au singulier ou au pluriel selon le sens.

  Ex. : *sortir* [*sans manteau*] (sortir sans son manteau)

  sortir [*sans bottes*] (sortir sans ses bottes)

2 Dans chaque phrase, encadrez tous les GPrép et surlignez leur noyau. Puis, au-dessus de chaque GPrép, indiquez sa construction.

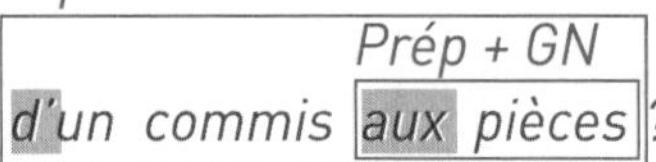

Ex. : *Quelles sont les tâches* [*d'un commis* [*aux pièces*]] ? (*Prép + GN* ; *Prép + GN*)

Attention ! Un GPrép peut contenir un second GPrép.

a) Sabrina aimerait devenir une agente de promotion touristique .

b) Craig , lui , s'intéresse surtout au métier d'ébéniste .

c) Alicia n'a pas peur de travailler .

d) Jusqu'ici , Ahmed ne savait vraiment pas ce qu'il voulait faire

plus tard .

Certains mots comme *avant*, *après*, *contre* peuvent être des prépositions ou des adverbes. Quand ils n'ont pas d'expansion, ce sont des adverbes.

Ex. : [***Depuis ce jour***], *mon choix est fait.* (GPrép)

[***Depuis***], *mon choix est fait.* (GAdv)

e) Après la rencontre , Edna a invité ses amis à venir chez elle .

f) Pour certaines personnes , la réussite professionnelle est

moins importante .

g) Megan a un questionnaire à remplir .

h) Samuel revient de chez la conseillère d'orientation .

i) Nous sommes allés au cinéma , et après , nous avons parlé du film .

Nom : ______ Groupe : ______ Date : ______

Coup de POUCE

En cas de doute, consultez un dictionnaire à l'article du nom ou de la préposition.

3 Mettez au pluriel les noms en gras, s'il y a lieu. Puis, justifiez votre réponse.

Ex. : *une boîte à* ***lettres*** *Une boîte à lettres peut recevoir plus d'une lettre.*

a) des poignées de **main** ______

b) des planches à **neige** ______

c) un ciel sans **étoile** ______

d) un livre divisé par **chapitre** ______

e) trois fautes par **paragraphe** ______

Rappelez-vous QUE...

- Voici quelques règles concernant la répétition des prépositions dans les GPrép coordonnés ou juxtaposés.

	Règles	Exemples
A	Les **prépositions *à, de, en*** sont généralement répétées. Remarque : Généralement, dans les locutions conjonctives qui se terminent par *à* ou *de*, on répète seulement le *à* ou le *de*.	*Aller* ***à*** *Trois-Rivières et* ***à*** *Québec.* *Voyager* ***en*** *train ou* ***en*** *avion.* ***Grâce à*** *Sacha et* ***à*** *ses amis, j'ai réussi !*
B	Les **prépositions *à, de, en*** ne sont pas répétées : • dans les expressions figées ; • avec les termes qui désignent un tout ou une même idée ; • dans les approximations contenant des déterminants numéraux coordonnés par *ou*.	 *Passer son temps* ***à*** *monter et descendre.* *Directives* ***aux*** *élèves et enseignants de la 3e secondaire.* *Un voyage* ***de*** *deux ou trois semaines.*
C	Les **autres prépositions** ne sont généralement pas répétées.	*Des laissez-passer* ***pour*** *toi et tes amis.*
D	On peut répéter les **autres prépositions** : • si on veut insister sur chaque élément ; • si les éléments s'opposent ou proposent un choix.	 *Il est sorti* ***sans*** *tuque et* ***sans*** *mitaines !* *Ce colis sera envoyé* ***par*** *train ou* ***par*** *bateau.*

4 Récrivez les phrases suivantes, qui contiennent une erreur d'emploi de la préposition. Justifiez votre réponse à l'aide des lettres du tableau ci-dessus.

a) Jules a les adresses courriels de ses parents et de ses amis.

______ ______

b) Nous réparerons cette chaise avec un marteau et avec un tournevis.

______ ______

c) Thao My est déjà allée en France et Italie.

______ ______

Nom : ______________________ Groupe : ____________ Date : ______________

4.2 Les fonctions et les rôles du GPrép

Rappelez-vous **QUE...**

- Le tableau ci-dessous regroupe les principales fonctions du GPrép.

Fonctions	Exemples
Complément de phrase	***À midi***, *nous ouvrirons les portes.*
Complément indirect du verbe Complément du verbe impersonnel Complément du verbe passif	*Nous avons assisté* ***à la rencontre****.* *Il s'agit* ***de bien comprendre l'enjeu****.* *Les gens ont été informés* ***par les médias****.*
Modificateur du verbe	*Il note* ***avec soin*** *les conditions d'admissibilité.*
Attribut du sujet	*Les deux amis sont* ***en grande discussion****.*
Complément du nom	*Les élèves ont apprécié le salon* ***des métiers****.*
Complément de l'adjectif	*Ces renseignements sont utiles* ***aux élèves****.*
Complément du pronom	*Assure ton avenir et celui* ***de tes enfants****.*
Complément de l'adverbe	*Heureusement* ***pour toi****, nous étions présents.*

- Le GPrép peut exercer le rôle d'**organisateur textuel** pour établir des liens dans le texte.

  Ex. : ***Vers*** *la mi-mai, vous devrez rencontrer la conseillère d'orientation.*
- Le GPrép peut aussi avoir le rôle de **marqueur de modalité**. Il est alors un groupe incident qui sert à exprimer un commentaire.

  Ex. : *à mon avis, selon l'expert, sans aucun doute*

Certaines prépositions, par leur sens, sont des **marqueurs de relation**. Elles expriment une relation établie dans la phrase, par exemple une relation de cause, de but ou de temps.

Ex. : *La rencontre n'a pas eu lieu* ***à cause du*** *mauvais temps.*

La modalisation
Page 265

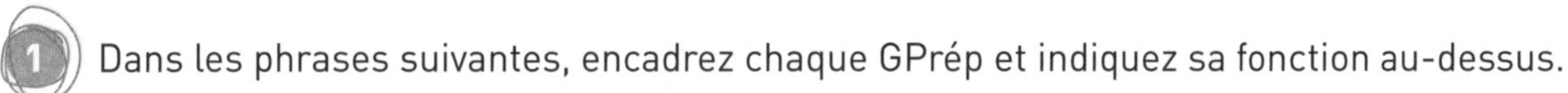

1 Dans les phrases suivantes, encadrez chaque GPrép et indiquez sa fonction au-dessus.

a) Dans son quotidien , il est attentif aux autres .

b) Pendant ses études , elle a bénéficié de l'appui de ses parents .

c) Il a regardé avec objectivité les différentes carrières qui l'intéressaient .

d) Il faut de la minutie pour faire ce métier .

e) La jeune Edna est en réflexion en ce moment .

f) Florence a été guidée par la conseillère d'orientation .

N'oubliez pas ! Le GPrép peut avoir un déterminant contracté (*au, aux, du, des*) comme noyau. Le déterminant contracté est formé d'une préposition et d'un déterminant défini.

Nom : ______________________ Groupe : __________ Date : __________

© agsandrew/Shutterstock Images LLC

Activité synthèse

1. Dans le texte suivant, soulignez les GPrép. Puis, au-dessus de chacun, indiquez sa construction (en choisissant la lettre qui convient) et sa fonction.

A Prép + GN	**C** Prép + GAdv	**E** Loc. prép. + GN
B Prép + Pron	**D** Prép + GVinf	

Les mathématiques

Tu calcules avec exactitude ? Tu t'intéresses aux mathématiques depuis toujours ?

Tu aimerais bien exercer une profession dans ce domaine, mais pas celle d'enseignant ?

Heureusement pour toi, les postes sont en pleine expansion sur les sites qui proposent des emplois !

Tu serais surpris de voir où mènent les mathématiques : finances, météorologie et espace, transports, médecine et pharmacie... Aussi, tu dois savoir que la recherche en mathématiques permet de développer de nouveaux outils pour résoudre de nombreux problèmes. Ceux-ci peuvent être liés à l'environnement, au développement durable, à l'énergie ou à la climatologie.

Grâce aux mathématiques, on acquiert la capacité de calculer, de raisonner, de faire des hypothèses.

Il s'agit de tenter l'expérience, et tu verras : ce sont là des qualités appréciées dans plusieurs secteurs !

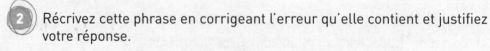

JUSTIFIEZ VOTRE RÉPONSE

2. Récrivez cette phrase en corrigeant l'erreur qu'elle contient et justifiez votre réponse.

Notre entreprise a besoin de mécaniciens et électriciens.

____

Justification : ______________________________

Nom : ____________________ Groupe : __________ Date : __________

5 LE GROUPE DE L'ADVERBE (GADV)

5.1 Les constructions du GAdv

© Luis Louro/Shutterstock Images LLC

Rappelez-vous **QUE...**

- Le GAdv a un **adverbe** comme noyau. Ce noyau est souvent seul.

  Ex. : *Étienne court* [*vite*]GAdv.
- L'adverbe peut être **précédé** ou **encadré** d'une expansion, qui est un autre GAdv (*très*, *assez*, *peu*, etc.) ayant la fonction de **modificateur de l'adverbe**. On parle alors de mise en degré de l'adverbe, qui inclut aussi le comparatif (*moins... que*, *aussi... que*, *plus... que*) et le superlatif (*le moins...*, *le plus...*).

  Ex. : *Étienne court* [[*très*]GAdv, modif. de l'Adv ***vite***]GAdv. *Andy court* [[*plus*] ***vite*** [*que moi*]GAdv, modif. de l'Adv]GAdv.
- L'adverbe peut être **suivi** d'une expansion (un groupe prépositionnel ou une subordonnée), qui a la fonction de **complément de l'adverbe**.

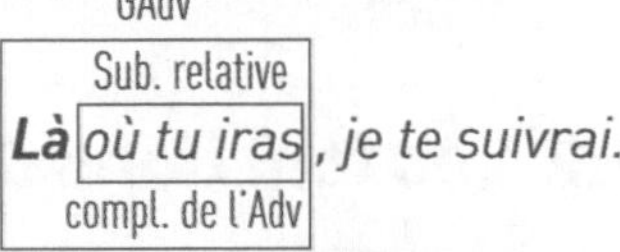

  Ex. : [***Heureusement*** [*qu'il est dans notre équipe*]Sub. complétive, compl. de l'Adv]GAdv ! [***Là*** [*où tu iras*]Sub. relative, compl. de l'Adv]GAdv, *je te suivrai.*

INFO +

Certains mots sont tantôt des adjectifs, tantôt des adverbes. C'est le cas, entre autres, de *bon*, *cher*, *clair*, *fort*, *haut*.

Ex. : *Ces bottes sont* ***chères***. (Adj)

Ces bottes coûtent ***cher***. (Adv)

1 a) Classez les adverbes (ou locutions adverbiales) de l'encadré dans la deuxième colonne du tableau selon leur sens.

• apparemment • aujourd'hui • donc • ici • intelligemment • lentement • ne... pas • non • oui • par conséquent • partout • sans doute • suffisamment • toujours • trop • vraiment

b) Ajoutez deux adverbes dans la troisième colonne du tableau pour chacun des sens indiqués.

Coup de POUCE

Vous hésitez ? Vous pouvez toujours vérifier la classe d'un mot ainsi que son sens dans le dictionnaire.

Sens	Adverbes	
Affirmation	oui	sans doute
Conséquence	Par conséquent	donc
Doute, probabilité	apparemment	vraiment
Lieu	ici	Partout
Manière, façon	lentement	intelligemment
Négation	ne ... Pas	non
Quantité, intensité	Suffisamment	trop
Temps	Aujourd'hui	toujours

Nom : ______________________ Groupe : __________ Date : __________

N'oubliez pas que les adverbes *plus* ou *moins* peuvent être précédés d'un déterminant.

2 Dans les phrases suivantes, encadrez chaque GAdv. N'oubliez pas ! Un GAdv peut en contenir un autre.

a) Tout à coup, il lui vint une idée [complètement folle].

b) Hier, c'était sûrement [la plus chaude journée de l'année] !

c) Franchement, [son tout dernier CD] me semble bien plus mélodique.

d) Heureusement pour vous, [cet appareil] se trouve plus facilement maintenant.

© Javier Brosch/Shutterstock Images LLC

3 Dans le tableau ci-dessous, inscrivez les GAdv du numéro précédent qui ont un noyau précédé ou suivi d'une expansion. Ensuite, indiquez ces expansions et donnez-en la fonction.

GAdv	Expansions	Fonctions des expansions
idée	complètement folle	affirmation
dernier	CD	manière
appareil	cet	—

Le GAdv peut aussi modifier un déterminant, un pronom ou une préposition.

Ex. : *Il a téléphoné* ***environ*** *six fois.*

(Le GAdv *environ* est ici modificateur du déterminant numéral *six*.)

5.2 Les fonctions du GAdv

- Voici les principales **fonctions du GAdv**.

modificateur du verbe, de l'adjectif, de l'adverbe	Ex. : *Les athlètes de ce calibre sont* ***si*** *nombreux !* (modif. de l'Adj)
complément indirect du verbe	Ex. : *Il est allé* ***là-bas*** *pour la course.* (*là-bas* = à cet endroit) (compl. ind.)
complément de phrase	Ex. : ***Demain****, nous irons le rejoindre.* (compl. de P)

Tout est adverbe quand on peut le remplacer par *complètement*. L'adverbe *tout* varie devant un mot féminin commençant par une consonne ou un *h* aspiré.

1 Dans les phrases suivantes, encadrez chaque GAdv et indiquez-en la fonction.

Ex. : *Ce prix est* [*très*] *abordable.* *Modif. de l'Adj.*

a) Je vous expliquerai les consignes plus tard. __________

b) Nous partirons ensemble pour Rome. __________

c) Nous nous rejoignons ici à la fin de la journée. __________

d) Bientôt, tu pourras y aller seule. __________

e) Elle a pris du soleil ; sa figure est toute rouge. __________

Nom : ______________________ Groupe : __________ Date : ______________

• Dans la mise en degré, le GAdv **modificateur** attribue à l'adjectif ou à l'adverbe :	
• un degré **d'intensité** (faible, moyen, élevé)	Ex. : *Ils sont* ***peu*** *nombreux. Tu joues* ***assez*** *bien.* (degré d'intensité : faible) (degré d'intensité : moyen)
• un degré **de comparaison** : – comparatif d'infériorité, d'égalité, de supériorité, – superlatif d'infériorité, de supériorité.	Ex. : *Elle participe* ***aussi*** *souvent* ***que toi****.* (degré de comparaison : comparatif d'égalité) Ex. : *C'est Julie qui courait* ***le plus*** *vite.* (degré de comparaison : superlatif de supériorité)

Dans les phrases suivantes, indiquez la **classe** du mot en gras et rayez le ou les mots qui servent à sa **mise en degré**. Puis, précisez le **degré d'intensité** (faible, moyen ou élevé) ou le **degré de comparaison** (infériorité, égalité, supériorité) attribué par le modificateur.

	Degré d'intensité	Degré de comparaison
Adj Ex. : *Cette motoneige est ~~très~~* ***abordable****.*	*Élevé.*	
a) Le dessin sur ton casque est plutôt **réussi**.		
b) Les bouchons des réservoirs sont serrés bien **fort**.		
c) Cet manteau est beau, mais c'est le moins **chaud** de tous.		
d) Ce motoneigiste conduit plus **lentement** que moi.		
e) Cette vieille motoneige est peu **performante**.		

© TechWizard/Shutterstock.com

Nom : ______________________ Groupe : __________ Date : __________

FAITES LE POINT

Activité synthèse

1 Dans les phrases suivantes, encadrez chaque GAdv.

a) Tout juste avant la course, ils étaient extrêmement fébriles.

b) Allons là-bas ; cet endroit sert peut-être de refuge aux motoneigistes.

c) Tant pis pour toi ! Je t'avais expressément dit de t'habiller chaudement !

2 Dans les phrases suivantes, encadrez chaque GAdv. À droite, indiquez-en la fonction.

a) L'équipe féminine a bien terminé la course. ______________

b) Maintenant, j'évite ces sentiers ; je vais ailleurs. ______________

c) Cette motoneige est-elle assez performante ? ______________

JUSTIFIEZ VOTRE RÉPONSE

3 Dans quelle phrase le mot *haut* est-il écrit correctement ? Justifiez votre réponse.

1. Les alpinistes ont atteint ces très haut sommets.
2. Les alpinistes ont atteint ces sommets qui s'élèvent haut dans le ciel.

____

Justification : ______________________________

____

4 Dans les phrases suivantes, indiquez la classe du mot en gras et rayez le ou les mots qui servent à sa mise en degré. Puis, précisez le **degré d'intensité** (faible, moyen ou élevé) ou le **degré de comparaison** (infériorité, égalité, supériorité) attribué par le modificateur.

	Degré d'intensité	Degré de comparaison
a) C'est Joël qui exécute ce virage le plus **prudemment**.		
b) Tu crois ce circuit moins **difficile** que le précédent.		
c) La remorque qu'il veut acheter coûte trop **cher**.		

Nom : Groupe : Date :

6 LE PRONOM

6.1 Les caractéristiques du pronom

- Le pronom appartient à une classe de mots variables. Sa forme peut changer selon la personne (1re, 2e, 3e), le genre (masculin ou féminin) et le nombre (singulier ou pluriel).
- Le pronom est un donneur d'accord.

  Ex. : ***Ils** dress**ent*** *des chiens.* (Pron → V ; 3e pers. pl.) ***Elle*** *est qualifi**ée** pour dresser les chiens.* (Pron → Adj ; f. s.)
- Le **pronom de reprise**, comme son nom l'indique, reprend un élément du texte appelé *antécédent*.

  Ex. : *Le **maître-chien** a conseillé à **Marco** de dresser son chiot.* (antécédent ; antécédent)

  ***Il lui** a expliqué les principaux commandements.*
- Le **pronom nominal** n'a pas d'antécédent dans le texte. Son sens ne dépend pas d'un autre élément du texte. Il équivaut à un nom, donc il a une signification propre. Certains pronoms personnels, indéfinis, démonstratifs, possessifs ou interrogatifs peuvent être nominaux.

  Ex. : ***Qui** est arrivé le premier ? C'est **lui**. Pour réussir, il faut y mettre **du tien**.*
- Même si le pronom occupe souvent la place d'un GN, il peut aussi remplacer :
  - un GPrep : *Laurent parle au maître-chien. → Laurent **lui** parle.*
  - un GAdj : *Mon chien est aussi très calme. → Mon chien **l'**est aussi.*
  - un GVinf : *Il fallait s'inscrire au cours. → Il **le** fallait.*
  - une subordonnée : *Le dresseur saura si nous avons travaillé. → Le dresseur **le** saura.*
  - une phrase : *Que mon chien mange si peu m'inquiète. → **Cela** m'inquiète.*
- Le pronom remplit la fonction du groupe qu'il remplace.

  Ex. : ***Les chiens dressés*** *obéissent à leur maître.* (GN, Sujet) *→ **Ils** obéissent à leur maître.* (Pron, Sujet)

MS MANIPULATIONS SYNTAXIQUES

- Des mots comme *le, la, les, leur, certains, plusieurs* peuvent être pronoms ou déterminants. Pour les distinguer, on essaie de les remplacer par le déterminant *un/une* ou *des*. Si le remplacement est **impossible**, il s'agit alors d'un pronom.

  Ex. : *Le dresseur **leur** donne un conseil.*

  ☒ *Le dresseur ~~une~~ donne un conseil.*

  *Elles dressent **leurs** chiens. → ✓ Elles dressent **des** chiens.*

La reprise de l'information
Page 274

Des chiens renifleurs sont dressés pour trouver des victimes lors de catastrophes.

Le pronom accompagne souvent un verbe ; le déterminant, lui, accompagne toujours un nom.

Nom : ______________________ Groupe : ____________ Date : ______________

1 Soulignez l'élément que le pronom en gras remplace. Ensuite, inscrivez de quoi est constitué cet élément.

Ex. : *Je me suis attaché à ce chiot. Je m'***y** *suis attaché.* *GPrép.*

a) Entraîner mon chien est important. **Cela** est important. ____________

b) Donne ce jouet à ton chien. Donne-**le**-**lui**. ____________

c) Le chien descend directement du loup. **C'**est vrai. ____________

d) Ton ami à quatre pattes sera fidèle. Ton ami à quatre pattes **le** sera. ____________

e) Sais-tu comment on dresse un chien ? **Le** sais-tu ? ____________

f) Il s'occupe bien de son chien. Il s'**en** occupe bien. ____________

g) Cette race de chien ne lui convient pas, je **le** sais. ____________

h) Ta sœur aurait souhaité assister à l'entraînement. Ta sœur **l'**aurait souhaité. ____________

© AnnaIA/Shutterstock Images LLC

Rappelez-vous **QUE...**

Reprise de l'information

- Quand le pronom sert à reprendre un GN, il peut reprendre :
  - le GN au complet ;
    Ex. : ***Les maîtres-chiens*** *sont qualifiés.* ***Ils*** *sont vraiment bons.*
  - une partie de la réalité désignée par le GN ;
    Ex. : *Les* ***gens*** *sont satisfaits du cours.* ***Quelques-uns*** *ont même félicité le maître-chien.*
  - seulement l'idée du nom noyau du GN.
    Ex. : *Mon* ***chien*** *est dressé ;* ***le tien*** *ne l'est pas encore.*

2 Dans les phrases suivantes, soulignez d'un trait les pronoms de reprise et de deux traits leur antécédent. Puis, encadrez les pronoms nominaux.

a) Florence a entraîné son labrador aujourd'hui. Elle est très fière de lui.

b) Le labrador n'est pas très haut sur pattes, mais il est solide et trapu.

c) Qui prend soin des chiens ? Personne ne leur a donné leur nourriture.

d) Je te prie de tenir ton chien en laisse.

e) Ce berger allemand est soumis, alors que celui-là est dominant.

f) Notre cours de dressage a lieu le samedi matin. Quand avez-vous le vôtre ?

g) Certaines bêtes sont enjouées ; d'autres sont plus calmes.

h) Isabelle trouve que ses fox-terriers ont été très obéissants. Elle va les récompenser.

i) Parmi ces chiots, lequel préférez-vous ?

j) Joannie préfère le schnauzer qui a la robe argentée.

Nom : ______________________ Groupe : __________ Date : __________

6.2 Les catégories de pronoms

Rappelez-vous QUE…

- Le **pronom personnel** peut être un pronom de reprise ou un pronom nominal.
- Le pronom personnel change de forme selon la personne et le nombre. Le pronom de la 3e personne peut aussi varier selon le genre (ex. : *il/elle*).
- Le pronom personnel change de forme selon sa fonction. Le tableau suivant présente les pronoms personnels selon quatre fonctions courantes dans la phrase.

Fonctions	Singulier			Pluriel		
	1re pers.	2e pers.	3e pers.	1re pers.	2e pers.	3e pers.
Sujet	*je*	*tu*	*il/elle, on*	*nous*	*vous*	*ils/elles*
	Ex. : ***Elle** revient du cours.*					
Complément direct	*me, moi*	*te, toi*	*le/la, se, en*	*nous*	*vous*	*les, se*
	Ex. : *Luis **me** comprend. Regarde-**moi**.*					
Complément indirect : – sans préposition – avec préposition (*à, de, sur…*)	*me* *moi*	*te* *toi*	*lui, se, en, y* *lui, elle, soi*	*nous* *nous*	*vous* *vous*	*leur, se, en, y* *eux, elles*
	Ex. : *Simon **te** parle. Elle s'intéresse <u>à</u> **eux**.*					
Attribut du sujet			*le, en*			
	Ex. : *Parfois, ce chien est docile ; parfois, il ne **l'**est pas.*					

INFO +

Le pronom *on* peut être personnel ou indéfini. *On* est un pronom indéfini quand il représente une ou des personnes inconnues ou non identifiées : quelqu'un, un groupe ou les gens en général.

Ex. : ***On** a abandonné ce chiot.*

INFO +

Le pronom ***il*** s'emploie comme forme neutre avec des verbes impersonnels. Dans ce cas, il ne représente rien et il est de la 3e personne du singulier.

Ex. : ***Il** faut faire un bon choix.*

1 Dans les phrases suivantes, encadrez chaque pronom personnel et écrivez sa personne, son nombre et sa fonction au-dessus.

a) J'ai lu que le chien descend du loup. Les scientifiques y croient, à cette théorie.

b) Plusieurs caractéristiques des chiens (forme du crâne, dentition, etc.) nous permettent de les associer à la famille des canidés. Le savais-tu ?

c) Au sein d'une meute, chaque animal occupe un rang qui lui dicte son comportement.

d) Ce husky, votre famille l'a adopté. Vous êtes devenus sa meute.

e) Un bon chef de meute, Arnaud l'est aux yeux du chien.

f) Quand vous irez les voir, vous le leur direz.

Nom : ______________________ Groupe : __________ Date : __________

Rappelez-vous QUE...

- Le **pronom démonstratif** désigne une réalité (personne, animal, objet, etc.) que l'on montre. Il est souvent un pronom de reprise. Il est un pronom nominal s'il représente une réalité non exprimée dans le contexte.
- Le pronom démonstratif présente des formes qui changent selon le genre et le nombre. Il a aussi des formes neutres, qui sont toujours du masculin singulier.

	Singulier				Pluriel		
Neutre	*ce / c'*	*ceci*	*cela*	*ça*			
Masculin	*celui*	*celui-ci*	*celui-là*		*ceux*	*ceux-ci*	*ceux-là*
Féminin	*celle*	*celle-ci*	*celle-là*		*celles*	*celles-ci*	*celles-là*

Ex. : *Regarde les* ***chiens*** *;* ***celui-ci*** *sera à toi.*
m. pl. m. s.

INFO +

Le déterminant du pronom possessif peut aussi être contracté : *du, des, au, aux.*

Ex. : *Ton chien est couché près* ***du*** *nôtre.* (*du = de + le*)

© Bing Callaway/Shutterstock Images LLC

- Le **pronom possessif** indique une relation d'appartenance ou de possession. Il est toujours formé de deux mots :
  - un déterminant défini (*le*, *la* ou *les*) ;
  - la base du pronom, qui indique le possesseur (*mien*, *tien*, etc.).
- En général, le pronom possessif est un pronom de reprise.

Personne et nombre des possesseurs	Réalités possédées			
	Singulier		Pluriel	
	Masculin	Féminin	Masculin	Féminin
1re pers. s.	*le mien*	*la mienne*	*les miens*	*les miennes*
2e pers. s.	*le tien*	*la tienne*	*les tiens*	*les tiennes*
3e pers. s.	*le sien*	*la sienne*	*les siens*	*les siennes*
1re pers. pl.	*le nôtre*	*la nôtre*	*les nôtres*	*les nôtres*
2e pers. pl.	*le vôtre*	*la vôtre*	*les vôtres*	*les vôtres*
3e pers. pl.	*le leur*	*la leur*	*les leurs*	*les leurs*

Ex. : *Cette* ***bête*** *est gentille, mais* ***les vôtres*** *sont plus belles.*
f. s. f. pl.

2 Récrivez les phrases en gras en remplaçant les mots soulignés par un pronom démonstratif.

a) Julie proposa à sa fille d'acheter un airedale. **<u>Sa fille</u> était enchantée.**

~~Elle éta~~ celle-là était enchantée

b) Je voudrais dresser mon chien seul. Par contre, **<u>dresser son chien seul</u> est difficile.**

dresser celui-ci est difficile

c) Les chiens arrivent. **<u>Les chiens</u> qui sont trop excités doivent être tenus en laisse.**

ceux-ci qui sont trop excités doivent être tenus en laisse

3 Récrivez les phrases suivantes en remplaçant les mots en gras par un pronom possessif. À droite, écrivez la personne et le nombre du possesseur.

a) Ce chien est **mon chien**.

Ce chien est le mien ______ 3e ps

b) Nos chiens vont souvent au parc à chiens. **Vos chiens** n'y vont jamais.

Les tiennes n'y vont jamais ______

c) Les propriétaires de chiens ont tous leurs anecdotes. Riad a **ses anecdotes**.

Riad a les siennes ______

Rappelez-vous QUE...

- Le **pronom indéfini** désigne une réalité dont la quantité ou l'identité n'est pas précise. Il est souvent un pronom nominal. Il peut aussi être un pronom de reprise : il a alors un antécédent.

  Ex. : ***Quelqu'un*** *est entré. Quelques* chiens *sont assis,* ***d'autres*** *sont debout.*
  (nominal) (antécédent) (reprise)

- Le pronom indéfini présente plusieurs formes, au singulier ou au pluriel ; certaines varient aussi selon le genre.

PRONOMS INDÉFINIS COURANTS AU SINGULIER			
Masculin	**Féminin**	**Masculin seulement**	
aucun *chacun* *le même* *nul* *n'importe lequel*	*aucune* *chacune* *la même* *nulle* *n'importe laquelle*	*on* *personne* *rien* *quiconque* *tout*	*quelqu'un* *quelque chose* *grand-chose* *n'importe qui / quoi*
PRONOMS INDÉFINIS COURANTS AU PLURIEL			
Masculin	**Féminin**	**Masculin et féminin**	
certains *les uns* *quelques-uns* *n'importe lesquels* *tous*	*certaines* *les unes* *quelques-unes* *n'importe lesquelles* *toutes*	*les autres* *d'autres* *les mêmes* *peu*	*beaucoup* *bon nombre* *la plupart* *plusieurs*

© lightpoet/Shutterstock Images LLC

4 a) Cochez les phrases dans lesquelles les mots en gras sont des pronoms indéfinis.

1. Ce chien a **plusieurs** mauvaises habitudes.
2. **Plusieurs** peuvent encore être corrigées.
3. **Chaque** maître tient son chien en laisse.
4. **Chacun** montre à son chien à marcher au pas.

b) Indiquez la classe des autres mots en gras, puis justifiez votre réponse.

______

Justification : ______

5 Dans les phrases suivantes, soulignez les pronoms indéfinis.

a) Les exigences du dressage sont les mêmes pour tous les chiens et leurs maîtres.

b) Personne n'est obligé de dresser son chien, mais tous y gagnent.

c) On ne devrait pas laisser un chien aboyer après quelqu'un.

d) Un tel comportement peut être acceptable pour les uns et inacceptable pour les autres.

e) Il faut savoir que certaines personnes sont plus exigeantes que d'autres.

f) Le niveau de tolérance de chacun n'est pas le même.

g) Si ce chien fait quelque chose de bien, il sera récompensé.

h) Cependant, rien n'est parfait !

INFO +

À la différence du pronom, le déterminant accompagne un nom.

Ex. : *Nous avons* ***deux*** *chiens.* (déterminant + nom)

Un *des* ***deux*** *est un épagneul.* (pronoms)

Rappelez-vous QUE…

- Le **pronom numéral** indique le nombre de la réalité qu'il représente.

  Ex. : *Elles étaient* ***trente****, alors que nous n'étions que* ***dix****.*

- Le pronom numéral est souvent un pronom de reprise. Il remplace alors un GN.

  Ex. : *Plusieurs chenils sont intéressants.* ***Quatre*** *ont retenu notre attention.*

- Le **pronom interrogatif** s'emploie dans une phrase interrogative. Certains sont variables, alors que d'autres ne le sont pas.

- On emploie un pronom interrogatif selon sa fonction et selon la réalité sur laquelle on s'interroge : une réalité animée (personne, animal) ou une réalité non animée (objet, idée, etc.).

  Ex. : ***Qui*** *est là ?* (sujet animé) ***Que*** *vois-tu ?* (compl. dir. inanimé)

PRONOMS INTERROGATIFS INVARIABLES			
qui	*que*	*quoi*	*combien*
qui est-ce qui	*qui est-ce que*	*qu'est-ce qui*	*qu'est-ce que*

PRONOMS INTERROGATIFS VARIABLES						
Singulier	**Masculin**	*quel*	*lequel*	*duquel*	*auquel*
	Féminin	*quelle*	*laquelle*		
Pluriel	**Masculin**	*quels*	*lesquels*	*desquels*	*auxquels*
	Féminin	*quelles*	*lesquelles*	*desquelles*	*auxquelles*

INFO +

Les pronoms interrogatifs *qui, que, quoi* et *quel* sont toujours nominaux ; *lequel* est toujours un pronom de reprise ; *combien* peut être l'un ou l'autre.

- Le **pronom relatif** est un pronom de reprise : son antécédent est généralement un nom, noyau d'un GN. Dans ce GN, le pronom relatif introduit une subordonnée relative.

La subordonnée relative
Page 165

Nom : ______ Groupe : ______ Date : ______

6 a) Cochez les phrases dans lesquelles les mots en gras sont des pronoms numéraux.

1. Cette chienne a eu une portée de **cinq** chiots. ○
2. **Trois** sont complètement noirs. ✓
3. Ce chenil compte certainement quelque **cent** chiens. ○
4. **Trente** sont sur le point d'être adoptés. ✓

b) Indiquez la classe des autres mots en gras, puis justifiez votre réponse.

______

Justification : ______

7 Dans les phrases suivantes, soulignez le pronom interrogatif. Transformez la phrase en phrase déclarative afin de trouver la fonction de ce pronom, puis indiquez-la à droite.

a) Qui choisira son chiot en premier ?

Phrase déclarative : Qui ______ Fonction : inter inv

b) Qu'a-t-il trouvé ?

Phrase déclarative : Qu' ______ Fonction : inter inv

c) Quel est le nom de ce chien ?

Phrase déclarative : Quel ______ Fonction : inter var

d) Qu'est-ce que tu caches derrière ton dos ?

Phrase déclarative : Que ______ Fonction : inter var

e) À quoi ressemble cette petite bête ?

Phrase déclarative : quoi ______ Fonction : inter inv

JUSTIFIEZ VOTRE RÉPONSE

8 Les phrases suivantes contiennent une erreur. Récrivez-les en corrigeant cette erreur et justifiez votre réponse.

a) Mes chiens jappent chaque fois que mon voisin approche même si je leurs dis d'arrêter.

______

Justification : ______

______

b) Quel sera la race du chien que tu adopteras ?

______

Justification : ______

______

Nom : ____________ Groupe : ____________ Date : ____________

6.3 Le complément du pronom

Rappelez-vous **QUE...**

- Le pronom peut avoir une expansion, qui remplit la fonction de complément du pronom. Le tableau suivant en donne des exemples.

Compléments du pronom	Exemples
• GPrép	***Lequel parmi ces chiots*** *est à toi ?*
• Subordonnée relative	***Ceux qui réussissent à éduquer leur chien*** *sont fiers.*
• GN détaché	***Lui, un si jeune garçon,*** *se fait obéir facilement.*
• GAdj détaché	***Prêt à bondir, il*** *ne pense qu'à jouer.*
• GVpart détaché	***Ayant une laisse pour son chien, elle*** *ne le perdra pas.*

MS MANIPULATIONS SYNTAXIQUES

- Généralement, le complément du pronom est facultatif. On peut donc l'effacer.
  Ex. : ***Lequel parmi ces chiots*** *est à toi ?*
  ✓ ***Lequel*** [ ] *est à toi ?*
- Le complément des pronoms *celui*, *celle*, *ceux*, *celles* ne peut pas être effacé.
  Ex. : ***Ceux de mon ami*** *sont des carlins.*
  ☒ ***Ceux*** [ ] *sont des carlins.*
- Quand les pronoms *un* ou *ce* ont un complément, celui-ci ne peut pas être effacé.
  Ex. : *J'ai compris* ***ce que le chien cherchait.***
  ☒ *J'ai compris* ***ce*** [ ].
  J'ai choisi ***un de ses chiots.*** ☒ *J'ai choisi* ***un*** [ ].

INFO +

Certains pronoms peuvent avoir des expansions qui les renforcent (*autre, seul, tous/toutes, deux, trois,* etc.).

Ex. : *vous* ***autres***, *lui* ***seul***, *nous* ***tous***, *eux* ***deux***

1 Dans chacune des phrases suivantes, encadrez le pronom qui a un complément. Ensuite, soulignez ce complément et indiquez de quoi il est constitué.

a) Heureux de se rendre utiles, ils ont aidé l'entraîneur à sortir les chiens. ____________

b) Aujourd'hui, ayant pu courir à sa guise, chacun paraît plus calme. ____________

c) Nous avons constaté quelque chose d'anormal. ____________

d) Celles qui ont assisté à l'évènement étaient stupéfaites. ____________

e) Ceux-ci, de petits chiens de race pure, valent très cher. ____________

f) Parmi ces chiots, je ne sais pas lequel choisir. ____________

g) Je prends celui qui est resté seul. ____________

Nom : ______ Groupe : ______ Date : ______

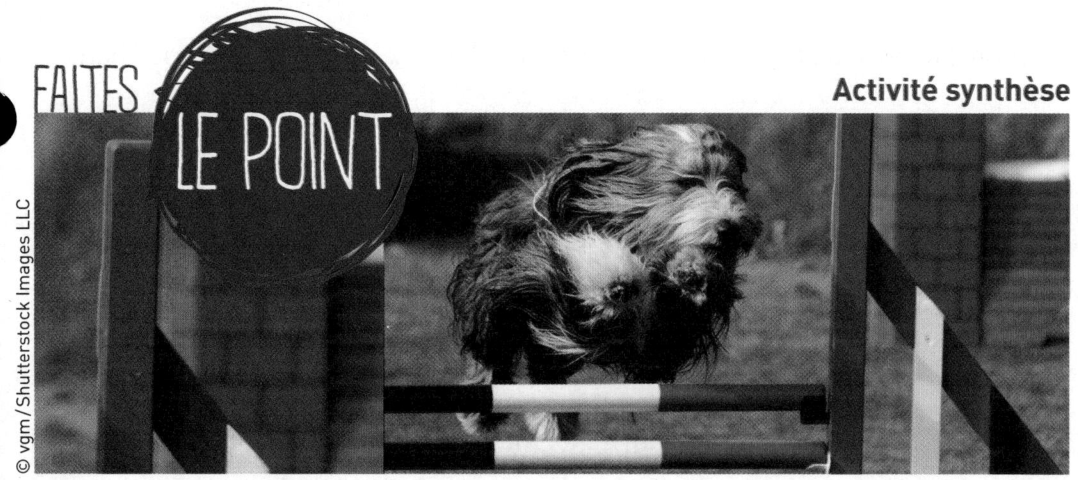

© vgm/Shutterstock Images LLC

Activité synthèse

1 Indiquez si les mots soulignés dans les phrases suivantes sont des déterminants ou des pronoms. Ensuite, justifiez vos réponses.

a) Les maîtres-chiens ont vu évoluer les équipes et cela les a encouragés.

Le premier *les* est un ______.

Justification : ______

Le deuxième *les* est un ______.

Justification : ______

b) Après l'entraînement, les dresseurs ont flatté les chiens pour les féliciter.

Le premier *les* est un ______.

Justification : ______

Le deuxième *les* est un ______.

Justification : ______

2 Écrivez quatre phrases contenant chacune un pronom et un complément du pronom parmi les suivants.

Pronoms	Compléments du pronom
• ceux • trois • elle • qui	• parmi vous • d'entre eux • qui disent le contraire • toujours prête à aider

a) ______

b) ______

c) ______

d) ______

Nom : ______________________ Groupe : __________ Date : __________

 **a)** Encadrez les pronoms dans le texte suivant. Puis, reportez-les aux endroits appropriés dans le tableau.

L'activité était amusante à faire pour les chiens . Dix attendaient le départ . Ils allaient traverser un tunnel , franchir un ruisseau , sauter à travers un cerceau surélevé , puis marcher dans un carré de cordes tressées durant ce parcours d'agilité . La plupart s' y engageaient avec assurance . Cependant , quelques-uns semblaient vouloir rebrousser chemin . Mon chien était de ceux qui hésitaient . Il regardait le parcours , ayant l'air de dire : « Quel est le but de l' opération , au juste ? » Le tien , au contraire , se lançait sans aucune hésitation . Visiblement , ton chien est téméraire , alors que le mien ne l' est pas .

Pronoms		Antécédents, s'il y a lieu
b) personnel		
c) démonstratif		
d) possessif		
e) indéfini		
f) numéral		
g) interrogatif		
h) relatif		

4 Indiquez les éléments que remplacent le pronom *y* et le pronom *l'* dans le texte, et précisez de quoi sont constitués ces éléments.

- Le pronom *y* (3e ligne) remplace : ______________________ ______________
- Le pronom *l'* (dernière ligne) remplace : ______________________ ______________

Nom : ______ Groupe : ______ Date : ______

7 LA PHRASE DE BASE, LES PHRASES TRANSFORMÉES ET LES CONSTRUCTIONS PARTICULIÈRES

7.1 Les constituants de la phrase

Rappelez-vous QUE…

- La **phrase de base** est le modèle auquel on se réfère pour analyser les phrases.
- Dans la phrase de base, les constituants apparaissent dans l'ordre suivant :

Constituants obligatoires		Constituants facultatifs
Les jeunes Sujet	*font du sport* Prédicat	*après l'école.* Compl. de P
Le sujet peut être : un GN, un pronom, un GVinf, une subordonnée complétive.	Le prédicat est un GV.	Le complément de phrase peut être : un GPrép, un GN, un GAdv, une subordonnée complément de P.

MS MANIPULATIONS SYNTAXIQUES

Sujet	Prédicat	Complément de phrase
• Le sujet ne peut pas être déplacé ni effacé. ☒ *Font du sport ~~les jeunes~~.* ☒ ~~____~~ font du sport. • Il peut être encadré par *c'est… qui* ou *ce sont… qui.* ✓ ***Ce sont** les jeunes **qui** font du sport.* • Le sujet peut être remplacé par un pronom (*il, ils, elle, elles, cela* ou *ce*). ✓ *Ils font du sport.*	• Le prédicat ne peut pas être déplacé ni effacé. ☒ *~~Font du sport~~ les jeunes.* ☒ *Les jeunes ~~____~~.*	• Le complément de phrase peut être effacé ; il est facultatif. ✓ *Les jeunes font du sport.* • L'effacement n'est pas suffisant pour déterminer la fonction de complément de phrase. On doit aussi pouvoir le déplacer. ✓ *Après l'école, les jeunes font du sport.* ✓ *Les jeunes, après l'école, font du sport.* • On peut l'isoler en dédoublant le sujet et le prédicat par *et ce, et cela*, etc. ✓ *Les jeunes font du sport **et cela se passe** après l'école.*

Pour être encadrés, certains pronoms sujets doivent être modifiés :

je → *moi* ; *tu* → *toi* ; *il* → *lui* ; *ils* → *eux*.

Repérer le sujet Page 289

Repérer le prédicat Page 289

Repérer le complément de phrase Page 290

- L'ordre des costituants change dans certaines **phrases transformées**.
- Dans la phrase impérative, le sujet n'est pas exprimé.
- Dans la phrase incise, le sujet est inversé.
  Ex. : *« Ces joueuses sont excellentes »*, ***avoua l'entraîneur***.

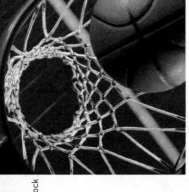

Nom : ______________________ Groupe : __________ Date : __________

Dans les phrases suivantes :
- soulignez le verbe conjugué et encadrez le prédicat ;
- mettez le sujet entre crochets ;
- rayez le ou les compléments de phrase, s'il y a lieu.

Ex. : *[Jade et Éric] ont formé leurs équipes de basket ~~au cours d'éducation physique~~.*

a) Le basket-ball est un sport très populaire aujourd'hui .

b) Les femmes représentent une bonne part des 450 millions de joueurs de basket .

c) James Naismith , un pasteur canadien installé aux États-Unis , a inventé ce sport en 1891 .

d) Quelle adresse extraordinaire elle a !

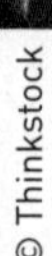

© Thinkstock

Récrivez les phrases suivantes en utilisant le dédoublement (avec *et ce*, *et cela se passe* ou *et il* (ou *elle*) *le fait*, etc.) pour repérer le groupe complément de phrase.

a) J'ai pu voir plusieurs matchs de basket-ball au centre sportif.

____

b) Ces deux équipes disputeront plusieurs matchs avant la fin de l'année.

____

3 Dans les phrases suivantes, le complément de phrase en gras a été placé à divers endroits. Cochez les phrases grammaticalement correctes.

a) Le professeur a établi de nouvelles règles **pour rendre ce sport accessible**. ○

b) **Pour rendre ce sport accessible**, le professeur a établi de nouvelles règles. ○

c) Le professeur, **pour rendre ce sport accessible**, a établi de nouvelles règles. ○

d) Le professeur a, **pour rendre ce sport accessible**, établi de nouvelles règles. ○

e) Le professeur a établi, **pour rendre ce sport accessible**, de nouvelles règles. ○

D'après les phrases du numéro précédent, indiquez les endroits où le complément de phrase peut être placé.

Ex. : *En fin de phrase, après le prédicat, comme dans la phrase de base.*

- En ______________ de phrase.
- Entre le ______________ et le ______________.
- À l'intérieur du ______________, entre l' ______________ et le ______________.
- À l'intérieur du ______________, entre le ______________ et son ______________.

Nom : ______________________ Groupe : __________ Date : ______________

Rappelez-vous QUE...

- Le groupe complément de phrase déplacé doit être détaché par la virgule.

  Ex. : *Les jeunes font de l'éducation physique au cours de leurs études.*
  Compl. de P

  → *Au cours de leurs études, les jeunes font de l'éducation physique.*
  → *Les jeunes, au cours de leurs études, font de l'éducation physique.*

MS MANIPULATIONS SYNTAXIQUES

- Le complément de phrase ne peut pas être remplacé par un pronom, sauf s'il exprime un lieu. Dans ce cas, on peut le remplacer par le pronom *y*.

  Ex. : *Ils font du sport* [*au gymnase*] *après l'école.*
  → ✓ *Ils* [*y*] *font du sport après l'école.*

- Quand on ne peut pas effacer ni déplacer un complément qui exprime un lieu, il s'agit d'un **complément indirect** du verbe.

  Ex. : *Tom est allé* [*au gymnase*]. → ☒ *Tom est allé* [ ].

5 Récrivez les phrases suivantes en remplaçant les compléments exprimant un lieu par le pronom *y*. Puis, indiquez la fonction de ces compléments (compl. de P ou compl. ind.) et justifiez votre réponse.

a) Nous avons vu plusieurs bons joueurs au parc hier.

____

Fonction du complément exprimant le lieu : ______________

Justification : ______________________

____

b) Les ballons de basket-ball se trouvent dans l'armoire du gymnase.

____

Fonction du complément exprimant le lieu : ______________

Justification : ______________________

____

c) L'équipe juvénile disputera son premier match demain à la salle multisports.

____

Fonction du complément exprimant le lieu : ______________

Justification : ______________________

____

____

Nom : ______________________ Groupe : __________ Date : __________

JUSTIFIEZ VOTRE RÉPONSE

Une erreur s'est glissée dans chacune des phrases ci-dessous. Récrivez les phrases en corrigeant cette erreur et justifiez votre réponse.

a) Dès le début du match il a commencé à pleuvoir.

____

Justification : ______________________

____

b) Un orage après quelques minutes de jeu éclata.

____

Justification : ______________________

____

c) L'entraîneur veut nous parler, quand le match sera terminé.

____

Justification : ______________________

____

- On peut analyser une phrase à l'aide d'un schéma en arbre comme le suivant.

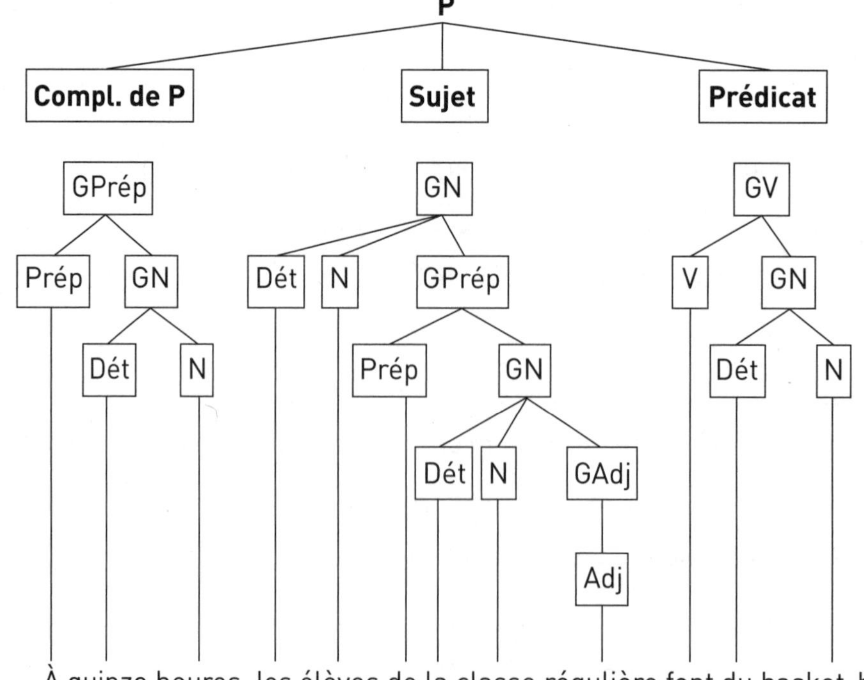

Nom : ____________ Groupe : ________ Date : ____________

Analysez les phrases suivantes en remplissant chacune des cases vides.

a)

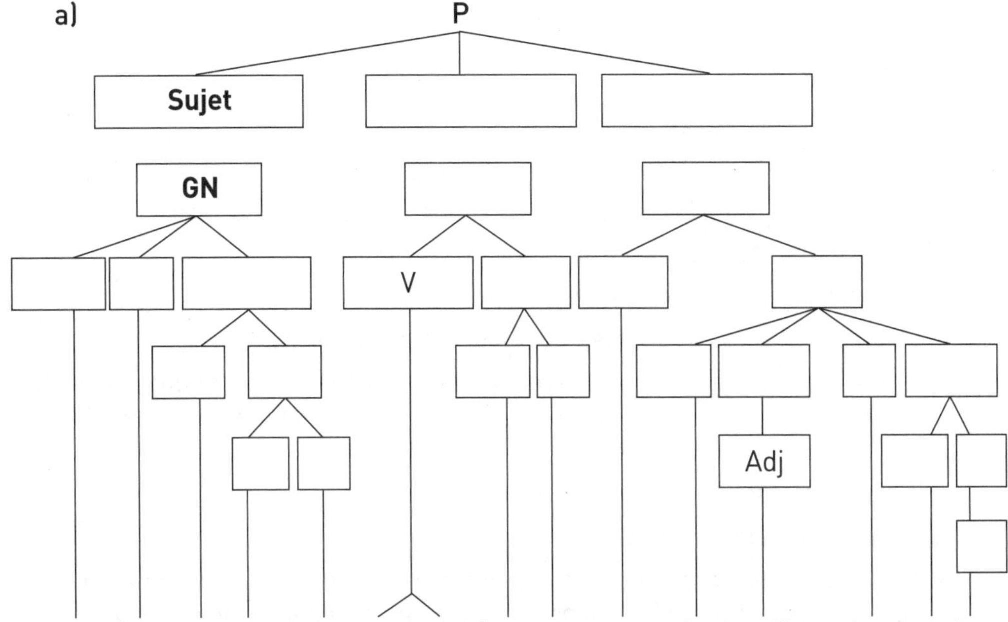

Un joueur de mon équipe a marqué un but pendant la dernière minute de jeu.

b)

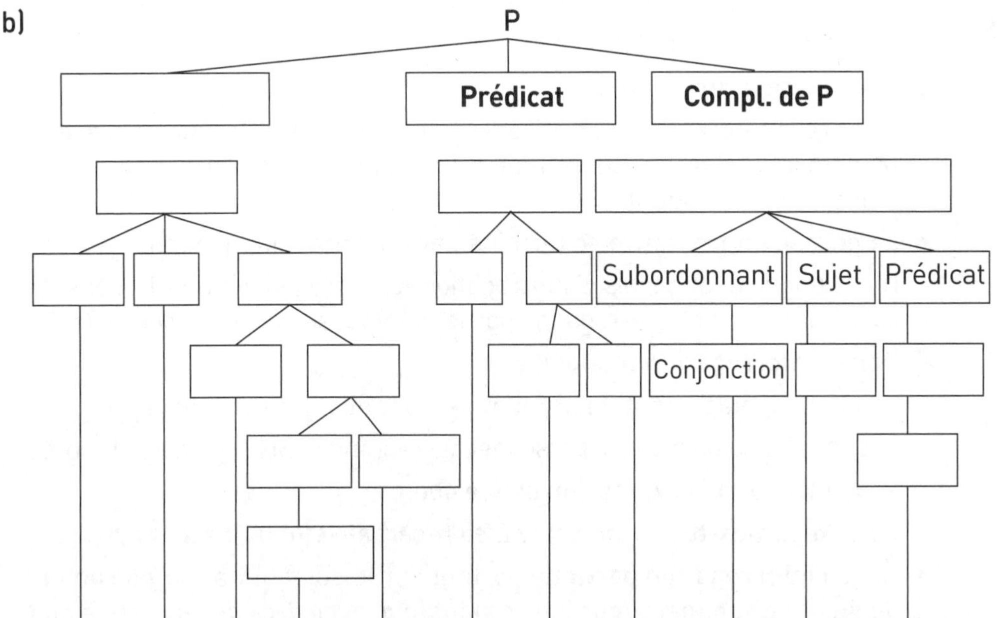

Cette athlète de grand talent réalise des exploits quand elle s'entraîne.

© Pete Saloutos/Shutterstock Images LLC

7.2 Les différents types de phrases

Rappelez-vous **QUE...**

a) La phrase déclarative

- La phrase déclarative sert à communiquer un fait, une information ou une opinion. C'est le type de phrase qu'on utilise le plus souvent.
- Elle se termine généralement par un point.
- La phrase déclarative est conforme à la phrase de base :
  - quand elle est de formes positive, active et neutre ;
  - quand elle est construite avec les deux constituants obligatoires et le constituant facultatif (s'il y en a un) placés dans l'ordre suivant : sujet, prédicat et complément de phrase.

  Ex. : *Tu as assisté à un très bon spectacle hier.*

© Jason Stitt/Shutterstock Images LLC

b) La phrase exclamative

- La phrase exclamative sert à exprimer une émotion, un sentiment ou un jugement. C'est une **phrase transformée** à l'aide d'un marqueur exclamatif comme *que/qu'*, *que de*, *comme*, *quel/quels/quelle/quelles*.
- La phrase exclamative se termine par un point d'exclamation.

  Ex. : ***Comme** tu chantes bien !*

c) La phrase interrogative

- La phrase interrogative sert à poser une question. C'est une **phrase transformée** par le déplacement du pronom sujet ou l'ajout d'un marqueur interrogatif.
- La phrase interrogative se termine par un point d'interrogation.
- On distingue deux sortes d'interrogation : l'interrogation totale (réponse par *oui* ou par *non*) et l'interrogation partielle (réponse autre que *oui* ou *non*).
- Dans l'**interrogation totale**, il y a :
  - soit le déplacement du pronom personnel sujet après le verbe ;
  - soit l'ajout d'un pronom personnel qui reprend le GN sujet après le verbe ;
  - soit l'ajout de l'expression *est-ce que*.

  Ex. : ***Regardes-tu** le spectacle ? **Lisa regardait-elle** le spectacle ?*
- Dans l'**interrogation partielle** portant sur le sujet, il y a remplacement du sujet par un marqueur interrogatif (*qui*, *qui est-ce qui*, *qu'est-ce qui*).
- Dans toute autre interrogation partielle, il y a déplacement du sujet ou reprise du sujet par un pronom personnel, **plus** remplacement d'un élément de la phrase par un marqueur interrogatif avec ou sans préposition (*que*, *quoi*, *où*, *combien de*, *pourquoi*, *quand*, *quel/quels/quelle/quelles*, etc.).

  Ex. : ***Que** regardes-**tu** ?* ***Pourquoi** le chanteur rit-**il** ?*

d) La phrase impérative

- La phrase impérative sert à donner un ordre, un conseil, ou à formuler une demande. C'est une **phrase transformée** construite avec un verbe au mode impératif, donc sans sujet exprimé.
- Elle se termine le plus souvent par un point ou un point d'exclamation.

  Ex. : ***Regarde** le spectacle. **Regarde**-le attentivement !*

Nom : ______________ Groupe : ______________ Date : ______________

Transformez les phrases suivantes en phrases exclamatives. Utilisez au moins une fois chacun des adverbes exclamatifs suivants : *combien*, *comme*, *que*.

a) La nage papillon est difficile à exécuter.

Que la nage papillon est difficile !

b) Il n'est pas facile de sortir les deux bras hors de l'eau.

Que c'est difficile !!!...

c) J'ai bien aimé apprendre ce style de nage.

Que j'aime ce style...!

d) Ce nageur paralympique est extrêmement performant.

____

e) Elles étaient fort déçues que tu n'assistes pas à la compétition.

____

L'adverbe ou le déterminant exprimant l'intensité (ex. : *bien, très, beaucoup de, plein de*) que contient parfois la phrase de base est généralement effacé dans la phrase exclamative, puisqu'il y a déjà un marqueur d'exclamation.

Ex. : *Cette nageuse est **très** rapide.*
→ ***Comme*** *cette nageuse est rapide !*

Transformez les phrases suivantes en phrases exclamatives. Utilisez chacun des déterminants exclamatifs suivants au moins une fois : *quel* (*quelle/quels/quelles*), *que de*, *combien de*. Accordez les déterminants et les participes passés, s'il y a lieu.

- L'exclamation doit porter sur un GN complément du verbe.

a) Cette nageuse a exécuté des virages parfaits.

____

b) Ce nageur expert a donné de bons conseils à mon amie.

____

c) Vous avez mis du temps pour réussir ce style de nage.

____

- L'exclamation doit porter sur le GN sujet.

d) De nombreux obstacles étaient à prévoir.

____

e) Une bonne occasion se présentait enfin pour lui.

____

© Thinkstock

Nom : ______________________ Groupe : __________ Date : __________

Coup de POUCE

Dans la langue standard, pour les phrases interrogatives à la 1re personne du singulier, on déplace le pronom sujet *je* seulement avec quelques verbes.

Ex. : *ai-je, dois-je, puis-je, suis-je, vais-je*

Transformez les phrases suivantes en phrases interrogatives en déplaçant le pronom sujet ou en reprenant le sujet au moyen d'un pronom. N'oubliez pas d'ajouter un point d'interrogation à la fin de la phrase.

a) Clara connaît sa routine de nage synchronisée.

____

b) Je dois me procurer un maillot spécial pour le spectacle.

____

c) Nous le lui achèterons.

____

d) Tu te sers d'un accessoire dans ta routine.

____

e) Je peux t'accompagner à la piscine.

____

Les interrogations des phrases du numéro précédent sont-elles totales ou partielles ?

____

- Quand l'interrogation partielle porte sur le sujet, celui-ci n'est ni déplacé ni repris par un pronom.

  Ex. : *Ces trois femmes sont des chorégraphes.*

  → ***Qui** sont des chorégraphes ?*

  → ***Combien de** femmes sont des chorégraphes ?*

Écrivez une phrase interrogative pour laquelle l'élément en gras constitue une réponse. Indiquez à droite le procédé utilisé (A ou B). N'oubliez pas d'ajouter un point d'interrogation à la fin de vos phrases.

A	Remplacement du sujet par un marqueur interrogatif (*qui*, *qui est-ce qui*, *qu'est-ce qui*)
B	Remplacement d'un élément du sujet par un marqueur interrogatif

a) **Cinquante** personnes ont vu le ballet aquatique.

______________________________________ ______

b) **Un nageur** a été victime d'un malaise.

______________________________________ ______

c) **Son malaise** l'a empêché de continuer la course.

______________________________________ ______

d) **Les exploits de cette nageuse** ont été médiatisés.

______________________________________ ______

Nom : ______________________ Groupe : __________ Date : ______________

6 Écrivez une phrase interrogative pour laquelle l'élément en gras constitue une réponse. Indiquez à droite le procédé utilisé (A ou B). N'oubliez pas d'ajouter un point d'interrogation à la fin de vos phrases.

A	Déplacement du sujet **plus** remplacement d'un élément par un marqueur interrogatif
B	Reprise du sujet par un pronom personnel **plus** remplacement d'un élément par un marqueur interrogatif

a) Elle a appris la natation **au club Jeux d'eau**.

______________________ ____

b) Bertrand s'entraîne **parce qu'il veut se qualifier pour les championnats**.

______________________ ____

c) Tu aimerais avoir **le livre sur les techniques de nage**.

______________________ ____

d) La Fédération internationale de natation a été fondée **en 1908**.

______________________ ____

7 Pour chacune des questions suivantes, écrivez une phrase complète qui constitue une réponse possible. À droite, indiquez la fonction du groupe sur lequel porte l'interrogation.

Ex. : *Qui fait de la natation ?*

***Mia et Jules** font de la natation.* *Sujet.*

a) Qui Mia et Jules ont-ils rencontré ?

______________________ ____

b) Quand Mia participera-t-elle au championnat ?

______________________ ____

c) À quoi sert la Fédération internationale ?

______________________ ____

d) Que deviennent nos nouvelles recrues ?

______________________ ____

JUSTIFIEZ VOTRE RÉPONSE

8 Récrivez la phrase suivante en corrigeant l'erreur qu'elle contient et justifiez votre réponse.

Comme il est très déçu d'avoir raté ce plongeon !

____

Justification : ______________________

____

____

Nom : ______________________ Groupe : __________ Date : __________

L'impératif présent et passé
Page 258

- Dans la phrase **impérative positive**, les pronoms personnels compléments sont déplacés après le verbe et y sont joints par un trait d'union.
  Ex. : *Tu le regardes.* → *Regarde-**le**.*
- Dans la phrase **impérative négative**, les pronoms ne sont pas déplacés.
  Ex. : *Tu le regardes.* → *Ne **le** regarde pas.*
- Les pronoms *me* et *te* sont remplacés par *moi* et *toi*, sauf s'ils sont suivis de *en* ou de *y*.

Coup de POUCE

Quand il y a deux pronoms après le verbe à l'impératif, que l'un d'eux est *en* ou *y*, et que l'autre est *me* ou *te*, il y a élision du *e* dans *me* ou *te*.

Ex. : *Donnez-**m'en** deux.*
*Va-**t'en** !*
*Fais-**m'y** penser.*

Coup de POUCE

Le verbe pronominal est précédé d'un **pronom** de la même personne grammaticale que le sujet. Ce pronom est également placé après le verbe dans la phrase impérative positive.

Ex. : *Vous **vous** fiez à moi.*
→ *Fiez-**vous** à moi.*

9 Transformez les phrases suivantes en phrases impératives.

a) Vous les aidez à préparer leur numéro.

____

b) Nous lui offrons de l'accompagner à la guitare et au piano.

____

c) Tu m'en reparles à la prochaine répétition.

____

d) Tu ne me crois pas.

____

e) Vous ne leur soufflez pas les paroles.

____

f) Vous vous calmez et vous vous préparez à entrer en scène.

____

g) Nous nous rejoignons à 19 h et nous nous rendons à l'auditorium.

____

h) Nous ne nous changeons pas tout de suite.

____

i) Tu ne te maquilles pas trop.

____

j) Tu t'avances et tu t'assois au piano.

____

© Digital Vision/Thinkstock

10 Transformez les phrases suivantes en phrases impératives. Puis, récrivez les phrases impératives en remplaçant le complément en gras par le pronom *en* ou *y*.

a) Tu vas tout de suite **à l'auditorium** ! ______________________

____

b) Tu parles **de ce numéro** à Agathe. ______________________

____

c) Tu trouves les paroles **de la chanson**. ______________________

____

11 Par quelle lettre se terminent les verbes en *-er* (ainsi que le verbe *aller*) à la 2e personne du singulier de l'impératif présent, quand ils sont devant les pronoms *en* ou *y* ?

____

- La virgule détache l'**apostrophe**, qui désigne à qui on s'adresse.
  Ex. : ***Agathe,*** *sois attentive à la prononciation des paroles de la chanson.*

© Vibe Images/Shutterstock Images LLC

12 Récrivez les phrases impératives suivantes en ajoutant une apostrophe dans chacune.

a) Rejoins-moi vite !

____

b) Soyons prêts à donner un bon spectacle.

____

c) Soyez à l'heure !

____

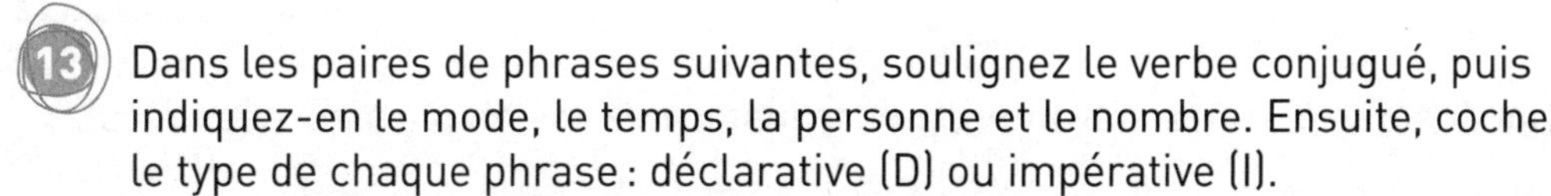

13 Dans les paires de phrases suivantes, soulignez le verbe conjugué, puis indiquez-en le mode, le temps, la personne et le nombre. Ensuite, cochez le type de chaque phrase : déclarative (D) ou impérative (I).

		Mode, temps, personne et nombre	D	I
a)	Hugues vient me voir à 19 heures.			
	Hugues, viens me voir à 19 heures.			
b)	Parle fort, Agathe.			
	Agathe parle fort.			

Nom : ______________________ Groupe : __________ Date : __________

7.3 Les différentes formes de phrases

a) Formes positive / négative

INFO +

La phrase négative peut être construite avec l'adverbe négatif *ne* seulement. C'est le cas avec certains verbes comme *cesser*, *oser* et *pouvoir* suivis d'un verbe à l'infinitif.

Ex. : *Je **n'**ose lui demander ce service.*

Rappelez-vous **QUE...**

- La phrase négative sert à nier, à refuser ou à interdire quelque chose. Elle veut généralement dire le contraire de la phrase de forme positive.
- C'est une **phrase transformée** à l'aide d'un marqueur négatif formé de deux mots :

l'adverbe négatif *ne* +
- un autre adverbe négatif (*pas*, *plus*, *jamais*, etc.)
- un déterminant négatif (*aucun*, *nul*, *pas un*, etc.)
- un pronom négatif (*aucun*, *nul*, *personne*, etc.)

Ex. : *J'écris des contes.* → *Je **n'**écris **pas** de contes.*
Quelqu'un a modifié ce conte. → ***Personne n'**a modifié ce conte.*

1 Soulignez les mots de négation dans les phrases suivantes. Ensuite, indiquez si l'adverbe de négation *ne* est combiné à un adverbe (A), à un déterminant (D) ou à un pronom (P), s'il y a lieu.

	A	D	P
a) Pour devenir interprète, il ne suffit pas de connaître la musique.			
b) Il n'ose exprimer ce qu'il ressent en écoutant cette musique.			
c) Pour l'instant, vous ne connaissez rien de Rimski-Korsakov.			
d) Nulle musique ne traduit mieux les contes des *Mille et une nuits*.			
e) Personne ne peut rester indifférent en écoutant le thème de *Shéhérazade*.			
f) Ce soir-là, aucun auditeur n'est sorti avant la fin du concert.			
g) Je n'aurais jamais cru qu'une musique pouvait être aussi touchante.			
h) Devoir lire ce récit en quatre tomes ne le décourage nullement.			
i) Ils n'ont eu aucune difficulté à entrer dans l'histoire.			

2 Écrivez le type de chacune des phrases suivantes, puis transformez-les en phrases négatives.

a) Donnez-nous votre version de l'histoire. __________

____

b) Nous retiendrons les services d'un conteur pour cette soirée. __________

____

c) Que ce thème musical est facile à mémoriser ! __________

____

d) Ce violoniste avait-il le talent nécessaire ? __________

____

Nom : ______________________ Groupe : __________ Date : __________

3 Transformez les phrases négatives suivantes en phrases positives.

a) Victor n'écrit pas **d'introduction**.

____

b) Vous n'aurez pas **de portable**.

____

c) Je ne lis pas **de polars**.

____

d) Tu ne manges pas **de chocolat**.

____

e) Nous n'avons pas **d'énergie**.

____

f) Ils ne veulent pas **de confitures**.

____

4 Observez les phrases du numéro précédent et répondez aux questions suivantes.

a) Quelle est la fonction des mots en gras ?

____

b) Complétez l'énoncé suivant.

Dans une phrase négative, le ______________ *de* (*d'*) remplace les déterminants ______________ *un*, *une*, *des* et les déterminants partitifs ______________ qui introduisent le noyau du ________ complément direct.

- Les éléments coordonnés par *et* dans la phrase positive sont généralement coordonnés par *ni* dans la phrase négative.
  Ex. : *Elle connaît Pierre* ***et*** *Marie. → Elle* ***ne*** *connaît* ***pas*** *Pierre* ***ni*** *Marie.*
- On peut supprimer le marqueur négatif *pas*. La conjonction *ni* se place alors devant chaque terme coordonné.
  Ex. : *Elle* ***ne*** *connaît* ***pas*** *Pierre* ***ni*** *Marie. → Elle* ***ne*** *connaît* ***ni*** *Pierre* ***ni*** *Marie.*
- Cependant, si les éléments à coordonner sont des GV, la conjonction *ni* se place devant chaque GV coordonné, sauf le premier.
  Ex. : *Il parle, lit et écrit le mandarin. → Il* ***ne*** *parle,* ***ni ne*** *lit,* ***ni n'****écrit le mandarin.*

© Ciaran Griffin/Thinkstock

5 Transformez les phrases suivantes en phrases négatives en employant *ni* comme coordonnant.

a) Son père et sa mère l'encouragent à écrire son conte.

____

b) Ce garçon a une grande imagination et une belle plume.

____

c) Cette œuvre émeut les spectateurs et les fait rire.

____

d) Les contes, les mythes et les légendes m'intéressent.

____

On met une virgule entre les éléments coordonnés avec *ni* s'il y en a plus de deux.

© Thinkstock

b) Formes active / passive

- La phrase active et la phrase passive ont un sens équivalent, mais elles ne présentent pas l'information dans le même ordre. La phrase passive sert à mettre l'accent sur le résultat de l'action.
- C'est une **phrase transformée** dans laquelle le noyau du GV est appelé *verbe passif*.
- Le verbe passif est formé :
  - de l'auxiliaire *être* conjugué au temps du verbe de la phrase active ;
  - du participe passé du verbe de la phrase active.

P active — P passive

Ex. : *Ce conte **intéresse** Coralie.* → *Coralie **est intéressée** par ce conte.*

- Dans la transformation de la phrase active en phrase passive :
  - le sujet de la phrase active devient le complément du verbe passif ;
  - le complément direct de la phrase active devient le sujet ;
  - il y a addition de la préposition *par* (ou *de*) introduisant le complément du verbe passif ;
  - il y a remplacement du verbe par le verbe passif correspondant.

Ex. : ***Ce conte** intéresse **Coralie**.* (P active)

→ ***Coralie** est intéressée par **ce conte**.* (P passive)

- Les phrases qui peuvent être transformées à la forme passive sont celles qui contiennent un verbe se construisant avec un complément direct.

Remarque : Dans quelques cas, des verbes ayant un complément direct ne peuvent pas être mis à la forme passive.

Ex. : *Il a un beau rôle.* → ☒ ~~*Un beau rôle est eu par lui.*~~

6 Dans chaque phrase passive, soulignez le verbe passif qui correspond au verbe de la phrase active.

a) **P active :** Cet auteur aura publié six contes.

P passive : Six contes **seront publiés / auront été publiés** par cet auteur.

b) **P active :** Tous ceux qui le voient en spectacle l'apprécient.

P passive : Il **est apprécié / était apprécié** de tous ceux qui le voient en spectacle.

c) **P active :** On souligna son imagination débordante.

P passive : Son imagination débordante **a été soulignée / fut soulignée**.

7 Soulignez les verbes dans les phrases actives suivantes. Ensuite, transformez ces phrases en phrases passives et accordez le verbe passif avec le sujet.

a) Le public n'intimide pas du tout cette bête de scène.

______

b) Ce conteur charmera beaucoup de spectateurs.

______

c) Comme cette légende avait intrigué Nadia !

______

Nom : ______ Groupe : ______ Date : ______

- Le complément du verbe passif n'est pas toujours exprimé. Il s'agit alors d'une construction passive incomplète, mais correcte. Le complément du verbe passif n'est pas exprimé quand il est :
  - une information inconnue ou qu'on ne veut pas faire connaître ;
  - une information qu'il n'est pas important ou nécessaire de faire connaître.

  Ex. : *Dans 100 ans, cette légende sera encore racontée* ***par les habitants d'ici****.*

  → *Dans 100 ans, cette légende sera encore racontée* [ ].
- Pour transformer une construction passive incomplète à la forme active, il faut, si le complément du verbe passif n'est pas connu, ajouter un pronom indéfini comme *on* ou *quelqu'un*, ou un pronom démonstratif comme *cela*.

  Ex. : *Dans 100 ans,* ***on*** *racontera encore cette légende.*

8 Soulignez les verbes à la forme passive dans les phrases suivantes. Ensuite, transformez ces phrases en phrases actives et accordez le verbe avec le sujet.

a) Les œuvres de cette jeune conteuse sont beaucoup aimées.

______

b) Plusieurs prix lui furent décernés.

______

c) Tous les jeunes talents ont été invités à participer au concours.

______

d) L'idée de faire un recueil de contes en classe avait été bien accueillie.

______

e) Tous les contes proposés ont-ils été retenus pour le recueil ?

______

9 Pour chaque paire de phrases, cochez celle qui est de forme passive. Ensuite, récrivez cette phrase à la forme active et accordez le verbe avec le sujet.

a) Pendant un moment, le héros fut anéanti par cette épreuve insurmontable. ○
Des idées noires lui sont passées par la tête. ○

______

b) L'évènement sera suivi de plusieurs actions désespérées. ○
Le héros essaie de tirer profit de cette situation. ○

______

c) Au fil des actions, il aura été capable de poursuivre sa quête. ○
Finalement, son parcours aura été jalonné d'obstacles et de réussites. ○

______

d) Dans le conte, le personnage principal s'en était tiré par magie. ○
Dans le conte, le personnage principal avait été sauvé par des trolls. ○

______

© Alan Kraft / Shutterstock.com

Une statue représentant la Petite Sirène, à Copenhague (Danemark)

c) Formes neutre / emphatique

- La phrase emphatique sert à mettre en relief un groupe de la phrase de forme neutre correspondante. C'est une **phrase transformée** par le déplacement d'un groupe de la phrase ou par le détachement à l'aide d'un marqueur d'emphase.
- Une phrase est emphatique s'il y a eu :
  - **Déplacement** d'un ou de plusieurs groupes ;

    Ex. : *Sa joie fut grande ce jour-là.* (P neutre) → ***Ce jour-là**, sa joie fut grande.* (P emphatique)

    → ***Grande** fut **sa joie** ce jour-là.* (P emphatique)
  - **Détachement** d'un groupe en début de phrase et reprise par un pronom ;

    Ex. : *Je ne connais pas **cette légende**.* (P neutre) → ***Cette légende**, je ne **la** connais pas.* (P emphatique)

    Remarque : L'accord du participe passé avec le pronom personnel complément direct se fait selon le genre et le nombre de l'antécédent.

    Ex. : *Il a lu **ces trois légendes**.* → ***Ces trois légendes**, il **les** a lues.*
  - **Détachement** d'un groupe en fin de phrase avec annonce par un pronom ;

    Ex. : ***La légende** est belle.* (P neutre) → ***Elle** est belle, **la légende**.* (P emphatique)
  - **Détachement** d'un groupe par *c'est... qui* ou *c'est... que* ;

    Ex. : *Ce récit est devenu une légende.* (P neutre) → ***C'est** ce récit **qui** est devenu une légende.* (P emphatique)

    Remarque : Les pronoms *je*, *tu*, *il*, *ils*, *me*, *te*, *le*, *la*, *leur* sont remplacés par les pronoms *moi*, *toi*, *lui*, *elle*, *eux*, avec ou sans préposition, selon le cas.

    Ex. : *Je t'ai lu la légende.* → ***C'est** à toi **que** j'ai lu la légende.*
  - **Détachement** d'un groupe par *ce qui..., c'est* ; *ce que..., c'est* ; *celui qui..., c'est* ; *celle sur qui..., c'est* ; *ce dont..., c'est* ; *ce à quoi..., c'est* ; etc.

    Ex. : *Les gens ont aimé la légende.* (P neutre) → ***Ce que** les gens ont aimé, **c'est** la légende.* (P emphatique)
- Dans le détachement par *c'est... qui* ; *c'est... que* ; *ce qui..., c'est* ou *ce que..., c'est*, le verbe *être* varie en nombre. Il est :
  - singulier devant *moi*, *toi*, *lui*, *elle*, *nous*, *vous* ;
  - généralement pluriel devant un GN pluriel ;
  - singulier ou pluriel devant *eux*, *elles*.

10 Transformez les phrases suivantes en phrases emphatiques. Pour chacune, mettez en relief le groupe souligné selon le procédé proposé et écrivez la fonction de ce groupe.

- Détachement d'un groupe en début de phrase avec reprise par un pronom

a) Alexis le Trotteur a été une légende vivante du Québec. ______

______

b) Alexis, relève ce défi ! ______

______

- Détachement d'un groupe en fin de phrase avec annonce par un pronom

a) Comme la mythologie me passionne ! ______

______

b) Une fois devenu ouvrier de chantier, était-il encore rapide ? ______

______

- Détachement d'un groupe par *c'est… qui* ou *c'est… que*

a) Isa t'a donné des sites Internet à consulter sur cette légende. ______

______

b) Alexis le Trotteur est né à La Malbaie en 1860. ______

______

c) Alexis fabriquait des chevaux de bois quand il était enfant. ______

______

d) Persuadé de gagner, le Trotteur accepte le défi. ______

______

e) Ils étaient impressionnés par les exploits du coureur. ______

______

- Détachement d'un groupe par *ce qui…, c'est* ; *ce que…, c'est* ; *celui qui…, c'est* ; *ce dont…, c'est* ; *ce sur quoi…, c'est* ; etc.

a) Le Trotteur a couru 146 kilomètres en moins de douze heures. ______

______

b) Alexis le Trotteur est un homme rapide. ______

______

c) Il compte sur sa force musculaire pour gagner la course. ______

______

d) Alexis rêve d'être l'homme le plus rapide au monde. ______

______

e) Plusieurs personnes ont vu les prouesses du Trotteur. ______

______

11 Complétez l'énoncé suivant.

Dans la phrase emphatique contenant un marqueur comme *ce qui…, c'est* ou *ce que…, c'est*, le groupe de mots mis en relief se place ______, après ______.

Nom : ______________________ Groupe : __________ Date : __________

d) Formes personnelle / impersonnelle

- La phrase personnelle et la phrase impersonnelle ont un sens équivalent, mais elles ne présentent pas l'information dans le même ordre.
- La phrase impersonnelle est une **phrase transformée** dans laquelle le verbe, **occasionnellement impersonnel**, est employé avec le pronom *il* impersonnel.

P personnelle — P transformée impersonnelle

Ex. : ***Un incident** est arrivé ce matin.* → ***Il** est arrivé **un incident** ce matin.*

- Le verbe **occasionnellement impersonnel** se distingue du **verbe toujours impersonnel** de la phrase à construction particulière : *il pleut*, *il s'agit*, *il faut*, etc.

Les phrases à construction particulière
Page 160

12 Transformez les phrases impersonnelles en phrases personnelles. Accordez le verbe avec le nouveau sujet.

a) Il manquait des éléments surnaturels à cette histoire.

____

b) Il est facile de deviner la fin de l'histoire.

____

c) Il arriva ce qui devait arriver.

____

13 D'après les phrases du numéro précédent, complétez l'énoncé suivant.
Pour changer une phrase personnelle en phrase impersonnelle, il faut déplacer le ______________ du verbe dans le GV et ajouter le pronom ______________ impersonnel comme sujet.

14 Transformez les phrases suivantes à la forme impersonnelle. Puis récrivez-les en respectant l'indication de type ou l'indication de forme de phrase.

a) Imaginer une autre fin à cette histoire est possible.

____

Type interrogatif : ______________________

b) Une bonne idée me vient à l'esprit.

____

Forme négative : ______________________

c) Découvrir la fin de l'histoire est plaisant.

____

Type exclamatif : ______________________

d) Une autre fin à cette légende existe.

____

Forme négative : ______________________

Nom : ____________________ Groupe : __________ Date : __________

© Eric Broder Van Dyke / Shutterstock.com

Activité synthèse

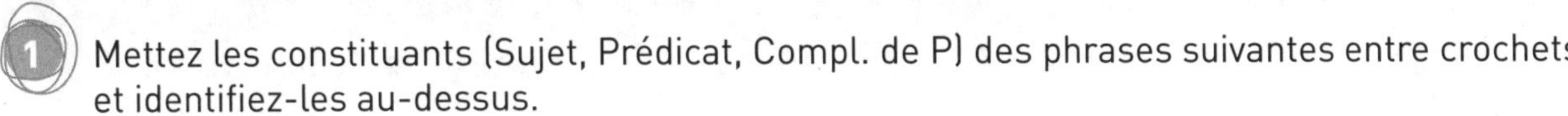

1 Mettez les constituants (Sujet, Prédicat, Compl. de P) des phrases suivantes entre crochets et identifiez-les au-dessus.

Choisir « sa » cause

(1) Agathe et Hugues s'impliquent dans une activité caritative cette année. (2) Ils ont choisi de participer à un spectacle de variétés. (3) L'argent ramassé permettra à un jeune atteint d'une maladie grave de réaliser son plus grand rêve. (4) Pendant des mois, ils ont préparé leur numéro de chant. (5) Le jour J, leur protégé est venu voir le spectacle. (6) Il voulait les remercier... (7) Vous imaginez l'émotion ? (8) Les deux amis sont restés sans voix !

2 Justifiez l'énoncé suivant.

Malgré le point d'interrogation et le point d'exclamation, les phrases 7 et 8 sont déclaratives.

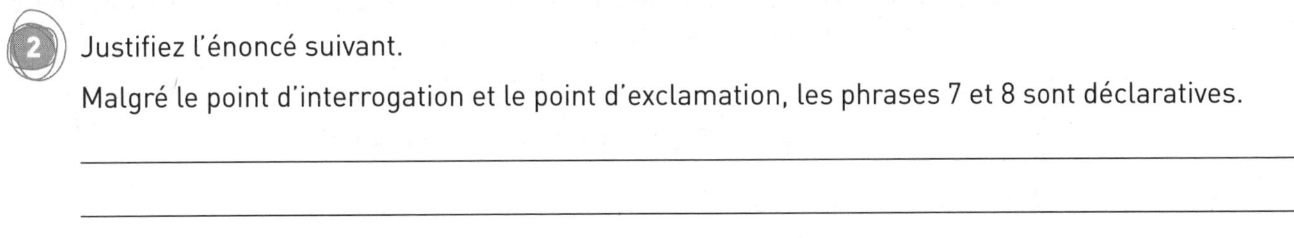

____

____

____

3 Dans le texte suivant, mettez entre crochets les quatre phrases exclamatives.

Tout un évènement !

(1) Que vous puissiez imaginer la beauté des voix serait étonnant ! (2) Les élèves de cette école ont vraiment du talent. (3) Comme je suis fier d'eux ! (4) Comme ils ont eu peu de temps pour se préparer, ce fut une réussite... inattendue ! (5) Que j'étais inquiet dans les dernières semaines ! (6) Que de fois j'ai dû répéter qu'il fallait travailler davantage ! (7) Eh bien, cela a porté des fruits ! (8) Quel beau spectacle ils ont fait !

Encadrez les marqueurs exclamatifs dans les phrases exclamatives du numéro précédent. Ensuite, classez-les dans le tableau suivant, selon qu'ils sont des déterminants ou des adverbes.

Déterminants exclamatifs	Adverbes exclamatifs

Dans le texte suivant, ajoutez les signes de ponctuation manquants, puis mettez entre crochets les cinq phrases interrogatives.

© Jaren Jai Wicklund/ Shutterstock Images LLC

Timide pour rien !

1 Après le spectacle, j'ai rencontré notre jeune protégé. 2 Je ne savais pas comment l'aborder ____ 3 Pourquoi suis-je si timide à l'idée de lui parler ____ 4 Est-ce que je suis mal à l'aise parce qu'il est malade ____ 5 Je meurs d'envie de lui parler et, surtout, de savoir quel est son plus grand rêve ____ 6 Où veut-il aller ____ 7 Un voyage est-il déjà planifié ____ 8 Prenant mon courage à deux mains et m'apprêtant à lui parler, je me suis raclé la gorge ____

9 « Qu'est-ce que tu dis ____ »

10 Il avait brisé la glace ____ 11 J'ai pu lui poser toutes mes questions !

Dans le texte suivant, soulignez les sept verbes à l'impératif et mettez entre crochets les phrases impératives.

Un bon geste pour une bonne cause

Les organisateurs de l'évènement nous ont dit : « Organiser une soirée-bénéfice n'est pas si difficile. Soyons optimistes ! Aussi, en tant que nouveaux partenaires, ne vous gênez pas pour demander de l'aide. » Ils ont aussi conseillé le responsable du projet : « Fais passer des auditions. Ne doute pas de la capacité des élèves, car il y a de nombreux talents dans ton école. Offre-leur le soutien nécessaire, mais sois exigeant. Accepte-les seulement une fois que leur numéro est au point. Et bonne soirée de rêve ! »

Encadrez les pronoms compléments dans les phrases impératives du numéro précédent et complétez l'énoncé suivant.

Les pronoms compléments sont placés **après** le verbe dans la phrase impérative de forme ______________.

Nom : ______________________ Groupe : ____________ Date : ____________

 Lisez le texte suivant, puis répondez aux questions.

Avant le spectacle

Les gens sont-ils bien accueillis à l'entrée de la salle ? Il existe mille et un petits détails qui font souvent toute la différence. Ce qu'il faut avant tout, c'est saluer les gens avec votre plus beau sourire. Aussi, quand vous leur tendez le programme de la soirée, faites en sorte qu'il soit à l'endroit pour celui ou celle qui le reçoit. Ce n'est pas grave s'il est à l'envers dans vos mains. Si les gens vous demandent de les diriger vers leur siège, ne vous contentez pas de le faire verbalement. Accompagnez votre parole d'un geste de la main. Les personnes plutôt visuelles vous en sauront gré. Si vous êtes capables d'accomplir ces tout petits gestes correctement, vous serez certainement embauchés par la salle de spectacle de votre région.

Le grand frère de Mia, il a compris. Il est ouvreur dans un théâtre près de chez lui. Voilà un travail d'étudiant qui lui permet de voir plusieurs spectacles à peu de frais !

a) Dans le texte ci-dessus :
- surlignez deux phrases de **forme négative** et encadrez les **marqueurs de négation** ;
- soulignez deux phrases de **forme passive**, encadrez les **verbes passifs** et mettez entre crochets le **complément du verbe passif**, s'il y a lieu.

b) Récrivez la **phrase transformée impersonnelle**. Puis, soulignez le **verbe occasionnellement impersonnel** et encadrez son **pronom sujet**.

Phrase impersonnelle : ______________________

____

c) Récrivez les deux phrases de **forme emphatique**. Puis, pour chacune, indiquez le **procédé** de transformation utilisé en précisant la **fonction** des groupes mis en emphase.

Phrase emphatique 1 : ______________________

____

Procédé employé : ______________________

____

Phrase emphatique 2 : ______________________

____

Procédé employé : ______________________

____

7.4 Les phrases à construction particulière

- Les **phrases à construction particulière** sont des phrases qu'on ne peut décrire à l'aide de la phrase de base.

a) Phrase non verbale

La phrase non verbale n'a ni sujet ni prédicat. Elle est généralement réduite à **un groupe** dont le noyau n'est pas un verbe : un GN, un GAdj, un GPrép, un GAdv.

Ex. : *Défense d'entrer.* (GN) *Merveilleux !* (GAdj) *Envers et contre tous !* (GPrép) *Vraiment ?* (GAdv)

Remarque : La phrase non verbale ne contient pas de verbe conjugué, sauf si le groupe qui la constitue contient une subordonnée.

Ex. : [*Un mets* [*qui **réjouira** tous les palais*] Sub. rel.] GN !

b) Phrase infinitive

La phrase infinitive est construite autour d'un **GV infinitif**. Elle peut comprendre un complément de phrase.

Ex. : *Pour ce dessert* (Compl. de P), ***utiliser** des ingrédients frais* (GVinf – Prédicat).

c) Phrase impersonnelle

La phrase impersonnelle de construction particulière n'est pas une phrase transformée à partir de la phrase de base. Elle a comme sujet le **pronom *il* impersonnel**, et le noyau de son GV est un **verbe toujours impersonnel** (verbes de météorologie ainsi que *falloir* et *s'agir*).

Ex. : ***Il s'agit** de bien suivre la recette. Ne **faudrait-il** pas mélanger les ingrédients ?*

d) Phrase à présentatif

La phrase à présentatif commence par l'un des **présentatifs** suivants : *voici/voilà*, *c'est*, *il y a*. L'expansion du présentatif a la fonction de complément du présentatif.

Ex. : ***Voici** une excellente recette !* ***C'est** l'hiver.*
***Y a-t-il** de grandes différences entre ces deux desserts ?*

INFO +

La phrase non verbale peut également être une apostrophe (ex. : *Garçon !*), une interjection (ex. : *Zut !*) ou une onomatopée (ex. : *Zzzz...*).

La phrase non verbale peut être constituée de plus d'un groupe.

Ex. : *Oui et non...* (deux GAdv coordonnés)
La tomate : fruit ou légume ? (GN + deux GN coordonnés)

1 Pour chacune des phrases suivantes, indiquez de quelle construction particulière il s'agit.

a) Absolument pas ! ______

b) Il vente à écorner les bœufs. ______

c) Pourquoi ne pas venir tout de suite ? ______

d) Il y a eu 500 spectateurs. ______

e) Te voici enfin ! ______

f) Grande ouverture : 100 nouveaux commerces ______

Nom : ______ Groupe : ______ Date : ______

2 Indiquez quel groupe constitue chacune des phrases non verbales suivantes.

a) Recette épatante ! ______

b) Délicieux ! ______

c) Un dessert qui ne laisse personne indifférent. ______

d) Tant mieux ! ______

e) Pour le plaisir des yeux. ______

f) Prêt à déguster. ______

© Subbotina Anna / Shutterstock Images LLC

Coup de POUCE

Les phrases à construction particulière peuvent contenir des marques d'interrogation, d'exclamation, de négation ou d'emphase.

Ex.: *Que te faut-il encore ?*

Quel talent !

Ne pas déranger.

C'est un grand homme que voici.

3 À partir des phrases suivantes, écrivez des phrases non verbales qui pourraient être employées :

- sur une affiche ou dans un manuel d'instructions ;

  a) Il y a un danger d'avalanches !

  ______

  b) Un certificat est requis pour travailler.

  ______

  c) Cette voie est à sens unique.

  ______

  d) Les frais de transport ne sont pas compris.

  ______

- comme titre d'article de journal.

  e) Le prix du pétrole augmente.

  ______

  f) *Le tout pour le goût* est un restaurant qui fera sa marque.

  ______

4 Récrivez la recette « Entrée au fromage labneh » à l'aide de phrases infinitives.

a) Tapissez une assiette d'une couche assez épaisse de fromage labneh.

______

______

b) Arrosez le fromage d'huile d'olive.

______

c) Saupoudrez le tout de sel noir.

______

d) Accompagnez le fromage de pain pita et d'olives.

______

Nom : ______________________ Groupe : ____________ Date : ______________

5 Soulignez les verbes conjugués dans les phrases suivantes. Ensuite, cochez la colonne appropriée pour indiquer les verbes toujours impersonnels (phrases à construction particulière) et les verbes occasionnellement impersonnels (phrases transformées de forme impersonnelle).

	Verbes toujours impersonnels	**Verbes occasionnellement impersonnels**
a) Il faut de l'huile de première qualité.	○	○
b) Il s'agit de bien doser les ingrédients.	○	○
c) Il vente très fort depuis ce matin.	○	○
d) Il existe de nombreuses recettes intéressantes.	○	○
e) Il manque un ingrédient essentiel à cette recette.	○	○

6 Soulignez les GV des constructions particulières impersonnelles suivantes et indiquez leur construction au-dessus.

a) Il a fallu recommencer.

b) Il s'agit de notre réputation.

c) Il le faudrait.

d) Il a neigé toute la journée.

e) Faut-il absolument que tu y ailles ?

f) Il pleuvait abondamment.

Coup de POUCE

- Dans le présentatif ***c'est***, le verbe *être* peut varier en nombre, en temps et en mode.
- Dans le présentatif ***il y a***, le verbe *avoir* peut varier en temps et en mode.

7 Indiquez la construction des phrases à présentatif suivantes.

a) Il y aura quelqu'un. ______________________

b) Vous voilà ! ______________________

c) C'est qu'il a été très occupé. ______________________

d) Il y avait des convives partout. ______________________

e) C'est la meilleure recette au monde ! ______________________

f) Voici les ingrédients de la recette. ______________________

8 Écrivez des phrases à présentatif selon les constructions proposées.

a) *C'est* + GN

____

b) *C'était* + GPrép

____

c) *Il n'y avait* + Pron

____

d) *Voilà* + Sub. complétive

____

Nom : ______________________ Groupe : __________ Date : __________

FAITES LE POINT

Activité synthèse

© Adisa/Shutterstock Images LLC

Lisez le texte suivant, puis répondez aux questions qui suivent.

1 La cuisine : une passion

2 Paule aime la cuisine de tous les coins du monde depuis qu'elle est haute comme trois pommes. 3 Et elle aime tout, de l'entrée jusqu'au dessert... 4 Quand elle découvre cette boutique d'épices dans le quartier où elle vient de déménager, il y a un déclic. 5 C'est le coup de foudre. 6 « Quel bric-à-brac, mais en même temps quelle mine d'or, cette boutique ! » 7 pense-t-elle. 8 Paule est désormais certaine qu'elle veut devenir chef cuisinière. 9 Il s'agit maintenant de s'y prendre de façon méthodique. 10 D'abord, trouver un allié dans la maison qui acceptera de cuisiner avec elle. 11 Sa jeune sœur toujours prête à l'aider ? 12 Ou pourquoi pas son frère, aussi gourmand que gourmet ? 13 Ensuite, acheter une nouvelle épice chaque semaine. 14 Enfin, choisir un plat à cuisiner avec cette épice.

15 Cela a fonctionné pour Paule. 16 Évidemment, ses plats ne sont pas tous des réussites... 17 Cependant, les membres de sa famille, devenus ses goûteurs attitrés, sont généralement ravis. 18 Maintenant, il faut absolument qu'elle s'inscrive à un cours de cuisine !

1. Soulignez les onze phrases à construction particulière contenues dans le texte.

2. Indiquez le numéro des phrases soulignées dans la colonne appropriée.

Phrases non verbales	Phrases infinitives	Phrases impersonnelles	Phrases à présentatif

Nom : ______________________ Groupe : ____________ Date : ______________

8 LA SUBORDINATION

8.1 La phrase subordonnée

Un homme jouant de la trompette, après le passage de Katrina en Louisiane (États-Unis).

Rappelez-vous **QUE...**

- La **subordination** permet d'enchâsser une phrase appelée *phrase subordonnée*.
  - La phrase subordonnée ne peut exister seule ;
  - Elle est enchâssée à l'aide d'un subordonnant (*qui*, *que*, *où*, *quand*, *parce que*, etc.).
- La subordonnée relative est **enchâssée dans un GN**.

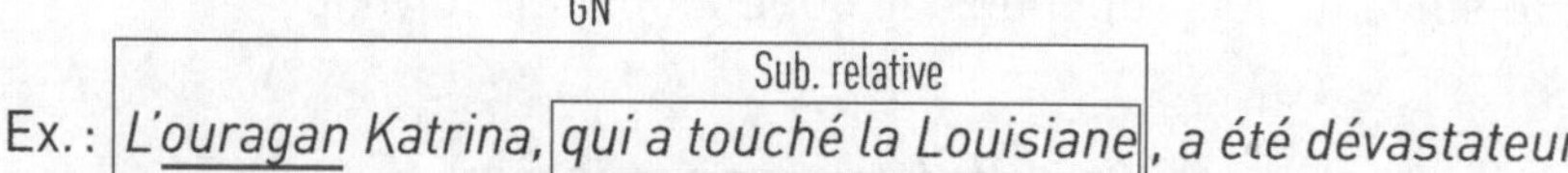

GN — Sub. relative

Ex. : *L'ouragan Katrina, qui a touché la Louisiane, a été dévastateur.*

- La subordonnée complétive est le plus souvent **enchâssée dans un GV**.

GV — Sub. complétive

Ex. : *On dit que Katrina est l'un des ouragans les plus meurtriers.*

- La subordonnée complément de phrase est **enchâssée dans une phrase**.

Sub. complément de phrase

Ex. : *Pendant que Katrina progressait vers la Nouvelle-Orléans, on a ordonné l'évacuation de la ville.*

Observez les subordonnées en gras dans les phrases suivantes, puis complétez les énoncés ci-dessous en indiquant de quelles phrases il s'agit.

1. Nous savons **que des catastrophes de ce genre peuvent se produire**.
2. **Quand un pays est victime d'une catastrophe naturelle**, peut-il faire appel à l'aide internationale ?
3. La Croix-Rouge est un organisme humanitaire **qui coordonne des activités d'intervention lors de catastrophes**.
4. Le texte **que tu as écrit** nous offre une bonne description de cet organisme.
5. La jeune bénévole pense **qu'on l'enverra bientôt en mission humanitaire**.
6. Nous avons commencé à transporter les blessés vers l'hôpital le plus proche **dès que les premiers secours sont arrivés**.

a) Dans les phrases ____________, la subordonnée est enchâssée dans un GV. C'est une subordonnée complétive.

b) Dans les phrases ____________, la subordonnée est une phrase enchâssée à la place d'un constituant facultatif de la phrase. C'est une subordonnée complément de phrase.

c) Dans les phrases ____________, la subordonnée est enchâssée dans un GN. C'est une subordonnée relative.

Nom : ______________________ Groupe : __________ Date : __________

8.2 La subordonnée relative

Rappelez-vous QUE...

- La **subordonnée relative** est une phrase qui remplit la fonction de **complément du nom** (ou du pronom). Son subordonnant est un **pronom relatif**.

  GN
  Sub. relative
  Ex. : *La <u>revue</u> **que** nous lisons* *traite de science.*
  compl. du N

- La subordonnée relative apporte une précision essentielle ou accessoire au nom qu'elle complète.
- À l'origine d'une phrase contenant une subordonnée relative, il y a deux phrases autonomes.

  Ex. : P1 : *Cette ville a été complètement dévastée.*
  P2 : *Les habitants de cette ville ont été évacués.*
  Sub. relative
  → *Cette ville* ***dont** les habitants ont été évacués* *a été complètement dévastée.*
  compl. du N

- Le pronom relatif sert à enchâsser la relative dans un GN ; il reprend le nom noyau du GN (son antécédent). Dans l'exemple ci-dessus, le pronom *dont* reprend le nom *ville* ; il remplace les mots *de cette ville*.

Le pronom relatif
Page 134

Plus de 80 % de la superficie de la ville de La Nouvelle-Orléans a été inondée par l'ouragan Katrina.

1 Observez les phrases suivantes.

1. Cet article **scientifique** porte sur les volcans.
2. Cet article **de Joël Leblanc** porte sur les volcans.
3. Cet article, **qui commence par une question**, porte sur les volcans.
4. Cet article **présentant de nombreuses photos** porte sur les volcans.

a) Quelle fonction les termes en gras remplissent-ils ? ______________

b) Encadrez la phrase qui contient une subordonnée relative.

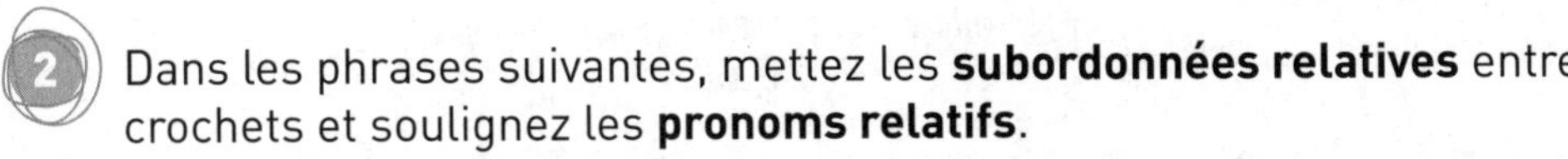

2 Dans les phrases suivantes, mettez les **subordonnées relatives** entre crochets et soulignez les **pronoms relatifs**.

a) J'ai lu un article qui m'a été très utile pour ma recherche.

b) J'ai lu cet article dont tu m'avais parlé.

c) Je te ferai un résumé de l'article que j'ai lu.

d) J'ai lu un article où il y avait des informations utiles à ma recherche.

e) On a écrit cet article à l'époque où le volcan était encore en éruption.

Nom : ______________________ Groupe : ______________ Date : ______________

L'**antécédent** est le nom noyau du GN que le pronom relatif reprend dans la phrase.

3 Dans les phrases suivantes :

- mettez la **subordonnée relative** entre crochets et encadrez le **pronom relatif** ;
- encerclez le **GN** dans lequel elle est enchâssée ;
- soulignez l'**antécédent** du pronom relatif.

a) Comprends - tu toujours les articles qu'on trouve dans cette revue ?

b) Les articles que ce scientifique a écrits sont parus dans trois revues .

c) En 1815 , les habitants de l'île où se trouve le volcan vivent une tragédie .

d) Le volcan dont je parle s'appelle le *Tambora* .

- Voici un tableau présentant quelques pronoms relatifs et les fonctions qu'ils peuvent remplir.

FONCTIONS DE QUELQUES PRONOMS RELATIFS

Pronoms	Exemples
Qui **remplace un GN.** • Fonction : sujet.	P1 : *Le scientifique est un « volcanologue ».* P2 : ***Ce scientifique*** *étudie les volcans.* → *Le scientifique* [***qui*** *étudie les volcans*] *est un « volcanologue ».* *qui* = sujet
Que / qu' **remplace un GN.** • Fonctions : compl. dir. ou attr. du sujet.	P1 : *Le volcan n'est plus actif.* P2 : *Nous avons exploré* ***ce volcan****.* → *Le volcan* [***que*** *nous avons exploré*] *n'est plus actif.* *que* = compl. dir.
Dont **remplace un GPrép introduit par** ***de.*** • Fonctions : compl. ind., compl. du N ou compl. de l'Adj.	P1 : *Le Vésuve est un volcan endormi.* P2 : *L'activité* ***du Vésuve*** *a cessé.* → *Le Vésuve,* [***dont*** *l'activité a cessé*], *est un volcan endormi.* *dont* = compl. du N
Où **remplace un GPrép ou un GN exprimant le temps ou le lieu.** • Fonctions : compl. ind. ou compl. de P.	P1 : *Le Vésuve se trouve à Naples.* P2 : *Je suis allé* ***au Vésuve****.* → *Le Vésuve,* [***où*** *je suis allé*], *se trouve à Naples.* *où* = compl. ind.
Préposition + ***où*** **remplacent un GPrép (*de..., par..., jusque...*) exprimant le temps ou le lieu.** • Fonctions : compl. ind. ou compl. de P.	P1 : *La ville s'appelle Naples.* P2 : *Nous venons* ***de cette ville****.* → *La ville* [***d'où*** *nous venons*] *s'appelle Naples.* *d'où* = compl. ind.

Le Vésuve et les vestiges de la ville de Pompéi

Nom : ______________________ Groupe : __________ Date : ______________

4

- Dans les phrases suivantes :
  - mettez chaque **subordonnée relative** entre crochets ;
  - encadrez le **pronom relatif**, avec la préposition qui le précède s'il y a lieu.
- Ensuite, construisez une **phrase autonome** à partir de chaque subordonnée et accordez les participes passés, si c'est nécessaire.

a) Le volcanologue qui est venu donner une conférence collabore à cette revue .

____

b) Dans les milieux scientifiques qu'elle fréquente, elle rencontre des chercheurs de toutes les disciplines .

____

c) Le volcan dont je t'ai montré les photos est le Rabaul de Papouasie–Nouvelle-Guinée .

____

d) Je ne connaissais pas ceux que tu nous as présentés.

____

e) Le village d'où il vient est situé au pied d'un volcan .

____

f) Le jour où le volcan Tambora éclate, des milliers de personnes meurent sur l'île .

____

g) Les super-volcans , que nous a présentés le géophysicien, sont ceux qui atteignent un indice d'explosivité volcanique très élevé .

____

____

____

h) J'aimerais fréquenter les milieux scientifiques où se rencontrent les grands chercheurs.

____

____

i) Virginie cherche le livre sur les volcans dont lui a parlé la bibliothécaire et qu'elle pourrait emprunter pour son travail.

____

____

____

Coup de POUCE

Dans les relatives introduites par les pronoms autres que *qui*, le **sujet** de la relative peut, dans certains cas, être placé après le verbe.

Ex.: *Il lit la revue [dont lui a parlé **sa sœur**].*

Nom : ______ Groupe : ______ Date : ______

Coup de POUCE

Rappelez-vous que, souvent, il vaut mieux placer un complément court avant un complément très long.

5

- Pour chaque paire de phrases ci-dessous : fusionnez les phrases de sorte que la P2 soit **une subordonnée relative complément du nom en gras** de la P1. Vous pouvez déplacer des groupes de mots, si c'est nécessaire.
- Justifiez le choix du pronom relatif que vous avez employé.

a) P1 : Dans les milieux scientifiques, la curiosité tenait ces **chercheurs** en haleine.
P2 : Ces chercheurs sont à l'affût de toutes les découvertes.

______

______

Justification : ______

______

b) P1 : Meghan voulait aider ce **professeur** dans sa recherche.
P2 : Elle trouvait ce professeur compétent et inspirant.

______

______

Justification : ______

______

c) P1 : Les deux collègues voulaient partager le **prix** avec leur équipe.
P2 : Ils étaient les lauréats de ce prix cette année.

______

______

Justification : ______

______

d) P1 : Cette équipe de volcanologues vient de publier un nouveau **rapport**.
P2 : Nous discuterons de ce nouveau rapport.

______

______

Justification : ______

______

e) P1 : Ces volcanologues se réuniront dans cette **ville**.
P2 : Dans cette ville, on a construit un nouveau centre des congrès.

______

______

Justification : ______

______

Nom : ______________________ Groupe : __________ Date : __________

6 • Dans les phrases suivantes, mettez les **subordonnées relatives** entre crochets et soulignez le **nom** qu'elles complètent.
• Ensuite, à partir de chaque subordonnée, écrivez une **phrase autonome** dans laquelle vous encadrerez le groupe de mots remplacé par le pronom relatif.
• Puis, indiquez la **fonction du pronom relatif**.

Rappelez-vous que la fonction du pronom relatif correspond à celle que remplit dans la phrase autonome le groupe qu'il remplace.

a) Il y a des régions sinistrées où les morts se comptent par milliers.

____

Fonction du pronom relatif : ______________________

b) On amène ces habitants qu'on doit installer dans des camps de fortune.

____

Fonction du pronom relatif : ______________________

c) Le pillage dont les communautés sont victimes se répand.

____

Fonction du pronom relatif : ______________________

d) On accueille des enfants qui se retrouvent sans parents.

____

Fonction du pronom relatif : ______________________

e) La municipalité avait construit des abris où les sinistrés se réfugiaient.

____

Fonction du pronom relatif : ______________________

f) Les sinistrés qui sont arrivés ce matin ont déjà trouvé un refuge.

____

Fonction du pronom relatif : ______________________

g) Voici une famille dont la maison a été complètement détruite.

____

Fonction du pronom relatif : ______________________

h) L'ouragan que les météorologues ont annoncé s'approche rapidement de la côte.

____

Fonction du pronom relatif : ______________________

Nom : ______________________ Groupe : __________ Date : __________

8.3 La réduction de la subordonnée relative

- La réduction est un procédé par lequel on remplace une subordonnée afin d'alléger la phrase ou d'en varier le style. Voici quelques procédés de réduction de la subordonnée relative.

LA RÉDUCTION DE LA SUBORDONNÉE RELATIVE	
GAdj	*Les personnes qui sont disponibles partent en mission demain.* → *Les personnes disponibles partent en mission demain.*
GN	*Cet homme, qui est un spécialiste des ouragans, a obtenu le poste.* → *Cet homme, un spécialiste des ouragans, a obtenu le poste.*
GVpart	*Anh, qui parle très bien ce dialecte, a servi de guide.* → *Anh, parlant très bien ce dialecte, a servi de guide.*

Observez les paires de phrases suivantes.
- Dans la première phrase, mettez la **relative** entre crochets.
- Dans la seconde phrase, mettez la **réduction** de la relative entre crochets.

a) C'était un milieu de vie qui regorgeait de ressources naturelles.
C'était un milieu de vie regorgeant de ressources naturelles.

b) Voilà deux façons de travailler qui sont plutôt difficiles à concilier.
Voilà deux façons de travailler plutôt difficiles à concilier.

c) Arnaud, qui est un excellent organisateur, coordonnera les activités.
Arnaud, un excellent organisateur, coordonnera les activités.

Associez chaque réduction de subordonnée du numéro précédent à l'un des procédés de réduction décrits ci-dessous.

Réduction à un **GAdj** : effacement du pronom *qui* et du verbe *être*.	
Réduction à un **GN** : effacement du pronom *qui* et du verbe *être*.	
Réduction à un **GVpart** : effacement du pronom *qui* et remplacement du GV par un GVpart.	

Un ouragan vu de l'espace

© Guido Amrein, Switzerland / Shutterstock Images LLC

Nom : ______________________ Groupe : ____________ Date : ____________

3 Récrivez chaque phrase en utilisant le procédé de réduction indiqué.

a) Réduction à un **GVpart**

Cet homme cherche un moyen qui lui permettrait de se faire comprendre des natifs.

____

____

b) Réduction à un **GN**

Virginie, qui est une mordue de géographie, étudiera probablement dans ce domaine.

____

____

c) Réduction à un **GN avec effacement du déterminant**

Arielle, qui a son appareil en main, fera des photos de la région.

____

d) Réduction à un **GVpart**

Un guide qui connaît bien la région ne risque pas de se perdre.

____

____

e) Réduction à un **GAdj**

Jules, qui était indécis, est finalement allé vers le nord.

____

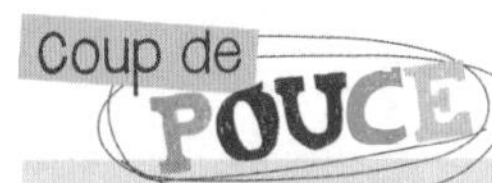

Dans la réduction à un GN, il peut y avoir effacement du déterminant introduisant le noyau du GN.

Ex.: *Cette excursion, qui est un **cadeau de mon frère**, sera palpitante.*
→ *Cette excursion, **cadeau de mon frère**, sera palpitante.*

© Lilyana Vynogradova/ Shutterstock Images LLC

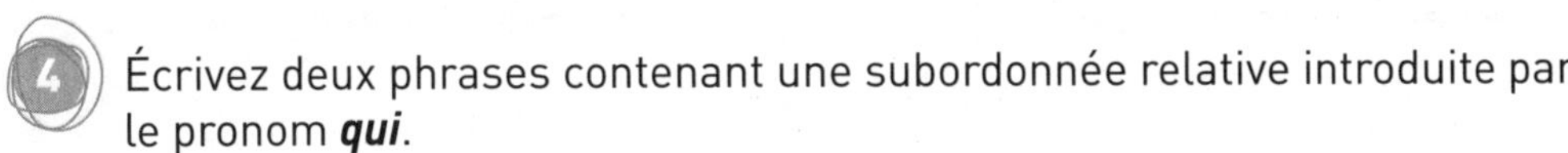

4 Écrivez deux phrases contenant une subordonnée relative introduite par le pronom ***qui***.

a) ______________________________

____

b) ______________________________

____

5 Récrivez vos réponses du numéro précédent en réduisant les subordonnées relatives.

a) ______________________________

b) ______________________________

6 Indiquez le procédé de réduction utilisé pour chacune de vos phrases du numéro précédent.

a) ______________________________

b) ______________________________

8.4 La subordonnée complétive

- La **subordonnée complétive** est une phrase qui peut, entre autres, remplir les fonctions suivantes.

© joyfull/Shutterstock.com

LA SUBORDONNÉE COMPLÉTIVE

Fonctions	Exemples
Complément **direct du verbe** : la subordonnée est enchâssée dans un GV.	GV [Sub. complétive, compl. dir.] *On* [*sait* [**que** *le judo est un sport de combat d'origine japonaise*]].
Complément **indirect du verbe** : la subordonnée est enchâssée dans un GV.	GV [Sub. complétive, compl. ind.] *Je* [*doute* [**qu'***elle s'intéresse à la compétition*]].
Complément **de l'adjectif** : la subordonnée est enchâssée dans un GAdj.	GAdj [Sub. complétive, compl. de l'Adj] *Nous sommes* [*fiers* [**que** *tu participes à cette compétition*]].

- Elle apporte une précision essentielle au mot qu'elle complète.
- Le plus souvent, son subordonnant est la **conjonction *que***. La conjonction n'a pas d'antécédent, contrairement au pronom relatif.
- La subordonnée complétive complément indirect peut également être introduite par *à ce que* ou *de ce que*.

  Ex. : *Vous vous attendiez* [***à ce qu'****elle remporte ce tournoi*].

  J'ai profité [***de ce qu'****elle était seule pour l'encourager*].

1 Dans chaque phrase :
- mettez la **subordonnée complétive** entre crochets ;
- encadrez le **groupe dans lequel elle est enchâssée** et indiquez son nom ;
- indiquez la **fonction** de la subordonnée complétive.

Ex. : *Meng* [*croit* [*que ce sport convient aussi aux filles*]]. (GV) — *Compl. dir.*

a) Il est content que son amie soit inscrite au cours. ______________

b) Penses - tu que Sam participera à la compétition ? ______________

c) Je me réjouis qu'il veuille participer au tournoi. ______________

d) Loïc s'est rendu compte que sa sœur est une très bonne judoka. ______________

e) Il est convaincu qu'elle peut immobiliser son adversaire. ______________

Nom : ______________________ Groupe : __________ Date : __________

MS MANIPULATIONS SYNTAXIQUES

- La subordonnée complétive complément direct peut être remplacée par le pronom *cela*, ou encore par *quelque chose*.

  Ex. : *On dit* **que** *le but du combat est de faire tomber l'adversaire*.

  ✓ *On dit* **cela**. *On dit* **quelque chose**.

- La subordonnée complétive complément indirect peut être remplacée par *de cela* (*de quelque chose*) ou *à cela* (*à quelque chose*), selon la préposition commandée par le verbe.

  Ex. : *Antoine s'étonne* **que** *l'entraîneur l'ait remarqué*.

  ✓ *Antoine s'étonne* **de cela**.

  Vous verrez **à ce qu'***elle s'entraîne régulièrement*.

  ✓ *Vous verrez* **à cela**.

2 Dans les phrases suivantes :

- mettez chaque **subordonnée complétive** complément du verbe entre crochets ;
- soulignez le **verbe** qu'elle complète ;
- indiquez la **fonction** de chaque subordonnée.

Ex. : *La judoka sait [qu'elle peut décrocher l'or].* *Compl. dir.*

a) Je me réjouis [qu'Élise ait décroché le bronze] compl dir

b) Crois - tu [que lui revient cette victoire ?] compl. ind

c) Nous tenons à ce [qu'il rencontre le vainqueur] comp direct

Coup de POUCE

Le sujet de la complétive peut parfois être placé après le verbe.

Ex. : *Vous savez que demain s'affronteront* ***ces deux judokas.***

3 Dans chacune des phrases, remplacez le groupe de mots en gras par une subordonnée complétive ayant le même sens.

Ex. : *Ces judokas voudraient* ***une invitation à participer au tournoi.***

Ces judokas voudraient ***qu'on les invite à participer au tournoi.***

a) Elle s'explique difficilement **votre échec lors de ce tournoi**.

... que ce tournoi est un échec

b) Les jeunes souhaitent **la reprise des cours de judo**.

... que le cours de Judo soit repris

4 Dans les phrases suivantes :

- mettez chaque **subordonnée** complétive entre crochets ;
- soulignez le **mot** qu'elle complète ;
- indiquez la **fonction** de chaque subordonnée.

a) Comprend - elle [qu'elle doit se concentrer] ? CI

b) Était - il inquiet [que son adversaire le batte] ? CD

c) Voyez à ce [que cette erreur ne se répète plus] CI

Nom : ______________________ Groupe : ____________ Date : ____________

La concordance des temps verbaux
Page 304

- Le **mode** du verbe de la subordonnée complétive est l'indicatif ou le subjonctif.

Mode indicatif	**Mode subjonctif**
• Le fait exprimé dans la subordonnée est réel ou probable. • Le verbe ou l'adjectif complété par la subordonnée exprime : – une déclaration ; – une connaissance ; – une opinion ; – une perception.	• Le fait est seulement envisagé dans la pensée. • Le verbe ou l'adjectif complété par la subordonnée exprime : – un doute ; – un ordre ; – un souhait ; – un sentiment ; – une volonté ; – une possibilité.

Pour trouver le **mode** à utiliser dans la subordonnée complétive, on peut consulter un dictionnaire à l'article du verbe ou de l'adjectif que complète la subordonnée.

5 À l'aide des informations données dans le tableau ci-dessus, transformez les phrases suivantes en subordonnées complétives.
- Indiquez le **sens du verbe** de la phrase enchâssante.
- Employez le **mode** qui convient dans la subordonnée selon le sens de ce verbe.

Ex. : *Il veut affronter cet adversaire.* *Doute.*

*Je doute qu'il **veuille** affronter cet adversaire.*

a) Tu me fais un compte rendu du combat. déclaration

Je veux qu'il me fasse un compte rendu du combat

b) Nous participerons aux Jeux olympiques. connaissance

Lei affirme qu'il participe aux Jeux olympiques

c) Ce combat sera mémorable. déclarcation

Carl croit que ce combat soit mémorable

d) Il s'est blessé au dos. perception

Nous regrettons qu'il s'est blessé au dos

e) Sa blessure est guérie. doute

Je sais què sa blessure est guérie

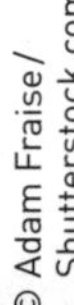
© Adam Fraise / Shutterstock.com

6 Enchâssez la P2 dans la P1 en remplaçant *de quelque chose* par une subordonnée complétive **complément de l'adjectif en gras**. Puis, indiquez le **sens de l'adjectif** et vérifiez si vous avez utilisé, dans la subordonnée, le **mode** qui convient.

a) P1 : Elle est **fière** de quelque chose. P2 : Tu fais partie de l'équipe.

______________________ ____________

b) P1 : Il est **sûr** de quelque chose. P2 : Cette athlète ira loin.

______________________ ____________

c) P1 : Je suis **déçue** de quelque chose. P2 : Tu ne vois pas le match.

______________________ ____________

Nom : ______ Groupe : ______ Date : ______

- La **subordonnée complétive interrogative** est complément d'un verbe. Elle est enchâssée à l'aide de *si*, *ce que*, *ce qui*, ou d'un marqueur interrogatif avec ou sans préposition (*qui*, *quoi*, *où*, *quand*, *comment*, *quel*, etc.).

  GV / Sub. complétive interrogative / compl. dir.

  Ex. : *On ne sait pas* ***si*** *le joueur a été blessé grièvement*.

- La phrase entière se termine par un point, sauf si la phrase enchâssante est de type interrogatif. Elle se termine alors par un point d'interrogation.

  Ex. : *Il sait* ***comment on se rend au dojo****.* → *Sait-il* ***comment on se rend au dojo*** *?*

- Dans la complétive interrogative, il **n'y a pas** :
  - inversion du pronom sujet ou reprise du GN sujet par un pronom ;
  - présence de l'expression *est-ce que* ou *est-ce qui*.

  Ex. : *Peut-elle encore jouer ? J'ignore si* ***elle peut*** *encore jouer.*
  À quelle heure le match débute-t-il ? Je vérifie à quelle heure ***le match*** *débute.*
  Est-ce que le match est commencé ? Je me demande si le match est commencé.

INFO+

La subordonnée complétive interrogative est aussi appelée *interrogative indirecte*.

7 Transformez les phrases interrogatives suivantes en subordonnées complétives interrogatives, compléments des verbes indiqués.

a) Est-ce qu'ils ont raison ?

Je te demande ______

b) Quelle stratégie devrait-elle adopter ?

A-t-elle trouvé ______

c) Qui est-ce qui peut rivaliser avec cette judoka ?

Sais-tu ______

d) Comment cette prise se fait-elle ?

J'ignore ______

Coup de POUCE

N'oubliez pas que, si la phrase enchâssante est de type interrogatif, la phrase doit se terminer par un point d'interrogation.

- La **subordonnée complétive exclamative** est complément d'un verbe.
- Elle est généralement enchâssée à l'aide de *comme* ou de *si*, parfois à l'aide d'un autre marqueur exclamatif.
- La phrase entière se termine par un point ou un point d'exclamation.

  Ex. : *Tu vois* ***comme il se bat bien*** *!*

INFO+

La subordonnée complétive exclamative est aussi appelée *exclamative indirecte*.

8 Transformez les phrases exclamatives suivantes en subordonnées complétives exclamatives, compléments des verbes indiqués.

a) Combien les spectateurs ont été surpris !

Imagine ______

b) Quelle déception il a dû éprouver !

Tu devines ______

Nom : ____________________ Groupe : __________ Date : ____________

8.5 La réduction de la subordonnée complétive

- La **réduction** est un procédé par lequel on remplace une subordonnée afin d'alléger la phrase ou d'en varier le style. Voici quelques procédés de réduction de la subordonnée complétive.

LA RÉDUCTION DE LA SUBORDONNÉE COMPLÉTIVE	
GN	*Nous voyons* [*qu'elle est compétente en judo*]. → *Nous voyons* [*sa compétence en judo*].
GVinf	*Je crois* [*que je peux faire cette compétition*]. → *Je crois* [*pouvoir faire cette compétition*].
GPrép : – Prép + GN – Prép + GVinf	*Tu doutes* [*qu'elle soit concentrée*]. → *Tu doutes* [*de sa concentration*]. *Il est sûr* [*qu'il gagnera cette compétition*]. → *Il est sûr* [*de gagner cette compétition*].

© Africa Studio/Shutterstock Images LLC

1 Observez les paires de phrases suivantes.
- Dans la première phrase, mettez la **complétive** entre crochets.
- Dans la seconde phrase, mettez la **réduction** de la complétive entre crochets.

a) Elle est sûre qu'elle a compris le mouvement.
Elle est sûre d'avoir compris le mouvement.

b) Juliette comprend que tu t'inquiètes au sujet de sa santé.
Juliette comprend ton inquiétude au sujet de sa santé.

c) Sébastien croit qu'il peut gagner ce titre.
Sébastien croit pouvoir gagner ce titre.

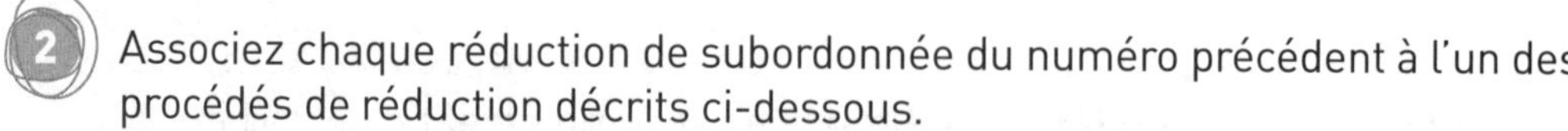

2 Associez chaque réduction de subordonnée du numéro précédent à l'un des procédés de réduction décrits ci-dessous.

Réduction à un GN : remplacement de la complétive par un GN.	
Réduction à un GVinf : remplacement de la complétive, ayant le même sujet que la P enchâssante, par un GVinf.	
Réduction à un GPrép : remplacement de la complétive par un GPrép.	

Nom : ______________________ Groupe : __________ Date : __________

3 Récrivez chaque phrase en utilisant le procédé de réduction indiqué.

a) Réduction à un GPrép (Prép + GN)
Doutais-tu que le jeune homme soit tenace ?

____

b) Réduction à un GN
La jeune athlète espère qu'on répondra à sa demande de commandite.

____

c) Réduction à un GVinf
Chen a dit qu'elle voulait arrêter l'entraînement intensif après le secondaire.

____

____

d) Réduction à un GPrép (Prép + GVinf)
Hubert n'est pas certain qu'il se classera pour l'équipe régionale.

____

4 Écrivez une phrase contenant :

a) une subordonnée complétive complément **direct** du verbe ;

____

____

b) une subordonnée complétive complément **indirect** du verbe.

____

____

5 Récrivez vos réponses du numéro précédent en réduisant les subordonnées complétives.

a) ______________________

____

b) ______________________

____

6 Indiquez le procédé de réduction utilisé pour chacune de vos phrases du numéro précédent.

a) ______________________

____

b) ______________________

____

Nom : ______________________ Groupe : __________ Date : __________

FAITES LE POINT

Activité synthèse

© kojoku/Shutterstock.com

1 Fusionnez les paires de phrases ci-dessous de sorte que la P2 soit une subordonnée relative. Au besoin, déplacez des groupes de mots.

a) P1 : Croyez-vous pouvoir nourrir toutes les familles ?
P2 : Les familles n'ont plus rien à manger.

croyez-vous pouvoir nourrir toutes...

b) P1 : L'aide humanitaire me semblait insuffisante.
P2 : On envoyait de l'aide humanitaire aux réfugiés.

qu'on envoyait aux réfugiés

c) P1 : Les conséquences de l'ouragan sont tragiques.
P2 : Tu nous parles des conséquences de cet ouragan.

dont tu nous parles

2 Pour chacune des phrases suivantes, indiquez dans le tableau ci-dessous :
- le **pronom relatif** employé ;
- le **groupe de mots qu'il remplace** (GN ou GPrép) ;
- la **fonction du pronom relatif** dans la subordonnée.

a) La revue scientifique que j'ai achetée est abondamment illustrée.
b) Te souviens-tu de l'époque où tu rêvais de devenir géologue ?
c) Magellan doit les heures de laboratoire dont il profite à son enseignante de science.
d) Les témoins qui ont assisté à sa découverte s'en souviennent encore.

	Pronom relatif	Groupe de mots remplacé	Fonction du pronom relatif
a)			
b)			
c)			
d)			

Nom : ______ Groupe : ______ Date : ______

3 Parmi les pronoms relatifs proposés entre parenthèses, encadrez celui qui convient et justifiez votre réponse.

© 1000 words / Shutterstock Images LLC

a) Voici des marchandises (que, dont) tous les réfugiés ont besoin.

Justification : ______

b) Connaît-on la date (où, qu') il y a eu ce tremblement de terre ?

Justification : ______

c) Quel est ce site Internet (dont, que) tu as noté l'adresse ?

Justification : ______

d) Au moment (que, où) les secours sont arrivés, il était déjà trop tard.

Justification : ______

e) Le volcan (que, dont) je te parle est situé en Italie.

Justification : ______

4 Dans chacune des phrases, remplacez le groupe de mots en gras par une subordonnée complétive ayant le même sens.

a) Je crois **comprendre le phénomène des super-volcans**.

______

b) Ce chercheur attend **le retour de sa collègue**.

______

c) Elle est certaine **de faire de la recherche** plus tard.

______

Coup de POUCE

Rappelez-vous que le dictionnaire vous permet de trouver quel mode utiliser dans la subordonnée. Il suffit de lire l'article du verbe ou de l'adjectif que complète la subordonnée.

5 Dans les phrases suivantes :

- mettez chaque **subordonnée complétive** entre crochets ;
- soulignez le **mot qu'elle complète** ;
- ajoutez la **ponctuation** qui convient à la fin de la phrase ;
- indiquez la **fonction de chaque subordonnée**.

a) Tu me diras quand tu comptes t'entraîner

Fonction de la subordonnée : ______

b) Est - il content qu'autant de gens soient venus l'encourager

Fonction de la subordonnée : ______

c) Ces gens se plaignent qu'on n'ait pas encore les résultats du tournoi

Fonction de la subordonnée : ______

d) J'étais certaine qu'elle pouvait immobiliser son adversaire

Fonction de la subordonnée : ______

e) J'ignore où tu veux aller

Fonction de la subordonnée : ______

Nom : ______________________ Groupe : __________ Date : __________

6 Dans les phrases suivantes :
- mettez la **subordonnée complétive** entre crochets ;
- soulignez le **mot qu'elle complète** et indiquez le **sens de ce mot** ;
- dans les parenthèses, encadrez le **verbe** qui est au mode approprié et justifiez votre réponse en indiquant le sens du mot complété.

a) Tu vois qu'il (vaut, vaille) la peine de s'entraîner sérieusement .

Sens du mot complété : ______________

b) Je m'attends à ce que vous (allez, alliez) l'encourager .

Sens du mot complété : ______________

c) Tu crois qu'elle (veut, veuille) devenir karatéka .

Sens du mot complété : ______________

d) Il est étonnant qu'il (fait, fasse) de la compétition .

Sens du mot complété : ______________

Coup de POUCE

Pour connaître le mode du verbe de la subordonnée, remplacez-le par le verbe *faire* à l'indicatif ou au subjonctif.

Ex. : *fait* ou *fasse*.

7 Dans les phrases suivantes :
- mettez la **subordonnée complétive** entre crochets ;
- soulignez le **verbe** ou l'**adjectif** qu'elle complète ;
- encadrez le **verbe de la subordonnée** et indiquez son **mode**.

a) Il est probable qu'il décide d'abandonner la course .

Mode du verbe : ______________

b) Amélie me confirme qu'elle décide de se retirer de la compétition .

Mode du verbe : ______________

JUSTIFIEZ VOTRE RÉPONSE

8 Une erreur s'est glissée dans chacune des phrases ci-dessous. Récrivez chaque phrase en corrigeant cette erreur et justifiez votre réponse.

a) Mes parents sont fiers que j'ai remporté toutes ces médailles.

____

Justification : ______________________________

____

b) Léo pense qu'il doive s'entraîner plus régulièrement.

____

Justification : ______________________________

____

Nom : ______________________ Groupe : __________ Date : __________

Relative (R) ou complétive (C) ? Dans les phrases suivantes :
- mettez la phrase subordonnée entre crochets ;
- indiquez à droite de quelle catégorie de subordonnée il s'agit.

	R	C
a) Le Japon est le pays **qui** a été touché par un tsunami en 2011 .	○	○
b) On ignore **qui** a ordonné l'évacuation de cette région .	○	○
c) Nous sommes certains **qu'**ils se relèveront de cette épreuve .	○	○
d) Les pertes **qu'**ils ont subies sont énormes .	○	○
e) La revue **que** je t'ai prêtée montre bien cette région dévastée .	○	○
f) Je doute fort **que** tu puisses réaliser l'ampleur des dégâts .	○	○

10 Dans le texte suivant :
- mettez les **subordonnées** entre crochets ;
- encadrez les **subordonnants** ;
- au-dessus de chaque subordonnée, indiquez sa **catégorie** et sa **fonction**.

Une médaille de rêve

Antoine Valois-Fortier est le judoka qui a gagné une médaille de bronze aux Jeux olympiques de Londres en 2012 . Son père se réjouit de ce qui lui est arrivé . Il a toujours su que son fils avait du talent . Cependant , chacun sait que le talent n'est rien sans le travail . Or , l'entraînement sérieux que s'est imposé le jeune homme a porté fruit !

Imaginez combien Antoine devait être fier ! Les spectateurs étaient d'ailleurs conscients qu'il était très ému à la fin du combat . Et il n'était pas le seul ! Les gens de Beauport , d'où vient Antoine , l'étaient tout autant .

Mais , expliquez-moi comment il a réussi cet exploit . Antoine , qui a eu une grave blessure au dos en 2009 , avait en effet dû arrêter de s'entraîner pendant un an ...

Peu importe le chemin qu'il choisit , ce garçon dont on connaît maintenant la grande détermination ira certainement au bout de ses rêves !

Antoine Valois-Fortier (au centre) a remporté une médaille de bronze en judo à Londres, en juillet 2012.

Nom : ______________________ Groupe : ____________ Date : ____________

8.6 Les subordonnées compléments de phrase de temps, de but, de cause et de conséquence

INFO +

La subordonnée complément de phrase est aussi appelée *subordonnée circonstancielle* dans certains ouvrages.

L'organisation du texte
Page 272

Rappelez-vous **QUE...**

- La **subordonnée complément de phrase** est une subordonnée qui remplit la fonction de complément de phrase.
- Son subordonnant est une **conjonction** ou une **locution conjonctive** qui joue le rôle de marqueur de relation. Il précise donc la relation de sens (temps, but, cause, conséquence, etc.) entre la subordonnée et la phrase enchâssante. Dans l'exemple ci-dessous, la conjonction *quand* marque une relation de **temps**.

P enchâssante		
P enchâssée		
Sub. compl. de P	GN	GV
Ex. : *Quand il était adolescent*,	*Marco*	*avait beaucoup d'amis*.
Compl. de P	Sujet	Prédicat

- La subordonnée complément de phrase apporte une précision accessoire au sujet et au prédicat qu'elle complète.

MS MANIPULATIONS SYNTAXIQUES

- La subordonnée complément de phrase est un constituant facultatif et généralement mobile. Son effacement et son déplacement sont donc possibles.

  Ex. : *Marco avait beaucoup d'amis* ***quand*** *il était adolescent.*

  ✓ *Marco avait beaucoup d'amis* .

  ✓ ***Quand*** *il était adolescent, Marco avait beaucoup d'amis.*

Repérer le complément de phrase
Page 290

1 Observez les parties en gras dans les deux phrases suivantes.

1. J'avais un ami imaginaire **durant mon enfance**.
2. J'avais un ami imaginaire **quand j'étais enfant**.

a) Donnez la **fonction** des parties en gras dans les deux phrases. Justifiez votre réponse à l'aide de manipulations syntaxiques.

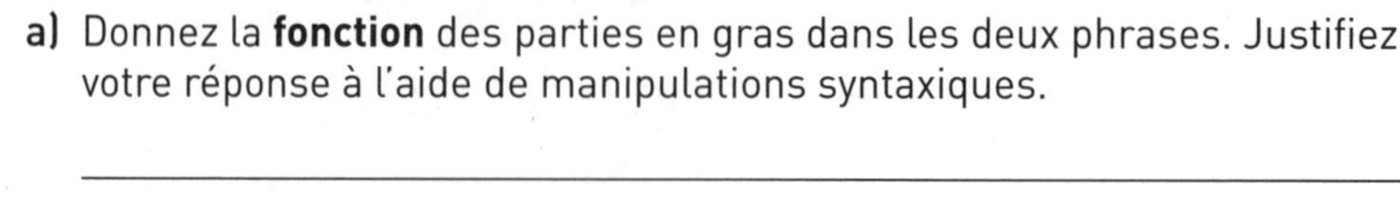

b) Précisez ce qui distingue les deux parties en gras.

____

____

____

© AMBROZINIO / Shutterstock Images LLC

Nom : ______________________ Groupe : ____________ Date : ______________

• Voici des subordonnants de temps, de but, de cause et de conséquence, et le mode du verbe de la subordonnée qu'ils commandent.

SUBORDONNANTS DE TEMPS, DE BUT, DE CAUSE ET DE CONSÉQUENCE	
Subordonnants	**Mode du verbe de la subordonnée**
Temps : antériorité • *avant que* • *d'ici à ce que* • *en attendant que* • *jusqu'à ce que*	Avec les conjonctions de temps exprimant l'antériorité, le mode du verbe de la subordonnée est le **subjonctif**. Ex. : *Ils étaient mes amis* ***avant que*** *je parte de mon village*. Remarque : *Avant que* peut aussi s'employer avec le ***ne*** explétif, qui n'est pas une marque de négation, mais plutôt une marque de style (langue soutenue). Ex. : *Ils étaient mes amis avant que je* ***ne*** *les quitte*.
Temps : simultanéité • *alors que* • *comme* • *lorsque* • *quand*	Avec les conjonctions de temps exprimant la simultanéité, le mode du verbe de la subordonnée est l'**indicatif**. Ex. : *J'ai perdu mes amis* ***quand*** *je suis parti de mon village*.
Temps : postériorité • *après que* • *lorsque* • *quand* • *une fois que*	Avec les conjonctions de temps exprimant la postériorité, le mode du verbe de la subordonnée est l'**indicatif**. Ex. : *Que sont devenus mes amis* ***après que*** *je suis parti de mon village* ? Remarque : On rencontre de plus en plus souvent le subjonctif après le subordonnant *après que*. Ex. : *Que sont devenus mes amis* ***après que*** *je sois parti de mon village* ?
But • *afin que* • *de crainte que* • *de peur que* • *pour que*	Avec les conjonctions exprimant le but, le mode du verbe de la subordonnée est le **subjonctif**. Ex. : *Je corresponds avec mes amis* ***pour qu'****ils ne m'oublient pas*. Remarque : Avec les subordonnants *de peur que* ou *de crainte que*, le ***ne*** explétif est facultatif, mais habituellement employé. Ex. : *Liam évite de la regarder de crainte que son regard* ***ne*** *le trahisse*.
Cause • *parce que* • *comme* • *étant donné que* • *puisque* • *vu que*	Avec les conjonctions exprimant la cause, le mode du verbe de la subordonnée est l'**indicatif**. Ex. : ***Comme*** *je ne suis pas timide, je me suis fait facilement de nouveaux amis.*
Conséquence • *au point que* • *de façon que* • *de manière que* • *de sorte que* • *si bien que*	Avec les conjonctions exprimant la conséquence, le mode du verbe de la subordonnée est l'**indicatif**. Ex. : *Je ne suis pas timide,* ***si bien que*** *je me suis fait facilement de nouveaux amis*. Remarque : Les subordonnées de conséquence ne sont pas mobiles, contrairement aux autres subordonnées compléments de phrase.

Dans les phrases suivantes :
- mettez chaque **subordonnée complément de phrase** de temps entre crochets ;
- encadrez le **subordonnant** ;
- indiquez si le fait exprimé dans la phrase enchâssante est antérieur, simultané ou postérieur à celui exprimé dans la phrase subordonnée.

a) Jusqu'à ce qu'il parte en ville, Axel et moi étions comme deux frères.

Le fait exprimé dans la phrase enchâssante est ____________________ à celui exprimé dans la subordonnée.

b) Une fois que j'eus appris à la connaître, je m'en fis une amie.

Le fait exprimé dans la phrase enchâssante est ____________________ à celui exprimé dans la subordonnée.

c) Je te présenterai mon ami quand tu viendras chez moi demain.

Le fait exprimé dans la phrase enchâssante est ____________________ à celui exprimé dans la subordonnée.

© Thinkstock

d) Tu m'expliqueras cet article après que tu l'auras lu.

Le fait exprimé dans la phrase enchâssante est ____________________ à celui exprimé dans la subordonnée.

e) Tu connaissais l'auteure de cet article avant que je ne te parle d'elle.

Le fait exprimé dans la phrase enchâssante est ____________________ à celui exprimé dans la subordonnée.

f) Comme il commençait à vraiment apprécier Zoé, Yan a dû déménager à l'étranger.

Le fait exprimé dans la phrase enchâssante est ____________________ à celui exprimé dans la subordonnée.

g) Pendant que je lui parlais de mon nouvel ami, Dya m'écoutait attentivement.

Le fait exprimé dans la phrase enchâssante est ____________________ à celui exprimé dans la subordonnée.

h) Une fois que j'aurai terminé mon travail, je pourrai sortir avec mes amis.

Le fait exprimé dans la phrase enchâssante est ____________________ à celui exprimé dans la subordonnée.

i) D'ici à ce que les vacances arrivent, je vais travailler sans relâche.

Le fait exprimé dans la phrase enchâssante est ____________________ à celui exprimé dans la subordonnée.

Nom : ______________________ Groupe : __________ Date : ______________

Dans chacun des cas suivants, indiquez le mode du verbe à employer dans la subordonnée complément de phrase. Justifiez chacune de vos réponses en rédigeant une phrase exemple.

a) Quand le fait exprimé dans la phrase enchâssante est **antérieur** à celui exprimé dans la subordonnée, le mode du verbe de la subordonnée est

______________.

Exemple : ______________________________

____

b) Quand le fait exprimé dans la phrase enchâssante est **simultané** à celui exprimé dans la subordonnée, le mode du verbe de la subordonnée est

______________.

Exemple : ______________________________

____

c) Quand le fait exprimé dans la phrase enchâssante est **postérieur** à celui exprimé dans la subordonnée, le mode du verbe de la subordonnée est

______________.

Exemple : ______________________________

____

Observez les subordonnées en gras dans les phrases suivantes, puis complétez les énoncés ci-dessous en indiquant de quelle phrase il s'agit (1, 2 ou 3).

1. Cette amitié dure entre Xavier et Gabriel **parce qu'ils ont vraiment beaucoup d'atomes crochus**.
2. Elles ont vécu bien des aventures ensemble, **de telle sorte qu'elles connaissent les beaux et les moins beaux côtés de leurs personnalités respectives**.
3. Tu me prêteras ta revue **pour que je puisse lire l'article *L'amitié au microscope***.

a) Dans la phrase ____, la subordonnée exprime ce qu'on cherche à atteindre ou à éviter. Elle répond à la question *Dans quel but ?* ou *Avec quel objectif ?* C'est une subordonnée complément de phrase de **but**.

b) Dans la phrase ____, la subordonnée exprime l'origine d'un fait ou d'une action. Elle répond à la question *Pour quelle raison ?* ou *Qu'est-ce qui explique cela ?* C'est une subordonnée complément de phrase de **cause**.

c) Dans la phrase ____, la subordonnée exprime le résultat d'un fait ou d'une action. Elle répond à la question *Quelle est la conséquence de cela ?* C'est une subordonnée complément de phrase de **conséquence**.

5 Dans les phrases suivantes :
- mettez chaque **subordonnée complément de phrase** entre crochets ;
- encadrez son **subordonnant**.

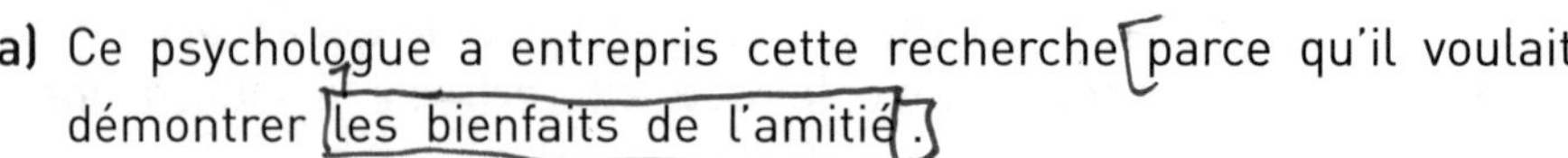

a) Ce psychologue a entrepris cette recherche parce qu'il voulait démontrer les bienfaits de l'amitié.

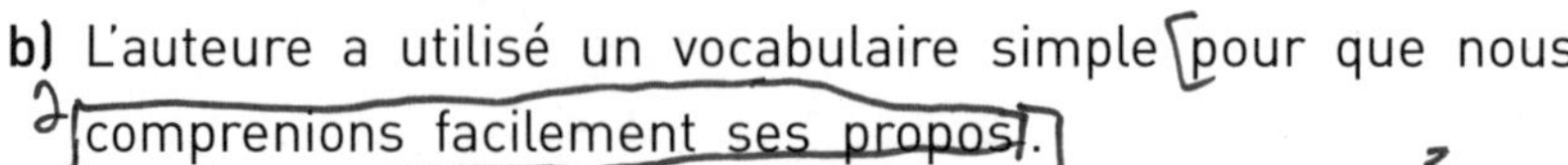

b) L'auteure a utilisé un vocabulaire simple pour que nous comprenions facilement ses propos.

c) Son article est empreint d'humour, de sorte que j'ai appris des faits scientifiques tout en m'amusant.

d) Avec cet article, elle voulait rejoindre un large public, étant donné que c'est le mandat de ce magazine.

e) L'article a beaucoup intéressé Claudia, si bien qu'elle a voulu le faire lire à toutes ses amies.

f) Comme je n'étais pas très occupée cette journée-là, j'ai pu lire l'article d'un seul trait.

g) Afin que son bonheur soit complet, elle a aussi fait lire l'article à ses parents.

h) Ses parents ont aimé cet article au point qu'ils l'ont recommandé à tous leurs amis.

i) De crainte que j'oublie ton numéro de téléphone, je vais l'inscrire dans mon carnet.

© 1000 MaszaS/Shutterstock Images LLC

6 Classez les subordonnants des phrases du numéro précédent dans le tableau ci-dessous selon qu'ils établissent une relation de but, de cause ou de conséquence.

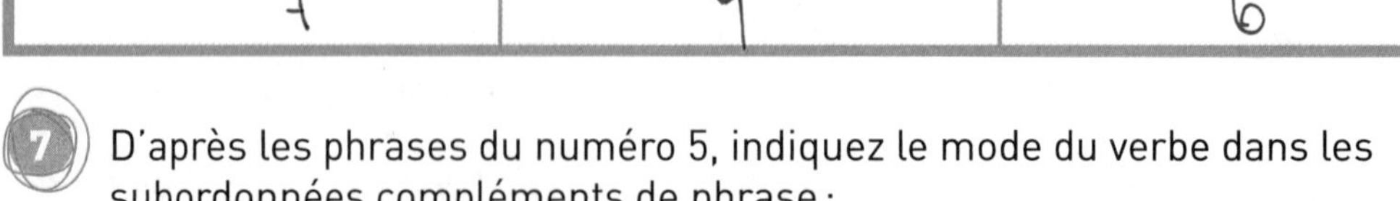

But	Cause	Conséquence
2	8	1
5	4	3
7	9	6

7 D'après les phrases du numéro 5, indiquez le mode du verbe dans les subordonnées compléments de phrase :

- de but : [illegible] présent
- de cause : présent
- de conséquence : passé

Nom : ______ Groupe : ______ Date : ______

© Steven Frame/Shutterstock Images LLC

8 Dans les phrases suivantes :
- mettez chaque **subordonnée complément de phrase** entre crochets ;
- encadrez son **subordonnant** ;
- indiquez s'il s'agit d'une subordonnée de **but**, de **cause** ou de **conséquence**.

a) Son horaire est très chargé, de sorte qu'elle n'a plus le temps de s'amuser. ______

b) Il lui faudra des amitiés solides pour qu'il puisse traverser ces épreuves. ______

c) Les amis sont essentiels parce qu'ils nous permettent de rester en bonne santé physique et mentale. ______

9 Récrivez les phrases du numéro précédent dans lesquelles vous pouvez déplacer la subordonnée et ajoutez la ponctuation nécessaire.

______

10 D'après vos réponses du numéro précédent, quelle catégorie de subordonnée complément de phrase n'est pas mobile ?

______

11 Encadrez le subordonnant qui convient dans les subordonnées de but suivantes et justifiez votre réponse.

a) Elle appelait souvent ses amis (pour qu' / de peur qu') ils ne l'oublient.

Justification : ______

b) Elle appelait souvent ses amis (pour qu' / de peur qu') ils ne l'oublient pas.

Justification : ______

Coup de POUCE

Rappelez-vous que le *ne* explétif n'est pas une marque de négation, mais une marque de style.

Ex. : *Son habileté est moindre que je ne l'imaginais.*

- Dans les phrases suivantes, mettez chaque **subordonnée** entre crochets et encadrez son **subordonnant**.
- Ensuite, récrivez chaque phrase en remplaçant :
  - la relation de cause par une relation de **conséquence** ;
  - la relation de conséquence par une relation de **cause**.

Diverses façons d'exprimer une cause ou une conséquence **Page 7**

Ex. : *Elle grelotte [**parce qu'** elle a froid].*

*Elle a froid, **de sorte qu'** elle grelotte.*

a) Comme il est arrivé en retard à l'école, il n'a pas pu parler à ses amis .

b) Valérie était très convaincante dans son exposé sur l'amitié , à tel point que tous les élèves voulaient lire cet article.

c) Valérie leur a fourni l'adresse Internet , de sorte qu'ils ont pu lire l'article .

Coup de POUCE

La subordonnée introduite par le subordonnant *comme* à valeur de cause est généralement placée en tête de phrase. Celle qui est introduite par le subordonnant *comme* à valeur de temps peut être placée en début ou en fin de phrase.

Ex. : ***Comme** j'étais en retard, je n'ai pas pu entrer. (cause)*

***Comme** j'arrivais, il partait. (temps)*

*Il partait **comme** j'arrivais. (temps)*

13 Fusionnez les phrases ci-dessous de sorte que la **P2 soit une subordonnée**. Respectez le **sens** donné entre parenthèses et employez le **mode** approprié dans la subordonnée.

a) P1 : Je te suggère d'appeler ton amie.
P2 : Tu peux mieux organiser votre sortie. (but)

b) P1 : Les chercheurs ont pu faire une analyse très poussée.
P2 : Ils avaient interrogé 300 000 personnes. (cause)

c) P1 : Jacob est très timide.
P2 : Il ne se fait pas d'amis facilement. (conséquence)

d) P1 : Je ne vois plus souvent Martin.
P2 : Il a déménagé dans un autre quartier. (cause)

Nom : ______________________ Groupe : __________ Date : ______________

8.7 La réduction des subordonnées compléments de phrase de temps, de but, de cause et de conséquence

- La **réduction** est un procédé par lequel on remplace une subordonnée afin d'alléger la phrase ou d'en varier le style. Voici quelques procédés de réduction de la subordonnée complément de phrase.

LA RÉDUCTION DE LA SUBORDONNÉE COMPLÉMENT DE PHRASE	
• GPrép : – Prép + GN – Prép + GVinf	*Je lui donne des trucs* [*pour qu'il vainque sa timidité*]. (Sub. de but) GPrép → *Je lui donne des trucs* [*pour vaincre sa timidité*].
• GVpart • GPrép (*en* + GVpart)	[*Puisqu'il est sociable*], *il se fait des amis facilement.* (Sub. de cause) GVpart → [*Étant sociable*], *il se fait des amis facilement.*
• GAdj	[*Quand elle fut convaincue de leur loyauté*], *elle se confia à eux.* (Sub. de temps) GAdj → [*Convaincue de leur loyauté*], *elle se confia à eux.*

- Dans la réduction, plusieurs subordonnants sont remplacés par des prépositions jouant également le rôle de marqueurs de relation (*avant de*, *de peur de*, *grâce à*, *de manière à*, etc.).

  Ex. : *Il s'est bien entendu avec cette personne,* ***au point qu'****il voudrait la revoir.*
  → *Il s'est bien entendu avec cette personne,* ***au point de*** *vouloir la revoir.*

1 Observez les paires de phrases suivantes.
- Dans la première phrase, mettez la **subordonnée complément de phrase** entre crochets.
- Dans la seconde phrase, mettez la **réduction** de la subordonnée complément de phrase entre crochets.

a) Puisqu'elle ne pouvait lui faire confiance , elle est restée muette comme une carpe .

Ne pouvant lui faire confiance , elle est restée muette comme une carpe .

b) Cette trahison est troublante au point qu'elle paraît délibérée .

Cette trahison est troublante au point de paraître délibérée .

c) Sommes-nous vraiment en santé parce que nous avons des amis ?

Sommes-nous vraiment en santé grâce à nos amis ?

d) Une fois qu'elle fut remise de ses émotions , elle alla s'excuser .

Une fois remise de ses émotions , elle alla s'excuser .

© Elena Elisseeva/Shutterstock Images LLC

Nom : ______ Groupe : ______ Date : ______

Associez chaque phrase du numéro précédent à l'un des procédés de réduction décrits ci-dessous.

Réduction à un GPrép (Prép + GN) : remplacement du subordonnant par une préposition de sens équivalent + un GN.	
Réduction à un GPrép (Prép + GVinf) : remplacement du subordonnant par une préposition de sens équivalent + un GVinf.	
Réduction à un GVpart : remplacement de la subordonnée par un GVpart.	
Réduction à un GAdj : remplacement de la subordonnée construite avec le verbe *être* + GAdj attribut par ce GAdj.	

Récrivez chaque phrase en utilisant le procédé de réduction indiqué.

a) Réduction à un GPrép (Prép + GVinf)
Les spécialistes valorisent l'amitié au point qu'ils en font un remède.

______

______

© Martin Allinger/Shutterstock Images LLC

b) Réduction à un GPrép (Prép *en* + GVpart)
Pendant que je lisais l'article, je me suis demandé si cela était vrai.

______

c) Réduction à un GPrép (Prép + GN)
Elle est faible parce qu'elle est malade.

______

d) Réduction à un GAdj
Comme il était soulagé de la savoir guérie, il débordait de joie.

______

4) Écrivez les phrases suivantes en reconstituant les subordonnées compléments de phrase qui ont donné lieu aux réductions en gras.

a) Elle a écrit cet article **grâce à une bonne compréhension du sujet**.

______

______

b) Elle a dû bien rigoler **en écrivant son article**.

______

______

c) Je lui ai donné de l'aide **pour terminer sa recherche**.

______

______

Nom : ______________________ Groupe : __________ Date : __________

8.8 La subordonnée complément de phrase de comparaison

Rappelez-vous **QUE...**

- La **subordonnée complément de phrase de comparaison** est une subordonnée qui remplit la fonction de complément de phrase.
- Elle apporte une précision accessoire au sujet et au prédicat qu'elle complète.
- Son subordonnant est une conjonction ou une locution conjonctive qui joue le rôle de marqueur de relation indiquant la comparaison.

- Voici des subordonnants de comparaison et le mode du verbe de la subordonnée qu'ils commandent.

SUBORDONNANTS DE COMPARAISON	
Subordonnants	**Mode du verbe de la subordonnée**
• *ainsi que* • *comme* • *de même que*	Avec les conjonctions de comparaison, le mode du verbe de la subordonnée est l'**indicatif**. Ex. : [***De même que*** *son amie l'avait fait*], *elle s'inscrivit au judo.*

Remarque : L'expression constituée de *tel* + *que* peut introduire une subordonnée de comparaison. L'adjectif *tel* dans le subordonnant *tel que* s'accorde avec le nom auquel il se rapporte.

Ex. : *Le cyclisme est une discipline* ***telle que*** *je les aime.*

1 Dans les phrases suivantes :
- mettez chaque **subordonnée complément de phrase** de comparaison entre crochets ;
- encadrez son **subordonnant**.

a) Ainsi que plusieurs chercheurs le font, il publie des articles de vulgarisation.

b) Elle souhaite devenir une scientifique reconnue comme son père l'était.

c) Hakim a réalisé cette expérience telle qu'elle est décrite dans la démarche.

d) De même que tu t'intéresses aux volcans, elle se passionne pour l'astronomie.

e) Elle est devenue géologue comme elle l'avait toujours désiré.

f) Cette éruption a été très dévastatrice ainsi que l'avait été la précédente.

g) Hugo participera à l'expo-sciences de même que plusieurs élèves de sa classe l'ont déjà fait.

© farbled/Shutterstock Images LLC

Nom : ______ Groupe : ______ Date : ______

8.9 La réduction de la subordonnée complément de phrase de comparaison

- La **réduction** de la subordonnée complément de phrase de **comparaison** est très naturelle, donc très employée. Elle se fait différemment des autres réductions.
- Dans la réduction de cette subordonnée :
  - le subordonnant est conservé ;
  - les mots répétés dans la subordonnée sont effacés ou remplacés.

  Ex. : *Il est fort* [*comme cet athlète est fort*]. → *Il est fort* [*comme cet athlète*].
- Dans la phrase réduite, le subordonnant *comme* peut être immédiatement suivi d'un autre subordonnant.

  Ex. : *Il est fébrile ce matin* [*comme il est fébrile quand il est en compétition*].
  → *Il est fébrile ce matin* [***comme quand*** *il est en compétition*].

1 Observez les paires de phrases suivantes.
- Dans la première phrase, mettez la **subordonnée** entre crochets.
- Dans la seconde phrase, mettez la **réduction** de la subordonnée entre crochets.

a) Tu fais du patinage de vitesse comme Clara Hughes fait du patinage de vitesse .

Tu fais du patinage de vitesse comme Clara Hughes .

b) Ton choix de vie est clair comme le choix de vie de Philippe est clair .

Ton choix de vie est clair comme celui de Philippe .

c) Il s'entraîne comme un athlète olympique s'entraîne .

Il s'entraîne comme un athlète olympique .

2 Associez chaque phrase du numéro précédent à l'un des procédés de réduction décrits ci-dessous.

Remplacement et effacement des mots répétés dans la subordonnée	
Effacement des mots répétés dans la subordonnée	

3 Récrivez chaque phrase en réduisant la subordonnée de comparaison.

a) Peux-tu courir rapidement comme un sprinteur peut courir rapidement ?

______

b) Ton objectif est ambitieux comme l'objectif de ton ami est ambitieux.

______

c) Il était fatigué en se levant comme il serait fatigué s'il avait patiné 5000 m.

______

Nom : ______ Groupe : ______ Date : ______

8.10 La subordonnée corrélative

- La subordonnée corrélative est une subordonnée qui remplit la fonction de modificateur.
- Elle est en corrélation avec un mot, c'est-à-dire qu'elle est commandée par un mot, généralement un adverbe de degré (*moins*, *aussi*, *plus*, etc.). Son subordonnant est *que*.
- Elle est enchâssée dans un groupe de la phrase : GN, GAdj, GAdv ou GV.
- Elle exprime soit la **comparaison** à un degré d'infériorité, d'égalité ou de supériorité, soit la **conséquence** à un degré d'intensité, généralement élevé.

Adv corrélatif — Adj — Sub. corrélative

Ex. : *Clara est* ***plus*** *déterminée* [***que*** *son entraîneur ne le croyait*].

modif. de l'Adj

MANIPULATIONS SYNTAXIQUES

- On ne peut pas déplacer la subordonnée corrélative ni l'effacer.

Ex. : *Clara est* ***plus*** *déterminée* [***que*** *son entraîneur ne le croyait*].

☒ ~~*Que son entraîneur ne le croyait*~~, *Clara est* ***plus*** *déterminée.*

☒ *Clara est* ***plus*** *déterminée* [~~X~~].

INFO +

Lorsqu'on veut effacer la subordonnée corrélative, on doit aussi effacer l'adverbe corrélatif.

Ex. : *Clara est plus déterminée que je ne le croyais.*

→ ✓ *Clara est* ☐ *déterminée* ☐.

Le groupe de l'adverbe (GAdv) **Page 125**

- Voici des termes corrélatifs à valeur de comparaison et de conséquence, et le mode du verbe de la subordonnée qu'ils commandent.

LA SUBORDONNÉE CORRÉLATIVE À VALEUR DE COMPARAISON

Termes corrélatifs	Mode du verbe de la subordonnée
Adverbes • infériorité : *moins*. • égalité : *aussi, autant*. • supériorité : *plus, davantage, mieux*. **Adjectifs mis en degré** • *meilleur, moindre* et *pire*.	Le mode du verbe de la subordonnée est l'**indicatif**. Ex. : *Lucie est* ***moins*** *forte* [***que*** *je (ne) le pensais*]. *Lucie est* ***aussi*** *forte* [***que*** *je le pensais*]. *Lucie est* ***plus*** *forte* [***que*** *je (ne) le pensais*]. *Lucie est* ***meilleure*** [***que*** *je (ne) le pensais*]. Remarque : Le *ne* explétif est facultatif et n'est pas une marque de négation.

LA SUBORDONNÉE CORRÉLATIVE À VALEUR DE CONSÉQUENCE

Termes corrélatifs	Mode du verbe de la subordonnée
Adverbes • *si* • *tant* • *tellement* **Adjectif** • *tel*	Le mode du verbe de la subordonnée est l'**indicatif**. Ex. : *Yari est* ***si*** *fort* [***qu'****il est sans adversaire sérieux*]. *Yari a une* ***telle*** *force* [***qu'****il est sans adversaire sérieux*]. Remarque : Le verbe peut être au **subjonctif**, par exemple si la phrase enchâssante est négative ou interrogative. Ex. : *Yari est-il* ***si*** *fort* [***qu'****il soit sans adversaire sérieux*] ?
Adverbes • *assez* • *trop* • *suffisamment*	Le mode du verbe de la subordonnée est le **subjonctif**. Ex. : *Jade est* ***trop*** *vieille* [***pour qu'****on lui fasse la morale*]. Remarque : Avec ces adverbes corrélatifs, la subordonnée est introduite par *pour que*.

© holboy/Shutterstock Images LLC

Nom : ______________________ Groupe : __________ Date : __________

Observez les subordonnées corrélatives en gras dans les phrases suivantes.
- Soulignez le **mot** avec lequel elles sont **en corrélation** ;
- Indiquez le **groupe** dans lequel elles sont enchâssées ;
- Indiquez la **valeur** qu'elles expriment (comparaison ou conséquence).

a) Clara Hughes est une athlète aussi accomplie **que Gaétan Boucher l'était**.

Groupe enchâssant : __________ Valeur exprimée : __________

b) Il fait preuve de tant de courage **qu'il nous émeut**.

Groupe enchâssant : __________ Valeur exprimée : __________

c) On l'a tellement aidée **qu'elle y est arrivée** !

Groupe enchâssant : __________ Valeur exprimée : __________

d) Édouard a autant de trophées **que Maude a de médailles**.

Groupe enchâssant : __________ Valeur exprimée : __________

e) Il a une telle force **qu'il ne craint aucun adversaire**.

Groupe enchâssant : __________ Valeur exprimée : __________

f) Elle réussit si facilement **qu'elle n'éprouve aucune nervosité**.

Groupe enchâssant : __________ Valeur exprimée : __________

g) La glace de l'anneau olympique était pire **que tu ne le croyais**.

Groupe enchâssant : __________ Valeur exprimée : __________

h) Ils m'ont trop encouragée **pour que je fasse marche arrière**.

Groupe enchâssant : __________ Valeur exprimée : __________

8.11 La réduction de la subordonnée corrélative

LA RÉDUCTION DE LA SUBORDONNÉE CORRÉLATIVE	
• Comparaison : on efface les éléments identiques à ceux de la phrase enchâssante.	*Il est aussi fort* *que son adversaire est fort*. → *Il est aussi fort* *que son adversaire*.
• Conséquence (avec *assez, trop, suffisamment*) : on réduit à un GPrép (Prép + GVinf).	*Il fait trop froid* *pour qu'on fasse du ski*. → *Il fait trop froid* *pour faire du ski*.

1. Réduisez les subordonnées corrélatives suivantes.

a) Il s'entraîne moins cette année qu'il ne s'entraînait l'année dernière.

____

b) Il est trop tard pour qu'on aille patiner.

____

Nom : ______ Groupe : ______ Date : ______

FAITES LE POINT

Activité synthèse

© ID1974/Shutterstock.com

1 Dans les phrases suivantes, mettez les **subordonnées compléments de phrase** (temps, but, cause, conséquence, comparaison) entre crochets et encadrez les **subordonnants**.

a) Elle est nerveuse parce qu'elle va participer à une compétition .

b) Je t'écrirai ta nouvelle routine pour que tu ne l'oublies pas .

c) Elle avait pris le temps de s'échauffer , de manière qu'elle était prête à commencer .

d) Les gradins étaient pleins de sorte qu'on dut bientôt refuser des gens à la porte .

e) La bénévole donnait un dossard aux participants lorsque ceux-ci arrivaient .

f) La chute de ce patineur s'est produite ainsi que je vous l'ai racontée .

g) Vous pouvez me croire , étant donné que j'étais dans les gradins !

h) Il retenait ses larmes de peur qu'on lui interdise de reprendre la course .

i) Jusqu'à ce qu'il aille mieux , il ne pourra plus patiner .

2 Classez les subordonnants des phrases du numéro précédent dans le tableau suivant selon la relation qu'ils établissent.

Temps	
But	
Cause	
Conséquence	
Comparaison	

3 Indiquez quel est le mode du verbe dans les subordonnées compléments de phrase du numéro 1 :

- de temps: antériorité : ______ simultanéité : ______
- de but : ______
- de conséquence : ______
- de cause : ______
- de comparaison : ______

Nom : ______________________ Groupe : __________ Date : __________

4 Dans les phrases suivantes :
- mettez les **subordonnées corrélatives** entre crochets ;
- soulignez le **mot** avec lequel elles sont **en corrélation** ;
- indiquez le **groupe** dans lequel elles sont enchâssées ;
- indiquez la **valeur** qu'elles expriment (comparaison ou conséquence).

a) Marek a tellement d'amis qu'il manque de temps pour les voir tous .

Groupe enchâssant : ________ Valeur exprimée : ________

b) Le malentendu entre ces deux amies est pire que je ne le croyais .

Groupe enchâssant : ________ Valeur exprimée : ________

c) Sébastien travaille tant qu'il n'a plus le temps de voir son amie .

Groupe enchâssant : ________ Valeur exprimée : ________

5 Dans les phrases suivantes :
- mettez entre crochets les **subordonnées** et encadrez leurs **subordonnants** ;
- indiquez la **catégorie** de chacune des subordonnées ;
- dans le cas d'une subordonnée complément de P, indiquez la valeur qu'elle exprime.

Coup de POUCE

Eh oui ! Il peut y avoir plus d'une subordonnée dans une même phrase.

Coup de POUCE

Le saviez-vous ? Une subordonnée peut être enchâssée dans une autre subordonnée. Il peut donc y avoir plus d'un niveau d'enchâssement.

a) Lorsque tu auras du temps , je te montrerai un reportage pour que tu voies des photos de l'éruption du Pinatubo .

Sub. 1 : ________ Sub. 2 : ________

b) Audrey , qui a lu plusieurs articles , m'a dit que le Pinatubo n'était pas un super-volcan .

Sub. 1 : ________ Sub. 2 : ________

c) Bruno insista pour que la conférencière , qui était une éminente chercheuse , raconte comment elle avait fait la découverte qui lui avait valu un prix Nobel .

Sub. 1 : ________ Sub. 2 : ________

Sub. 3 : ________ Sub. 4 : ________

d) Xavier , qui a travaillé assidûment , aimerait que son enseignante lui explique pourquoi il n'a pas obtenu une bonne note dans le dernier travail qu'il lui a remis .

Sub. 1 : ________ Sub. 2 : ________

Sub. 3 : ________ Sub. 4 : ________

Nom : ______________________ Groupe : __________ Date : __________

Dans le texte suivant :
- mettez les **subordonnées** entre crochets et encadrez les **subordonnants** ;
- au-dessus de chaque subordonnée, indiquez sa **catégorie** ;
- dans le cas d'une subordonnée complément de P, indiquez la **valeur** qu'elle exprime ;
- dans le cas d'une subordonnée corrélative, soulignez l'**adverbe corrélatif**.

Question de choix !

Clara Hughes est la patineuse de vitesse qui a gagné une médaille de bronze aux Jeux olympiques d'hiver en 2010. Elle avoue cependant qu'elle n'a pas toujours été aussi vaillante. Quand elle était plus jeune, elle fumait, elle buvait. N'est-ce pas surprenant qu'elle soit devenue une athlète de ce niveau ? L'idée lui est venue après qu'elle a vu Gaétan Boucher à la télévision. Cet homme, qu'on qualifie de « légendaire patineur de vitesse », a été son inspiration.

Dès lors, sa mère l'a inscrite au club local de Winnipeg pour que Clara puisse commencer à patiner. Parce qu'elle était désormais motivée par ce sport, elle a réussi à se défaire de ses mauvaises habitudes. Elle s'est mise à s'entraîner et à étudier sérieusement de sorte que sa vie a vraiment changé. Consciente de sa chance, la jeune femme a décidé de se joindre à l'organisme Right to Play, qui aide les enfants des pays en voie de développement. Pour Clara, ces enfants devraient pouvoir faire du sport comme ceux des pays riches en font.

Finalement, je crois qu'elle a fait les bons choix. Et vous ? Feriez-vous des choix aussi judicieux que Clara en a fait ? « Nous ne savons jamais où nous mènent nos choix », disait-elle dans une entrevue. Cependant, ne perdons pas de vue que nous sommes tous libres de nos choix.

Source : « Clara Hughes : choix santé », dans *Les histoires d'Olympiens*, [En ligne].

Clara Hughes a remporté la médaille de bronze en patinage de vitesse 5000 m en février 2010, aux Jeux olympiques de Vancouver.

Nom : ______________________ Groupe : __________ Date : __________

9 LA COORDINATION ET LA JUXTAPOSITION

9.1 Les éléments à coordonner ou à juxtaposer

© Martynova Anna / Shutterstock.com

Rappelez-vous **QUE...**

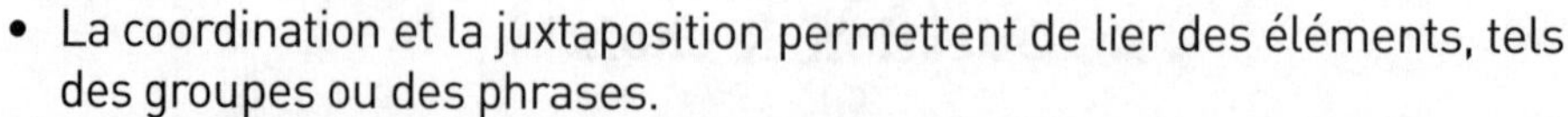

- La coordination et la juxtaposition permettent de lier des éléments, tels des groupes ou des phrases.
  - La **coordination** consiste à lier des éléments à l'aide d'un coordonnant comme *et*, *ou*, *mais*.

    Ex. : *[Le biathlon]* ***et*** *[le triathlon] sont des épreuves olympiques.*
  - La **juxtaposition** est une forme de coordination. Elle consiste à lier des éléments à l'aide d'un signe de ponctuation, employé à la place d'un coordonnant.

    Ex. : *[Le biathlon est une discipline d'hiver]**,** [le triathlon est une discipline d'été].*
- La **virgule** est le signe de ponctuation le plus employé dans la juxtaposition. Elle indique généralement un rapport d'addition, de succession entre des groupes ou des phrases.
- Le **point-virgule** et le **deux-points** permettent aussi de juxtaposer des phrases.

- L'**énumération** est un bon exemple d'éléments liés à la fois par juxtaposition et par coordination. Généralement, les premiers éléments sont juxtaposés par la virgule et le dernier élément est coordonné par *et*.

  Ex. : *Plusieurs pays, notamment [la France]**,** [la Norvège]**,** [le Japon]* ***et*** *[l'Italie], ont reçu les Jeux d'hiver plus d'une fois.*

1 Dans les phrases suivantes :
- soulignez les éléments **juxtaposés** ou **coordonnés** (groupes ou phrases) ;
- pour chaque élément souligné, indiquez s'il s'agit d'un **groupe**, dont vous préciserez la sorte, ou d'une **phrase**.

Ex. : *Isabelle pratique <u>le hockey</u> (GN), <u>le ski alpin</u> (GN), <u>le ski de fond</u> (GN).*

a) Benjamin est un gardien de but exceptionnel, recherché.

b) Yari excelle comme défenseur : il gagne souvent des trophées.

c) Tu voudrais patiner, skier et faire de la raquette.

d) J'aime le saut en hauteur, le triple saut et le lancer du javelot.

e) Il s'est relevé, il a repris son élan, puis il a terminé en 2e position.

f) Cette athlète semble positive, courageuse et expérimentée.

Nom : ______________________ Groupe : __________ Date : __________

- Dans une phrase, les éléments liés doivent exercer la **même fonction**. Ces éléments sont souvent des groupes semblables.

  Ex. : *Elle pratique* ***le plongeon*** *et* ***le water-polo****.* (GN, compl. dir. / GN, compl. dir.)

  Cependant, **s'ils ont la même fonction**, on peut aussi lier :
  - des groupes différents (ex. : un GAdj et un GPrép) ;
  - des phrases subordonnées (ex. : deux Sub. relatives) ;
  - des groupes et des phrases subordonnées (ex. : un GPrép et une Sub. relative).
- Les phrases liées ne doivent pas dépendre l'une de l'autre sur le plan de la syntaxe. Cependant, une phrase coordonnée ou juxtaposée peut elle-même contenir une subordonnée.

2 Dans les phrases suivantes :
- soulignez les **éléments liés** et **identifiez-les** ;
- encadrez le **coordonnant** et indiquez la **fonction des éléments liés**.

Ex. : *Elle aimait entendre les cris de la foule (GN) [et] ses applaudissements (GN).* *Compl. dir.*

a) Ce soir, Jordan et Jade iront voir les finales de natation. ______

b) Selon l'heure, l'analyste nous parle des résultats ou des athlètes. ______

c) Manon était une gardienne de but douée et en excellente forme physique. ______

d) Sa mère, qui le connaît bien, croit qu'il est sérieux et qu'il réussira. ______

e) M. William est un homme patient et qui aime entraîner les novices. ______

3 Dans les phrases graphiques suivantes :
- soulignez les **verbes conjugués** ;
- encadrez les **signes de ponctuation** ou les **coordonnants** qui lient des phrases ;
- mettez les **phrases juxtaposées** ou **coordonnées** entre crochets.

Une phrase graphique commence par une majuscule et se termine par un point.

a) Ces arbitres lisent le français et l'anglais ; de plus, ils lisent l'allemand.

b) J'aime la compétition, mais je préfère ne pas participer à cette épreuve.

c) Elle m'a parlé de son cours de judo et elle m'a présenté son entraîneur, qui est un médaillé olympique.

d) Je leur ai écrit une lettre : je m'ennuyais d'eux terriblement pendant ce long séjour.

e) Il aimait le kayak, donc il se rendait au bassin d'entraînement tous les samedis.

Nom : ______________________ Groupe : __________ Date : ______________

9.2 Le sens des coordonnants

- Voici un tableau présentant le sens des coordonnants les plus courants.

SENS DE QUELQUES COORDONNANTS (CONJONCTIONS OU ADVERBES)	
Addition • *et* • *de plus* • *en outre*	*L'anglais* **et** *le français sont les deux langues officielles du comité olympique.* Remarque : La virgule peut aussi avoir valeur d'addition. *Les équipes viennent de l'Italie, du Brésil, de la Russie, etc.*
Alternative • *ou (ou bien, ou encore)* • *soit... soit...* • *parfois... parfois...*	*Cette skieuse a-t-elle gagné une* **ou** *deux médailles d'argent ?* Remarque : Certains coordonnants sont employés ensemble ; ils sont corrélatifs. **Soit** *il prend du repos maintenant*, **soit** *il rate sa saison.*
Exclusion • *ni*	*Ce nouvel attaquant ne parle pas français* **ni** *anglais.* *Ce nouvel attaquant ne parle* **ni** *français*, **ni** *anglais*, **ni** *espagnol.*
Succession (dans le temps) • *puis* • *ensuite* • *enfin*	*Ce nouvel attaquant apprendra le français*, **puis** *l'anglais.*
Cause ou explication • *car* • *en effet*	*Ces deux défenseurs ne sont pas des adversaires*, **car** *ils jouent dans la même équipe.* Remarque : Le deux-points peut aussi introduire une cause ou une explication. *Ces deux défenseurs ne sont pas des adversaires* **:** *ils jouent dans la même équipe.*
Conséquence • *donc* • *ainsi* • *alors* • *aussi*	*Le Suisse et l'Espagnol n'ont pas le même entraîneur*, **aussi** *ils n'ont pas le même style de jeu.* Remarque : Le deux-points peut aussi introduire une conséquence. *Le Suisse et l'Espagnol n'ont pas le même entraîneur* **:** *ils n'ont pas le même style de jeu.*
Opposition • *mais* • *toutefois* • *cependant* • *par contre* • *pourtant* • *en revanche*	*Le Suisse et l'Espagnol n'ont pas le même entraîneur*, **mais** *ils s'influencent l'un l'autre.* Remarque : La virgule ou le point-virgule peuvent aussi avoir valeur d'opposition. *J'aime le jeu du Suisse*, *tu préfères celui de l'Espagnol.* *J'aime le jeu du Suisse*; *tu préfères celui de l'Espagnol.*

1 Dans les phrases graphiques suivantes, encadrez le **coordonnant** et indiquez le **sens** qu'il exprime.

a) Tu parles à ton coéquipier, ou encore tu lui écris une lettre. ______ alternative

b) Ils ont manqué le début des cérémonies, car l'autobus est arrivé en retard. ______ cause

c) Elle ne parvient pas à faire ce saut, pourtant elle l'a souvent réussi. ______ opposition

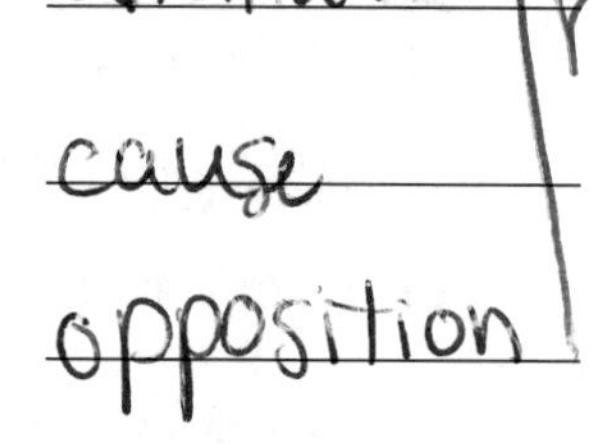

Nom : ______________________ Groupe : __________ Date : __________

d) Après la compétition, ils visiteront la France, puis ils iront en Belgique. Succession

e) Ce juge est très cultivé, en effet il a beaucoup voyagé. cause

f) Elle a passé une excellente semaine, donc elle est reposée. conséquence

- Les coordonnants, sauf les conjonctions *et*, *ou*, *ni*, sont généralement précédés de la virgule.

  Ex. : *Tu comprends le règlement*, ***mais*** *tu ne l'approuves pas*.

- Certaines conjonctions peuvent se placer devant chaque élément coordonné pour insister sur chacun.

  Ex. : *Je cours* ***et*** *le 100 m* ***et*** *le 200 m*.

- Avec les coordonnants *et*, *ou*, *ni*, on met une virgule entre les éléments coordonnés s'il y en a plus de deux.

  Ex. : *Je ne cours plus le 100 m****, ni*** *le 200 m****, ni*** *le 400 m*.

- Le coordonnant se place généralement entre les deux phrases à lier. Cependant, certains adverbes coordonnants peuvent parfois être déplacés à l'intérieur de la seconde phrase, sans déplacement de la virgule.

  Ex. : *Il ne parle pas l'espagnol****, cependant*** *il parle le grec.*

  *Il ne parle pas l'espagnol****,*** *il parle* ***cependant*** *le grec.*

© David Lee/Shutterstock Images LLC

2 Dans les phrases ci-dessous, inscrivez le coordonnant qui convient parmi ceux de l'encadré, selon le rapport de sens indiqué entre parenthèses. Ajoutez les virgules nécessaires.

• car • donc • en effet • et • mais • ni • ou • ensuite

Ex. : *Il est en forme (cause)* *, car* *il s'entraîne tous les jours.*

a) Tous les athlètes du Québec (addition) donc ceux de l'Ontario participent aux finales.

b) Elle a salué la foule (succession) ensuite elle est partie.

c) Cette routine est originale (opposition) ou elle manque de figures imposées.

d) Je ne mange pas de gluten (exclusion) ni de noix.

e) Sa blessure est guérie (conséquence) mais elle fait des progrès chaque jour.

f) Tu poursuis ton entraînement (alternative) et tu reviens à la maison.

g) Mélissa est revenue (cause) car elle avait oublié ses patins.

3 Récrivez les phrases *b*, *e* et *g* du numéro précédent en déplaçant les adverbes coordonnants à l'intérieur de la seconde phrase.

b) ______________________

e) ______________________

g) ______________________

4 Coordonnez les paires de phrases suivantes en choisissant un **coordonnant** qui convient et en ajoutant une **virgule**, si c'est nécessaire. Puis, indiquez le **sens** exprimé par le coordonnant.

Ex. : *J'ai beaucoup de longueurs à faire. Je devrai commencer tôt.*

J'ai beaucoup de longueurs à faire, **alors** *je devrai commencer tôt.* — *Conséquence.*

a) Tu as faim. Tu n'as pas pu déjeuner ce matin.

______ ______

b) Laurie s'attendait à une grande performance. Elle a été déçue.

______

______ ______

c) Francis déambule dans Athènes. Il en découvre la richesse historique.

______

______ ______

d) Ce matin, il fait -28 °C. Je pense que la piste sera glacée et rapide.

______

______ ______

e) Ce plongeon m'a plu. J'en ai vu de meilleurs.

______ ______

- Pour éviter la répétition dans la coordination, on peut **effacer** un élément commun, par exemple un GN ou un verbe.

  Ex. : *L'arbitre parle le russe et l'arbitre écrit le russe.*

  L'arbitre parle [ ] *et* [ ] *écrit le russe.*
- Quand on efface un verbe, on met généralement une virgule pour en marquer l'ellipse.

  Ex. : *Marie court le 100 m ; Anthony*, *le 200 m.*

5 Récrivez les phrases suivantes en effaçant les éléments répétés.

Ex. : *Il remonta sur son vélo, il dévala la pente et il arriva le premier.*

Il remonta sur son vélo, dévala la pente et arriva le premier.

a) Chen veut aller au stade et Chen veut s'entraîner avec son frère.

______

b) Marie-Ève raffole du ski acrobatique ; Franco raffole de la luge.

______

c) Il doubla cinq concurrents, six concurrents ou peut-être sept concurrents, il ne savait plus.

______

© mary416/Shutterstock.com

Le Stade national de Pékin, surnommé le *Nid d'oiseau*, construit pour les Jeux olympiques de 2008

Nom : ______________________ Groupe : __________ Date : ______________

- Pour éviter la répétition dans la coordination, on peut **remplacer** un élément commun par un pronom ou un adverbe.

  Ex. : *Les Jeux de Londres étaient fantastiques, mais **ceux** de Pékin restent mes préférés.*

  *David pratique l'escrime et Cynthia **aussi**.*

INFO +

Le remplacement par un pronom s'appelle *pronominalisation*.

6 Récrivez les phrases suivantes en remplaçant un des éléments communs par un pronom.

a) J'aime les compétitions et je parle souvent des compétitions.

____

b) Le père de Justin fait du ski ; le père de Léa, de la luge.

____

c) Il y a trois ans, Emy a visité l'Autriche ; aujourd'hui, elle s'entraîne en Autriche.

____

7 Récrivez les phrases suivantes en remplaçant les éléments communs par un adverbe (*oui*, *non*, *aussi*, *de même*, *également*, etc.) et, s'il y a lieu, par un pronom.

a) Le stade était plein, mais le vélodrome n'était pas plein.

____

b) Il était heureux de sa performance et j'étais heureux de sa performance.

____

c) Vincent n'a pas terminé son épreuve ; tu as terminé ton épreuve.

____

8 Récrivez les phrases en remplaçant les signes de ponctuation par un coordonnant exprimant le rapport de sens indiqué entre parenthèses. Ajoutez les virgules nécessaires.

a) Cette femme rayonne de bonheur : elle a battu le record olympique. (cause)

____

b) Le Jamaïcain avançait rapidement ; l'Australien perdait du terrain. (opposition)

____

____

c) J'aime bien le hockey ; je préfère le soccer. (opposition)

____

d) Ses résultats sont excellents ; il a fourni beaucoup d'efforts. (cause)

____

Nom : ______________________ Groupe : __________ Date : __________

FAITES LE POINT

Activité synthèse

© Dmitry Yashkin/Shutterstock.com

1 Dans les phrases graphiques suivantes, soulignez les éléments **juxtaposés ou coordonnés** (groupes ou phrases) et **identifiez-les** au-dessus.

a) Le cycliste tourne le guidon, quitte le sentier et dévale une pente abrupte.

b) J'aime la lutte, mais je préfère la boxe.

c) Les sports d'été que je préfère sont le tennis, le soccer et le basketball.

2 Dans les phrases suivantes :
- soulignez les **éléments liés** et **identifiez-les** au-dessus ;
- encadrez le **signe de ponctuation** ou le **coordonnant** qui les lie ;
- indiquez à droite la **fonction** des éléments liés.

a) Harold Abrahams et Eric Liddell étaient des athlètes britanniques. __________

b) Je préfère les disciplines qui exigent de la stratégie, du courage. __________

c) Les entraîneurs sont à l'affût de techniques nouvelles et prometteuses. __________

d) Ces petites villes sont attrayantes et recherchées par le CIO. __________

JUSTIFIEZ VOTRE RÉPONSE

3 Une erreur s'est glissée dans la coordination de la phrase ci-dessous. Récrivez-la en corrigeant cette erreur et justifiez votre réponse.

Je vous laisse mon adresse, mais j'aimerais que vous m'écriviez.

____

Justification : ____

____

____

Nom : ______________________ Groupe : ____________ Date : ____________

Dans le texte suivant, inscrivez les coordonnants qui conviennent parmi ceux de l'encadré. N'oubliez pas d'ajouter les virgules nécessaires.

• **par conséquent** • **car** • **puis** • **ni…, ni…, ni** • **ou** • **mais** • **et**

Une championne hors pair !

1 La majorité des athlètes sont d'abord connus dans leur entourage ______________ ils deviennent célèbres grâce aux Jeux olympiques. 2 Qui ne connaît pas un spécialiste du 100 m, un patineur courte piste ______________ une plongeuse ? 3 Nancy Greene, une skieuse canadienne née en 1943, était une athlète admirée ______________ une redoutable concurrente.

4 Déjà à l'adolescence, cette skieuse passait rarement inaperçue ______________ elle remportait des victoires les unes après les autres. 5 Acharnée ______________ méticuleuse à l'entraînement, Nancy a surpassé sa sœur, qui l'avait devancée aux Championnats canadiens juniors.

6 Son style agressif sur les pentes de ski était sans pareil : ______________ on l'a rapidement surnommée la « Tigresse ». 7 Grâce à sa fougue, elle ne craignait personne ______________ aux Championnats du monde ______________ aux Jeux olympiques ______________ ailleurs.

Nancy Greene reste encore une des meilleures skieuses canadiennes à ce jour.

L'athlète olympique canadienne Nancy Greene

Pour chacune des phrases graphiques numérotées du numéro précédent :

- soulignez les **éléments liés par les coordonnants ajoutés** et **identifiez-les** dans le tableau ci-dessous ;
- indiquez la **fonction** des éléments ainsi liés, s'il y a lieu, et le **rapport de sens** exprimé par le coordonnant.

	Éléments liés	Fonctions	Rapport de sens
1			
2			
3			
4			
5			
6			
7			

Nom : ______________________ Groupe : ________ Date : ________

10 LA PONCTUATION

10.1 La virgule

Rappelez-vous **QUE...**

- La virgule peut servir à détacher des groupes ou des phrases. Voici ses principaux emplois pour le détachement.

Les constituants de la phrase
Page 139

La fonction de complément du nom
Page 97

Formes neutre / emphatique
Page 154

A Détache un **complément de P**.	Ex. : ***Chaque printemps,*** *les oies reviennent au pays.* *Les oies**, chaque printemps,** reviennent au pays.*
B Détache un complément appelé *complément détaché du nom (ou du pronom).*	Ex. : ***Territoires protégés,*** *les parcs nationaux abritent plusieurs animaux.*
C Détache un **groupe mis en relief**, par exemple un groupe détaché et repris ou annoncé par un pronom.	Ex. : ***Les bélugas, ils*** *sont tellement mignons !* ***Ils*** *sont tellement mignons**, les bélugas** !*
D Détache une **apostrophe**, qui désigne la personne à qui l'on s'adresse.	Ex. : *Saviez-vous**, chers randonneurs,** que la tortue des bois hiberne au fond des rivières ?*
E Détache une **phrase incise**, qui indique qui parle.	Ex. : *« Cette espèce**, affirme ce biologiste,** n'est pas en danger. »* *« Cette espèce n'est pas en danger »**, affirme ce biologiste**.*

On ne met pas de virgule devant l'incise si la phrase rapportée se termine par un point d'interrogation ou un point d'exclamation.

Ex. : *« Avez-vous vu des baleines ? »* ***demandai-je****.*

1 Dans les phrases suivantes, justifiez l'emploi des virgules en indiquant ce qu'elles détachent à l'aide des lettres du tableau ci-haut.

a) Je l'ai bien remis à la bibliothèque, le livre *Les bêtes sauvages*. ____

b) Le guide a-t-il dit que vous ne saviez pas, chers amis, épeler *pékan* ? ____

c) Animal sournois, le pékan ne fait qu'une bouchée des chats. ____

d) « Gardez vos chats à la maison, écrit le naturaliste, si vous les aimez. » ____

e) Alors que la belette s'abreuvait à l'étang, le pékan l'aperçut. ____

f) Il ressemble à mon chat, ce bébé lynx ! ____

© Lonnie Gorsline / Shutterstock Images LLC

Un pékan

2 Ajoutez les virgules nécessaires dans les phrases suivantes et indiquez ce qu'elles détachent à l'aide des lettres du tableau ci-haut.

a) Animal vedette du zoo le pékan a une gueule de toutou. ____

b) Ne lui présentez pas votre main jeune homme. ____

c) « Ne mettez pas vos mains dans la cage » répète le gardien. ____

d) Dès qu'il détourne les yeux les visiteurs désobéissent. ____

e) On l'aime bien tout de même ce dangereux animal. ____

f) Chaque été nous retournons visiter ce zoo. ____

Nom : ____________________ Groupe : __________ Date : __________

JUSTIFIEZ VOTRE RÉPONSE

3 Une erreur s'est glissée dans la phrase ci-dessous. Récrivez cette phrase en la corrigeant et justifiez votre réponse.

« As-tu apporté tes jumelles ? », me demande alors mon frère.

____

Justification : ______________________________

____

Rappelez-vous QUE...

- La virgule peut servir à coordonner ou à juxtaposer des groupes ou des phrases. Voici ses principaux emplois pour la coordination et la juxtaposition.

F Coordonne des phrases ou des groupes liés par un coordonnant autre que *et, ou, ni* (par exemple, *mais, car, puis, donc*).	Ex. : *Cette nouvelle loi permettra d'abord* [*la protection des colonies*]**, puis** [*l'expansion de l'espèce*].
G Juxtapose des phrases, des groupes ou des subordonnées, généralement dans un rapport d'addition ou de succession.	Ex. : [*J'ai vu des merles*]**,** [*j'ai observé des faucons*]**,** [*j'ai photographié deux lynx*]. *Il soigne* [*des chats*]**,** [*des chiens*]**,** [*des chevaux*].
H Juxtapose des phrases étroitement liées par le sens, souvent dans une relation d'opposition ou de restriction.	Ex. : [*Le chien aboie*]**,** [*le loup hurle*]**,** [*le renard glapit*].
I Dans une juxtaposition de phrases, la virgule sert parfois à marquer l'ellipse du verbe ou du GV. Dans ce cas, il vaut mieux juxtaposer les deux phrases à l'aide d'un point-virgule.	Ex. : [*Le carcajou est sur la liste des espèces menacées depuis 2000*]**;** [*la paruline azurée, depuis 2009*].

La coordination et la juxtaposition
Page 198

INFO +

Plusieurs adverbes de liaison peuvent être déplacés à l'intérieur de la phrase juxtaposée.

Ex. : *Le lynx s'est approché, on a* ***donc*** *pu l'observer.*

4 Dans chacune des phrases suivantes, justifiez l'emploi de la virgule en indiquant son rôle dans la coordination ou la juxtaposition à l'aide des lettres du tableau ci-haut.

a) L'opossum est peu connu des Québécois ; la musaraigne, encore moins. ____

b) L'opossum a été vu près de la frontière sud du Québec en 2002, puis en 2006. ____

c) J'ai repéré un carcajou, entrevu un coyote, aperçu une hermine. ____

d) Le coyote est un canidé, le lynx est un félin. ____

e) Plus les polluants s'infiltrent dans les terres humides, plus les plantes en absorbent de grandes quantités. ____

f) Le caribou ne vit pas dans les terres humides, cependant il s'y approvisionne en eau et en nourriture. ____

g) Les marais d'eau douce se forment le long des rives des lacs et des étangs, les marais salés se trouvent le long des côtes des océans et des mers. ____

Nom : ______________________ Groupe : __________ Date : __________

Un lynx du Canada

© mlorenz/Shutterstock Images LLC

Un cougar

© RuthChoi/Shutterstock Images LLC

Un renard arctique

© nialat/Shutterstock Images LLC

5 Ponctuez les phrases suivantes en ajoutant les virgules nécessaires. Justifiez vos réponses en indiquant le rôle de la virgule à l'aide des lettres du tableau de la page précédente.

a) Le lynx est un bon nageur mais il n'aime pas la baignade. ___

b) Le lynx roux a son territoire ; le loup gris le sien ; et le cougar le sien aussi. ___

c) Les pelages du lynx du Canada du cougar du renard arctique sont de couleurs différentes. ___

d) À retenir : la grenouille coasse le corbeau croasse. ___

e) Les pattes du coyote sont longues et fines ; celles du lynx longues et larges. ___

f) Le bébé lynx ressemble à un chat il n'en demeure pas moins un animal sauvage. ___

g) Les canards les pélicans les cigognes les poules d'eau et les manchots sont des oiseaux aquatiques. ___

h) Les manchots ne peuvent pas voler mais ils peuvent nager très vite. ___

6 Ponctuez les phrases suivantes en ajoutant les virgules nécessaires. Justifiez vos réponses en indiquant le rôle de la virgule (A à I). Attention ! Il y a plus d'un cas d'emploi dans chacune des phrases.

- La virgule sert à détacher :
  A un compl. de P **C** un groupe mis en relief **E** une phrase incise
  B un compl. détaché du N **D** une apostrophe
- La virgule sert à coordonner ou à juxtaposer :
  F des phrases ou des groupes liés par un coordonnant autre que *et*, *ou*, *ni*.
  G des phrases, des groupes ou des subordonnées dans un rapport d'addition ou de succession.
  H des phrases étroitement liées par le sens dans une relation d'opposition ou de restriction.
- La virgule sert à :
  I marquer l'ellipse de GV dans une juxtaposition de phrases.

a) Je te dis Alain que le wapiti s'est arrêté qu'il nous a regardés puis qu'il a traversé le chemin sans se presser. ______

b) Le raton c'est lui qui renverse ma poubelle qui éparpille mon compost qui croque mes fraises mais je ne suis jamais parvenu à le surprendre. ______

c) Dans le journal on dit qu'un pékan serait responsable de la disparition de chats de lapins et de poules. ______

d) « Nous ne pouvons confirmer qu'il s'agit d'un pékan par conséquent il ne faut pas s'alarmer » a tenu à préciser l'agente de la faune. ______

e) Malgré cette déclaration les citadins de Brome-Missisquoi ont peur pour leurs chats ; et les ruraux pour leurs lapins. ______

Rappelez-vous que les adverbes de liaison peuvent être déplacés à l'intérieur de la phrase juxtaposée.

Nom : ______________________ Groupe : __________ Date : __________

10.2 Le deux-points

Rappelez-vous **QUE...**

- Voici les principaux emplois du deux-points.

A Introduit une énumération.	Ex. : *Plusieurs espèces habitent nos forêts* **:** *le castor, le lynx, le caribou, le cougar.*
B Introduit une cause, une explication, une conséquence ou une conclusion.	Ex. : *Les oreilles du lynx sont assez caractéristiques* **:** *elles sont triangulaires, longues et ornées d'une touffe de poils noirs.*
C Introduit un discours rapporté direct (paroles rapportées entre guillemets ou dialogue).	Ex. : *Le guide me dit* **:** *« Attention ! C'est un piège à coyote. »* *Dans un petit abri, deux chasseurs discutent. L'un dit* **:** *– Il fait vraiment beau, tout de même !* *– Ne trouves-tu pas qu'il fait froid ? lui répond l'autre.*
Remarque : Il n'y a pas de deux-points lorsque les paroles sont rapportées indirectement.	Ex. : *Une ornithologue m'a dit* ***qu'****aucune espèce d'oiseau n'est plus belle qu'une autre.*

Le discours direct
Page 269

1 Dans les phrases suivantes, justifiez l'emploi du deux-points en indiquant ce qu'il introduit à l'aide des lettres du tableau.

a) Au Québec, le wapiti ne se trouve que dans les fermes d'élevage : il n'existe plus à l'état sauvage. ____

b) Plusieurs noms d'animaux sauvages du Québec nous viennent des Premières Nations : *carcajou*, *caribou*, *opossum*, *pékan*, *wapiti*. ____

c) L'agente de la faune a demandé à la classe : « Combien d'espèces sauvages ont disparu du Québec ? » ____

d) Je ne savais pas quoi répondre : je n'ai pas encore lu de livres sur notre faune. ____

e) En Amérique du Nord, les animaux herbivores chassés par le loup sont nombreux : cerfs de Virginie, élans, mouflons, rennes, wapitis, bisons. ____

f) L'aigle royal est une espèce vulnérable au Québec : il ne reste que 60 couples nicheurs. ____

g) Cet oiseau de proie niche dans quatre régions du Québec : la baie d'Hudson, la baie d'Ungava, la Côte-Nord et la Gaspésie. ____

h) Tu as murmuré : « Quel magnifique rapace ! » ____

Un aigle royal

Nom : ______________________ Groupe : __________ Date : __________

FAITES LE POINT

Activité synthèse

© Jari Hindstroem/Shutterstock Images LLC

1 Lisez le texte suivant, puis écrivez le numéro des phrases dont les virgules ou deux-points correspondent aux emplois précisés (le chiffre entre parenthèses indique le nombre de cas).

La vie sauvage dans ma cour arrière

1 Je suis la mieux placée pour vous parler des animaux sauvages : j'habite la campagne.

2 Les preuves du passage d'animaux sauvages dans ma cour, c'est surtout l'hiver que je les ai. 3 Vaste page blanche, la neige qui couvre le sol est mon meilleur partenaire d'enquête : elle enregistre toutes les entrées et sorties. 4 Au matin, les empreintes « digitales » sont nombreuses : pattes avec griffes, pattes avec ergots, sabots à deux doigts, etc.

5 Dans le bois près de l'étang, j'ai vu un jour des ronds de sorcière. 6 Cette expression n'est pas dans le dictionnaire, mais vous la trouverez dans les sites Internet traitant de la chasse au chevreuil (aussi appelé *cerf de Virginie*). 7 Cette chasse est nécessaire, car elle évite une surpopulation aux effets néfastes : les chevreuils mourraient de faim, m'a expliqué l'agente de la faune.

8 Certains de mes visiteurs nocturnes mangent les branches de mes arbres ; d'autres, mes fruits. 9 Je devine que vous souhaitez savoir qui sont ces intrus, petits curieux. 10 Je vous en fais donc la liste : ratons, chevreuils, renards, mouffettes, pékans, coyotes, gros dindons sauvages.

11 L'été venu, ils arrivent de chez la voisine, mes partenaires d'enquête. 12 Aussitôt le soleil levé, Gaspard et Flore, deux superbes braques allemands, viennent renifler chaque piste dans ma cour. 13 Maîtres de mon royaume, ils ne tolèrent la présence d'aucun animal sauvage jusqu'à la nuit tombée !

- **La virgule détache :**
  - a) un complément de phrase (4) ______________
  - b) un complément détaché du nom ou du pronom (3) ______________
  - c) un groupe de mots mis en relief et repris ou annoncé par un pronom (2) ______________
  - d) une incise (1) ______________
  - e) une apostrophe (1) ______________
- **La virgule juxtapose :**
  - f) des groupes (2) ______________
- **La virgule marque :**
  - g) l'ellipse du verbe (1) ______________
- **La virgule coordonne :**
  - h) des phrases liées par un coordonnant autre que *et*, *ou*, *ni* (2) ______________
- **Le deux-points introduit :**
  - i) une énumération (2) ______________
  - j) une explication ou une cause (3) ______________

Nom : ______________________ Groupe : __________ Date : __________

1 LA FORMATION DES MOTS

1.1 La dérivation

Rappelez-vous **QUE...**

- La **dérivation** sert à créer des mots. Un mot dérivé est un mot de base auquel on a ajouté un préfixe ou un suffixe, ou les deux.
  Ex. : *préfixe :* ***para*** (sens : contre) + *vent* → ***para****vent*
- Le mot dérivé obtenu par l'ajout d'un suffixe n'appartient pas toujours à la même classe que le mot de base.
  Ex. : *sport* (N) + *suffixe :* ***-if*** → *sport****if*** (Adj)
- Parfois, on doit modifier le mot de base pour former le mot dérivé.
  Ex. : *piano* + *suffixe :* ***-iste*** → *pian****iste***

- Certains préfixes et suffixes ont des sens connotés : le sens **mélioratif** présente une réalité de manière favorable, positive ou améliorée, alors que le sens **péjoratif** présente une réalité de manière défavorable ou négative.
  Ex. : *préfixe :* ***super-*** (mélioratif) + *léger* → ***super****léger*
  suffixe : ***-ard*** (péjoratif) + *chauffeur* → *chauff****ard***

Certains préfixes sont aussi des prépositions et peuvent s'employer seuls.
Ex. : *contre, sur, sous*

Les préfixes et les suffixes **Page 299**

Le point de vue de l'énonciateur quant à son propos **Page 266**

Inscrivez le préfixe ou le suffixe qui compose chacun des mots suivants. Puis, écrivez le sens du préfixe ou du suffixe, et donnez deux autres exemples de son utilisation.

	Préfixes	Sens	Autres exemples
Ex. : *cohabiter*	*co-*	*avec*	*coéquipier, colocataire*
a) désuni	dé-	sans	Disjoindre, Brouiller
b) incompris	in-	comprendre	insubir
c) mésentente	mé-	pas s'ententer	mésaltercation
	Suffixes	**Sens**	**Autres exemples**
d) jardinage	jardin-	faire	jardiner, jardin
e) adoption	adopt-	faire	adopter,
f) lisible	li-	déchiffrer	lire, écrire

Nom : ______________________ Groupe : __________ Date : __________

© Africa Studio/Shutterstock Images LLC

1.2 La composition savante

- La **composition savante** est un procédé de formation des mots surtout utilisé dans les domaines scientifiques et techniques. La composition savante se fait à l'aide d'éléments provenant du grec et du latin, généralement juxtaposés sans trait d'union.
  Ex. : *hydro* (eau) + *fuge* (faire fuir) → *hydrofuge*
- Les éléments qui servent à la composition savante ne peuvent pas s'employer seuls. On peut cependant leur ajouter un préfixe ou un suffixe.
  Ex. : *bio* (vie) + *logie* (théorie) → *biologie* + *-iste* (suffixe) → *biologiste*

Quelques éléments d'origine grecque		Quelques éléments d'origine latine	
Éléments et sens	**Exemples**	**Éléments et sens**	**Exemples**
archéo > ancien	*archéologie*	*fère* > qui porte	*calorifère*
morph > forme	*morphologie*	*radio* > rayon	*radiologie*
ortho > droit, correct	*orthopédique*	*sub* > sous	*subordonnée*

INFO+

Plusieurs éléments grecs ou latins sont utilisés tant au début qu'à la fin d'un mot.
Ex. : *derm* > peau
→ ***derm**atologie*
→ *épi**derme***

1 Associez deux à deux les éléments suivants d'origine grecque ou latine pour former des mots de composition savante. Donnez ensuite leur définition.

• ~~logie~~ • ~~mètre~~ • ~~nécro~~ • omni • ~~pède~~ • phage • ~~psycho~~ • quadru • ~~thermo~~ • vore

Mots composés	Définitions
Ex. : *psychologie*	*Science qui étudie les phénomènes de l'esprit, de la pensée.*
a) métrologie	Science sur la mesure
b) nécrologie	liste de personnes mortes
c) pédologie	Science sur les sols
d) Quadrupède	mammifère à 4 pattes

2 Définissez les mots suivants. Puis, décomposez-les et indiquez l'origine grecque (G) ou latine (L) de leurs composantes ainsi que leur sens.

Ex. : *thermostat :*	• *Appareil qui sert à réguler la température.* • *therm- (G) : chaleur + -stat (G) : rester en équilibre.*
a) podomètre :	• évalue la distance parcourue par un piéton • podo (g) / mètre (g)
b) génocide :	• extermination systématique d'un groupe • géno / cide (g)
c) morphologie :	• configuration de la matière • morpho (g + int. allemande) gie

Nom : ______________________ Groupe : __________ Date : __________

1.3 Les emprunts et les anglicismes

- Un **emprunt** est un mot qui provient d'une autre langue et pour lequel il n'y a pas d'équivalent en français.

  Ex. : *cow-boy* (anglais), *chiffre* (arabe), *piano* (italien), *mocassin* (algonquin)

- Les emprunts sont souvent intégrés à la langue française : ils peuvent alors prendre la marque du pluriel.

  Ex. : *des cow-boys, des chiffres, des pianos, des mocassins*

- Certains emprunts sont critiqués en français standard, car il existe déjà un équivalent français pour ces mots. Par exemple, un **anglicisme** critiqué est un mot emprunté à l'anglais pour lequel il existe un équivalent français. Ces anglicismes sont fautifs.

  Ex. : ☒ *canceller* ✓ *annuler* ; ☒ *ploguer* ✓ *brancher*

Un anglicisme peut aussi être un mot français utilisé dans un sens anglais.

Ex. : ☒ ***sauver** du temps* ✓ ***gagner** du temps*

1 À l'aide d'un dictionnaire, indiquez la langue d'emprunt des mots suivants.

Mots	Langues d'emprunt	Mots	Langues d'emprunt
a) guitare	espagnol	e) béluga	russe
b) tulipe	~~turc~~ tülbent	f) ski	norvégien
c) sieste	espagnol	g) anorak	inuktitut
d) banque	Italien	h) accordéon	Allemand

© Miles Away Photography/ Shutterstock Images LLC

2 À l'aide d'un dictionnaire, corrigez les anglicismes suivants.

Anglicismes	Équivalents français	Anglicismes	Équivalents français
a) skate-board	Planche à roulette	k) gloss	rouge à lèvre
b) brake	frein	l) gaz (pour l'auto)	essence
c) deck	bâton recourbé	m) commercial (télé)	annonce
d) challenge	défi	n) spare ribs	côtes de plus
e) salle à dîner	—	o) set de chambre	pyjamase
f) fast food	~~nourrit~~ restaurant rapide	p) donner un lift	~~être transporté~~
g) appointement	rendez-vous	q) smartphone	télephone intelligent
h) du change	monnaie	r) signer (un joueur)	entente
i) coach	entraîneur	s) cheap	Sans valeur
j) set de clés	clés	t) kit de pneus	deux paires de pneus

Nom : ______________________ Groupe : __________ Date : __________

Coup de POUCE

Pour trouver l'expression correcte dans le dictionnaire, cherchez le mot en gras.

3 À l'aide d'un dictionnaire, remplacez les expressions suivantes, qui sont des anglicismes, par leur équivalent français.

Anglicismes	Équivalents français
a) **Remplir** avec de l'eau	rendre plein
b) Se **fier** sur quelqu'un	orgueilleux
c) **Échouer** un examen	avorter un examen
d) Vivre en **campagne**	vivre rurale

© stefanolunardi / Shutterstock Images LLC

- Les **régionalismes** sont des mots propres à une région. Ils peuvent désigner une réalité propre à cette région.
  Ex. : **Aréna**, **banc de neige** *et* **tuque** *sont des régionalismes du Canada.*
- Il existe plusieurs régionalismes, et leur nom varie selon leur provenance. Les régionalismes du Québec sont des québécismes ; ceux du Canada, des canadianismes. Si plusieurs font partie de la langue standard, certains relèvent de la langue familière.
  Ex. : *mensonge* → *menterie* (fam.)

4 Soulignez les anglicismes dans les phrases suivantes, puis corrigez-les.

a) J'ai acheté une télé cheap. sans valeure
b) J'ai tout un challenge à relever. défi
c) Tu devras mettre du gaz dans l'auto. essence
d) Elle ne m'a pas donné mon change ! monnaie
e) J'ai vu ce commercial à la télévision. annonce
f) J'ai changé la batterie de la lampe-torche. —
g) Leur façon d'agir est questionnable. différent
h) Tu mets l'emphase sur ce sujet. —
i) Sa balle est tombée dans la trappe de sable. châssis
j) Quel est le score final ? Resultat

5 À l'aide d'un dictionnaire, trouvez un équivalent aux québécismes suivants.

a) Il ne voulait plus **compétitionner**. rivaliser
b) Elle est partie **magasiner**. shopper
c) J'ai besoin d'**un chaudron** pour la sauce. instrument de musique
d) Ne mets pas ces vêtements dans **la sécheuse**. médiocre
e) Ce gâteau aux **atocas** est délicieux. —

Nom : ______________________ Groupe : __________ Date : __________

FAITES LE POINT

Activité synthèse

Images LLC

1. Ajoutez un préfixe aux mots suivants afin de former un mot dérivé.

   a) chute : chutiste   b) adroit : adroiteur   c) percer : perceuse

2. Séparez le préfixe ou le suffixe des mots suivants par un trait oblique. Puis, écrivez le sens du préfixe ou du suffixe.

Mots dérivés	Sens des préfixes	Mots dérivés	Sens des suffixes
a) disjoindre	decapiter	d) herbivore	mange de l'herbe
b) ultrasecret	super	e) explicable	—
c) amoral	plus	f) lentement	doucement

JUSTIFIEZ VOTRE RÉPONSE

3. Récrivez les phrases suivantes en corrigeant l'erreur qu'elles contiennent. Puis, justifiez votre réponse.

   a) La patiente est restée sous observation durant 24 heures.

   ____

   Justification : ______________________

   b) Cette grande corporation va fermer ses portes.

   ____

   Justification : ______________________

   c) J'ai fixé la licence sur ma voiture.

   ____

   Justification : ______________________

Nom : ______________________ Groupe : __________ Date : __________

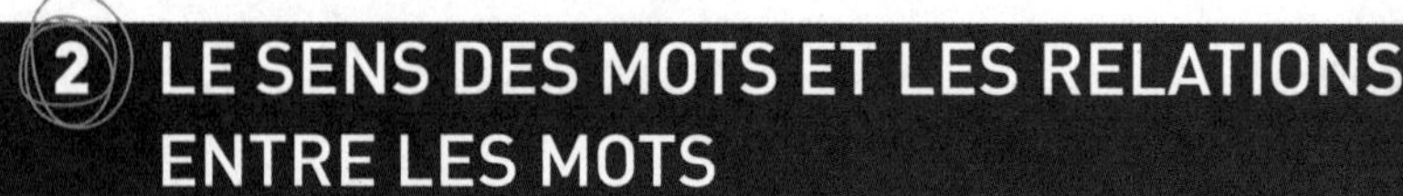

2.1 Les sens d'un mot

Rappelez-vous **QUE...**

- Les mots ont souvent plusieurs sens. Ils sont alors polysémiques.
- Le **sens propre** d'un mot est celui qui est le plus habituel, le plus courant. Dans les dictionnaires, le sens propre d'un mot est donné en premier.
  Ex. : *pencher la* ***tête*** (sens propre)
- Le **sens figuré** est celui qui crée une image. Dans les dictionnaires, le ou les sens figurés sont donnés après le sens propre et indiqués par l'abréviation *fig.*
  Ex. : *être à la* ***tête*** *d'une entreprise* (sens figuré)
- C'est le contexte qui indique le sens dans lequel un mot est employé.

Lorsqu'on cherche un mot dans le dictionnaire, il est important de lire toutes ses définitions ainsi que leurs exemples afin de bien en distinguer les divers sens.

1 Indiquez si les mots en gras sont utilisés au sens propre ou figuré.

a) Un vent **glacial** souffle depuis deux jours. Sens figuré

b) La note de notre séjour à l'hôtel sera **salée**. Sens propre

c) Il savait qui était le **cerveau** de ce complot. Sens propre

d) Il lui demandait de **jeter** rapidement toutes ses lettres. Sens ~~propre~~ figuré

e) Il lui a réservé un accueil **glacial**. Sens figuré

f) La construction du nouveau **pont** débutera d'ici un an. Sens propre

g) Cette nappe d'eau **salée** s'étend à perte de vue. Sens propre

h) Il lui demandait de **se jeter** rapidement dans l'action. Sens figuré

i) Martine a coupé les **ponts** avec sa famille. Sens propre

2 Avec chacun des mots suivants, composez deux phrases : la première en utilisant le mot au sens propre et la deuxième en utilisant le mot au sens figuré.

a) naissance ______________________

b) éclairage ______________________

c) s'entendre ______________________

Nom : ______________________ Groupe : __________ Date : __________

2.2 Les figures de style

© John Wollwerth/Shutterstock Images LLC

Rappelez-vous **QUE...**

- Les **figures de style** permettent notamment d'exprimer avec nuance des choses abstraites et des sentiments, de créer des formulations plus imagées et d'apporter des effets poétiques, dramatiques, humoristiques, etc.
- La **répétition** consiste à utiliser plusieurs fois un mot ou un groupe de mots pour mettre en valeur une idée, pour renforcer un argument, pour donner du rythme ou pour insister sur un fait ou une émotion. Lorsque la répétition est voulue, il s'agit d'une figure de style.

  Ex. : *« La terre **était grise**, le blé **était gris**, le ciel **était gris**. » (J. Giono)*

  *« **Rien**, **rien** n'avait d'importance et je savais bien pourquoi. » (A. Camus)*

  *« Maintenant **je sais**, **je sais** qu'on ne **sait** jamais ! » (J. Gabin)*

  Remarque : Un pléonasme est une répétition inutile, donc fautive.

  Ex. : ☒ *un hasard imprévu*, ☒ *se lever debout*, ☒ *une illusion trompeuse*
- La **comparaison** consiste à rapprocher des réalités entre elles à l'aide de termes comparatifs tels que *comme*, *ainsi que*, *à la manière de*, *plus que*, *moins que*, *ressembler à*, *paraître*, etc.

  Ex. : *La neige, tel un tapis blanc, recouvre le sol.*
- L'**énumération** consiste à faire se succéder des mots ou des groupes de mots afin de créer un effet de quantité, de style ou d'amplification de la réalité.

  Ex. : *Il prit le train, le bateau, une voiture et de nouveau le train...*

JUSTIFIEZ VOTRE RÉPONSE

1 Voici des phrases fautives. Corrigez-les et justifiez votre réponse.

a) Depuis des mois, s'entraîner était devenu sa première priorité.

Correction : ______________________

Justification : ______________________

____

b) L'orage électrique a malheureusement interrompu le match de demi-finale.

Correction : ______________________

____

Justification : ______________________

____

Nom : ______________________ Groupe : __________ Date : __________

INFO +

Plusieurs expressions courantes sont des métaphores.

Ex. : *Être à cheval sur ses principes*

- La **métaphore** consiste à rapprocher des réalités sans utiliser de termes comparatifs. Elle propose des comparaisons entre des éléments qui n'ont souvent rien en commun au sens propre.

  Ex. : *« Ma jeunesse ne fut qu'un ténébreux orage. » (Baudelaire)*

  « Les rides ont creusé le beau marbre frontal. » (É. Nelligan)

- La **gradation** consiste à énumérer des termes selon un ordre d'intensité ou de valeur. Elle peut produire différents effets comme l'humour, le drame, l'exagération, la surprise, l'attente.

  Ex. : *Je l'aime, je le chéris, je l'adore.* (exagération)

  « Va, cours, vole, et nous venge. » (Corneille) (drame)

  « Je me meurs, je suis mort, je suis enterré. » (Molière) (humour)

2 Associez les phrases suivantes aux figures de style de l'encadré.

• **Comparaison (C)** • **Énumération (É)** • **Gradation (G)** • **Métaphore (M)** • **Répétition (R)**

a) Cet étrange chat se leva, me regarda, fit un tour sur lui-même, puis se recoucha. ______

b) Vous devrez revoir votre texte : c'est de la bouillie pour les chats ! ______

c) Le pelage de cette petite chatte est doux, velouté, soyeux : du cachemire ! ______

d) Tel un jaguar, il avançait lentement, accroupi, afin de surprendre sa proie. ______

e) Ce chat tournait, ce chat sautait, ce chat grimpait... Ce chat ! ______

f) Grâce à ses yeux de chat, elle avait réussi à lire l'affiche... ______

g) Mon frère et moi sommes comme chien et chat ! ______

h) Quand je prends ton chat, j'éternue, je tousse, j'étouffe et je souffre. ______

i) Néo aime les pommes, aime le fromage, aime les biscuits et déteste la viande ! ______

j) Ce siamois se moque de moi, n'en fait qu'à sa tête et m'ignore. ______

3 Pour chaque figure de style demandée, écrivez une phrase sur le thème de l'hiver.

a) Comparaison : ______________________

b) Gradation : ______________________

c) Métaphore : ______________________

d) Énumération : ______________________

e) Répétition : ______________________

Nom : ______________________ Groupe : ____________ Date : ____________

2.3 Les synonymes et les antonymes

- Les synonymes sont des mots de même classe qui ont un sens très rapproché.

  Ex. : *couleur* (N) / *teinte* (N) *laid* (Adj) / *affreux* (Adj) *manger* (V) / *avaler* (V) *ensuite* (Adv) / *puis* (Adv)

- Les synonymes apportent des nuances de sens. Il faut donc tenir compte du contexte lorsqu'on remplace un mot par un synonyme.

  Ex. : *Le **repas** était excellent. = Le **dîner** était excellent.*

  *Nos trois **repas** étaient délicieux. ≠ Nos trois **dîners** étaient délicieux.*

- Voici différentes nuances que peuvent apporter les synonymes.

  Ex. : *Pour le mot* **nourriture** *:*
  - un sens plus précis : *aliments*
  - un sens mélioratif : *denrées*
  - un sens péjoratif : *boustifaille*
  - un changement de variété de langue : *popote*

- Les **antonymes** sont des mots qui ont un sens contraire ou opposé. Ils sont de la même classe de mots.

  Ex. : *jour* (N) ≠ *nuit* (N) *beaucoup* (Adv) ≠ *peu* (Adv) *vrai* (Adj) ≠ *faux* (Adj) *envahir* (V) ≠ *libérer* (V)

- Les antonymes peuvent se construire :
  - à l'aide d'un préfixe négatif : *utile ≠ **in**utile* *loger ≠ **dé**loger ;*
  - avec deux préfixes ou éléments de sens opposés : ***pré**natal ≠ **post**natal.*

© michaeljung/Shutterstock Images LLC

INFO +

Dans certains contextes, un synonyme peut être une expression.

Ex. : ***Utiliser** des ressources.*
*= **Tirer profit** des ressources.*
*J'achète des **aliments**.*
*= J'achète des **produits alimentaires**.*

1 Remplacez les mots soulignés par un synonyme et un antonyme appropriés selon le contexte.

	Synonymes	Antonymes
a) Cette athlète est très <u>forte</u>.		
b) Il pleut <u>fort</u>.		
c) Elle a de <u>fortes</u> épaules.		
d) Cet outil est <u>fort</u> utile.		
e) Cette <u>forte</u> odeur est désagréable.		
f) Je trouve cette question <u>facile</u>.		
g) Est-ce le chemin le plus <u>facile</u> ?		
h) C'est un argument <u>facile</u>.		

Nom : ______ Groupe : ______ Date : ______

2 Remplacez les mots soulignés selon les nuances demandées.

	a) Il met son manteau.	b) Ta sœur était différente hier.
– un sens plus précis		
– une variété de langue		
	c) Il veut dresser ce chien.	d) As-tu mangé ces pâtisseries ?
– un sens plus précis		
– un sens péjoratif		
– une variété de langue		
	e) J'ai la tête de ma mère.	f) Elle écrit très bien.
– un sens plus précis		
– un sens mélioratif		
– une variété de langue		

Coup de POUCE

Les dictionnaires donnent les synonymes et les antonymes des mots dans leur contexte. Il existe même des dictionnaires de synonymes et d'antonymes.

3 Remplacez les mots soulignés par le synonyme qui convient au contexte.

• acharnement • basse • colère • terrible • sérieux • volonté

a) Ce chanteur a une belle voix grave ______.

b) Il a eu un grave ______ accident de ski.

c) Sa mère lui dit, d'un air grave ______, qu'il ne marcherait plus.

d) Aussitôt, il se mit en rage ______.

e) Personne ne lui ferait perdre sa rage ______ de vivre.

f) Depuis qu'il s'entraîne avec rage ______, il marche !

JUSTIFIEZ VOTRE RÉPONSE

4 Les phrases suivantes sont erronées. Corrigez-les et justifiez votre réponse.

a) C'est une personne excessivement intelligente.

Correction : ______

Justification : ______

b) Il joue du piano et s'adresse au public avec beaucoup de dextérité.

Correction : ______

Justification : ______

Nom : ______________________ Groupe : ____________ Date : ______________

Activité synthèse

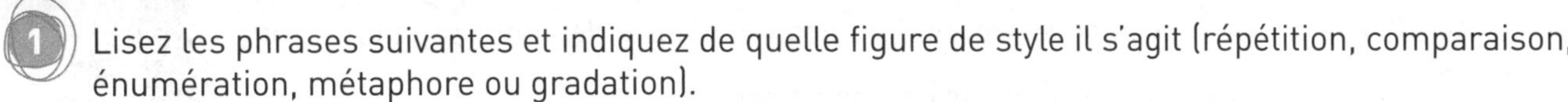

1 Lisez les phrases suivantes et indiquez de quelle figure de style il s'agit (répétition, comparaison, énumération, métaphore ou gradation).

a) « Sois satisfait des fleurs, des fruits, même des feuilles, si c'est dans ton jardin à toi que tu les cueilles ! » (E. Rostand) énumération

b) « Adieu veau, vache, cochon, couvée ». (J. de La Fontaine) énumération

c) « À la tienne, Étienne, à la tienne, mon vieux. » (R. Desnos) répétition

d) « Les fleurs blanches épanouies sur l'eau sont devenues des nids de soleil ». (M. Gevers) métaphore

e) « Ils parlent de la mort comme tu parles d'un fruit, ils regardent la mer comme tu regardes un puits. » (J. Brel) comparaison

2 Pour chaque mot en gras, soulignez le mot entre parenthèses qui est un synonyme approprié, selon le contexte.

a) **L'ouverture** (l'échancrure, l'indulgence, l'amorce) du nouveau directeur améliore sa **relation** (fréquentation, liaison, communication) avec les employés.

b) Malgré tout **le travail** (l'ouvrage, le métier, l'effort) fourni, ce jeune avocat n'a pas réussi son **examen** (observation, épreuve, approfondissement).

c) Il devra **étudier** (analyser, travailler, examiner) **sérieusement** (consciencieusement, sans rire, fortement) s'il veut reprendre cet examen.

d) En **examinant** (vérifiant, observant, inspectant) ses **résultats** (annotations, messages, notes), il s'est rendu compte de l'erreur de l'évaluateur.

e) Une simple erreur **de calcul** (d'évaluation, d'addition, de résolution) avait causé **son échec** (sa faillite, sa banqueroute, son insuccès).

3 Pour chaque mot en gras, soulignez le mot entre parenthèses qui est un antonyme approprié, selon le contexte.

a) Le talent de cette artiste est **impressionnant** (humble, petit, ordinaire).

b) Je suis très **sensible** (réfractaire, abstrait, imperceptible) à tes arguments.

c) La **dureté** de son regard me troublait (flexibilité, mollesse, douceur).

d) Nous avons assisté à une **triste** (radieuse, divertissante, contente) cérémonie.

Nom : ______________________ Groupe : ____________ Date : ____________

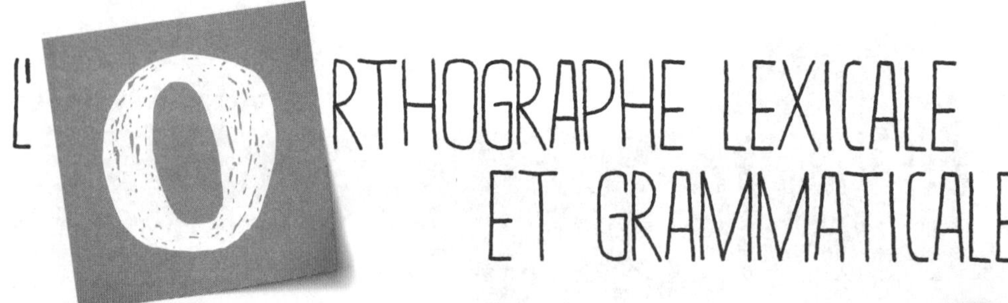

L'ORTHOGRAPHE LEXICALE ET GRAMMATICALE

INFO+

Les caractères entre crochets, qui représentent les sons, sont ceux de l'alphabet phonétique international.

1 L'ORTHOGRAPHE LEXICALE

1.1 La graphie de certains sons

- Il y a souvent plusieurs graphies possibles pour un même son.

Les sons [al] et [aʀ] en fin de mot

- En fin de mot, le son [al] peut s'écrire *-al*, *-ale*, *-alle*.
- En fin de mot, le son [aʀ] peut s'écrire *-ar*, *-are*, *-arre*, *-ard*, *-art*.

[œ̃ kʀɔtal]

© fivespots/Shutterstock Images LLC

1 Orthographiez correctement les noms se terminant avec le son [al]. Puis, ajoutez un déterminant masculin ou féminin devant chaque nom.

_____ scand_____	_____ interv_____	_____ céré_____
_____ éc_____	_____ spir_____	_____ st_____
_____ végét_____	_____ raf_____	_____ récit_____
_____ hémérocal_____	_____ piédest_____	_____ pét_____
_____ déd_____	_____ d_____	_____ pyr_____
_____ carnav_____	_____ m_____	_____ crot_____

2 Orthographiez correctement les noms se terminant avec le son [aʀ]. Puis, ajoutez un déterminant masculin ou féminin devant chaque nom.

_____ bag_____	_____ t_____	_____ hect_____
_____ remp_____	_____ nect_____	_____ blizz_____
_____ hang_____	_____ ég_____	_____ d_____
_____ éc_____	_____ doll_____	_____ ph_____
_____ chauff_____	_____ has_____	_____ am_____
_____ léz_____	_____ cauchem_____	_____ enc_____
_____ racont_____	_____ fanf_____	_____ nénuph_____
_____ jagu_____	_____ balbuz_____	_____ cultiv_____
_____ brouill_____	_____ guép_____	_____ cavi_____
_____ épaul_____	_____ charogn_____	_____ baz_____
_____ corbill_____	_____ étend_____	_____ gaill_____

Nom : ______________________ Groupe : __________ Date : __________

Les sons [il] et [iʀ] en fin de mot

- En fin de mot, le son [il] peut s'écrire *-il*, *-ile*, *-yle*, *-ylle*.
- En fin de mot, le son [iʀ] peut s'écrire *-ir*, *-ire*, *-yre*.

3 Orthographiez correctement les noms se terminant avec le son [il]. Puis, ajoutez un déterminant masculin ou féminin devant chaque nom.

______ fossi______	______ f______
______ ex______	______ as______
______ c______	______ id______
______ st______	______ pér______
______ chloroph______	______ éth______
______ vin______	______ p______
______ grés______	______ ustens______
______ arg______	______ prof______

© Michal Ninger/Shutterstock Images LLC

[œ̃ fosil]

4 Orthographiez correctement les adjectifs se terminant avec le son [il] et surlignez ceux qui changent de forme selon le genre.

Masculin	Féminin
volat	volat
vir	vir
host	host
subt	subt
v	v

Masculin	Féminin
imbéc	imbéc
fut	fut
civ	civ
inut	inut
puér	puér

Beaucoup d'adjectifs se terminant avec le son [il] sont des adjectifs **épicènes**, c'est-à-dire qu'ils ne changent pas de forme selon le genre.

Ex. : *un exercice **facile**, une opération **facile**.*

5 Orthographiez correctement les noms se terminant avec le son [iʀ]. Puis, ajoutez un déterminant masculin ou féminin devant chaque nom.

______ sb______	______ cachem______
______ d______	______ c______
______ dél______	______ emp______
______ l______	______ ém______
______ sour______	______ aven______
______ plais______	______ vamp______
______ saph______	______ dés______
______ soup______	______ élix______
______ fak______	______ kéf______
______ zéph______	______ menh______
______ nav______	______ tirel______

Nom : ________________ Groupe : ________ Date : ________

INFO 

Le *s* entre deux voyelles ne donne pas toujours le son [z], par exemple quand il suit un préfixe (***aéro**sol*, ***tri**secteur*, ***anti**septique*). Dans *carrousel*, le *s* se prononce [s] ou [z].

1.2 Des mots avec ou sans double consonne

- Il faut généralement doubler le *s* pour obtenir le son [s] entre deux voyelles.
- Dans certains mots, les consonnes *c*, *f*, *l*, *m*, *n*, *p*, *r*, *t* sont doublées.

1 Orthographiez correctement les mots à l'aide des consonnes proposées, que vous doublerez s'il y a lieu. Mémorisez ensuite l'orthographe de ces mots.

a) consonne ***c***

a____ueillir | a____adémique
o____ulaire | a____ommoder
allo____ution | ra____ourcir
o____lusion | a____adien

b) consonne ***f***

e____acer | a____ricain
pantou____le | a____ranchir
ba____ouer | agra____euse
su____isant | sou____ler

c) consonne ***l***

a____échant | abo____ition
interva____e | cou____oir
ce____u____e | para____è____e
tranqui____e | appe____ation

d) consonne ***m***

remercie____ent | bonho____ie
consta____ent | a____oniaque
coura____ent | appare____ent
bonho____e | serre____ent

e) consonne ***n***

conditio____el | i____ondation
i____ocence | i____ovation
internatio____al | a____exe
doua____e | disso____ance

f) consonne ***p***

a____éritif | escalo____e
a____étit | envelo____e
a____ercevoir | su____ression
a____arence | trou____e

g) consonne ***r***

ti____oir | cou____ant | nou____ir | déba____asser
mi____oir | cou____ier | ho____ai____e | ba____aque
ca____ousel | cha____ette | ho____ible | co____ection
te____asse | i____uption | mou____ir | ha____asser

h) consonne ***s***

expan____ion | aéro____ol | adre____e | re____ortir
terra____e | progre____ion | ob____e____ion | de____ervir
de____écher | aba____ourdir | a____a____in | anti____eptique
carrou____el | a____ourdir | tri____ecteur | sci____ion

i) consonne ***t***

échalo____e | a____raper | bisco____e | a____ention
caro____e | barbo____er | na____a____ion | camelo____e
so____e | idio____e | a____irer | a____roupement
o____i____e | subi____e | vo____er | avoca____e

Nom : ______________________ Groupe : __________ Date : __________

1.3 L'emploi de la majuscule dans les noms propres

- Le nom propre permet de nommer une réalité unique ou spécifique. Il commence par une lettre majuscule. Voici quelques catégories de noms propres.

Réalités uniques ou spécifiques désignées par un nom propre	Exemples
A Personnes, divinités, personnages, animaux	*Wilfrid Laurier, Hercule, Sherlock Holmes, le chat Néo*, etc.
B Lieux (pays, régions, villes, rues, etc.)	*le Paraguay, l'Estrie, Rouyn, rue Voltaire*, etc.
C Populations, habitants	*les Autrichiennes, un Franco-Manitobain, les Sherbrookois*, etc.
Remarque : Les noms de langue et les adjectifs correspondant aux noms de populations prennent une minuscule. Ex. : *J'apprends l'**allemand**. C'est un mets **libanais**.*	

INFO+

Quelques noms propres, parfois employés dans une métaphore, sont devenus des noms communs. Ils commencent alors par une minuscule.

Ex. : *Ce garçon est un vrai **hercule**.*

1 Pour chacune des phrases, récrivez les mots qui prennent une majuscule initiale. Justifiez vos réponses à l'aide des lettres correspondant aux catégories de noms du tableau ci-dessus.

Ex. : *Nous hébergeons des européens pour la semaine.*

Européens. ______ *C*

a) La ministre s'adresse aux citoyens en âge de voter, c'est-à-dire aux québécoises et aux québécois de 18 ans et plus.

______ ______

b) Le hamlet de shakespeare est un personnage fort intéressant.

______ ______

c) L'islam, le christianisme et le shintoïsme sont pratiqués en asie.

______ ______

d) Une britanno-colombienne de langue française s'associe à un natif de rivière-du-loup pour écrire l'histoire des rocheuses.

______ ______

______ ______

JUSTIFIEZ VOTRE RÉPONSE

2 Récrivez la phrase ci-dessous en corrigeant les erreurs qu'elle contient et justifiez votre réponse.

Ce Français parle l'Anglais avec l'accent des Américains Texans.

______

Justification : ______

______

INFO +

Les titres d'œuvres ou d'ouvrages s'écrivent en italique ou sont soulignés.

- Voici d'autres catégories de noms propres.

Réalités uniques ou spécifiques désignées par un nom propre	Exemples
D Titres d'œuvres ou d'ouvrages (livres, peintures, sculptures, films, etc.)	*Les fleurs du mal* (recueil de Charles Baudelaire) *Jeunes filles au piano* (tableau d'Auguste Renoir) *Le baiser* (sculpture d'Auguste Rodin)
Remarque : Dans les titres d'œuvres ou d'ouvrages, seul le premier mot prend une majuscule, peu importe la classe du mot. Les noms propres gardent bien sûr la majuscule.	
E Monuments, bâtiments, lieux publics	*la statue de la Liberté, le parc des Braves*
Remarques : – Lorsqu'il s'agit d'un nom simple à caractère évocateur, le nom prend la majuscule, mais pas le déterminant. Ex. : *le Biodôme, la Ronde.* – Lorsqu'il s'agit d'un nom composé d'un générique (nom désignant une réalité commune, générale) et d'un spécifique (nom désignant une réalité spécifique, unique), seul le spécifique prend la majuscule. Ex. : *le château Ramezay, la gare du Palais.*	

3. Pour chacune des phrases, écrivez les mots qui prennent une majuscule initiale. Justifiez vos réponses à l'aide des lettres correspondant aux catégories de noms du tableau ci-dessus.

a) Il affirme que son documentaire, *l'erreur boréale*, parle de la forêt québécoise.

______________________________ ______

b) Elle habite grande allée et travaille place royale.

______________________________ ______

c) Ce musée exposait *la nuit étoilée* de Van Gogh pour la première fois.

______________________________ ______

d) Je me suis fait photographier sous la tour eiffel et près de la tour de pise.

______________________________ ______

4. Dans le texte suivant, encerclez les lettres qui devraient être des majuscules.

Un jour, à natashquan, il y a eu une lecture publique du poème *les silences* de la québécoise louise desjardins. À la même heure, au pied de la tour de la bourse dans le vieux-montréal, des slameurs d'acton vale déclamaient des œuvres de poètes de la relève. Pendant que l'haïtien gérard étienne présentait son *cri pour ne pas crever de honte*, l'innue joséphine bacon a lu, en français et en innu, des pages de son recueil *bâtons à message*. Et c'est *quand les hommes vivront d'amour*, de raymond lévesque, qui a couronné cette Journée internationale de la poésie.

Nom : ______________________ Groupe : __________ Date : __________

© pio3/Shutterstock Images LLC

Activité synthèse

Dans le texte suivant :

- orthographiez correctement les mots qui finissent avec le son [al], [aʀ], [il] ou [iʀ] ;
- orthographiez correctement les mots avec ou sans double consonne ;
- encadrez les lettres qui devraient être des majuscules.

Jamais je n'aurais dû re_______ortir de mes ti_______oirs ce roman puér[il]_______.
Cela fera scand[al]_______ de le gardeur à la tuque. J'y décris le cauchem[aʀ]_______ d'un bonho_______e qui mène une vie para_______èle, entre le réel et l'irréel. Mon texte est i_______ondé d'idées biz[aʀ]_______ et même ho_______ibles. Des lutins nés dans le colisée, à rome, font i_______uption dans le récit sans raison. Parfois, draculite, un vamp[iʀ]_______ de russie coiffé d'un béret en cachem[iʀ]_______, perturbe la vie tranqu[il]_______ de pie_______ot, mon héros. Mon perso_______age princip[al]_______ a mille obse_______ions et peu d'a_______étit pour les héros de romans brita_______iques, à l'exception de harry potter.
En fait, son plus grand plais[iʀ]_______ est de combler les dés[iʀ]_______s de son chat grigri.
Il aime le nou_______ir sur la terra_______e. A_______ention ! Cet athlète félin exige de manger selon un ho_______aire précis. Mon imbéc[il]_______ de héros lui sert des bisco_______es aux échalo_______es dans un bol en vin[il]_______. Après avoir fait quelques co_______ections à mon texte, je m'en suis déba_______assé. Mais le has[aʀ]_______ a voulu qu'une raf [al]_______ le transporte, comme un facteur le ferait avec son cou_______ier, jusqu'au parc des portageurs à hull, où l'éditeur jean-lee bokou (de la maison d'édition pajovenkivol) le ramassa… et décida de le publier !

Nom : ______________________ Groupe : __________ Date : __________

2 LES ACCORDS DANS LE GROUPE DU NOM (GN)

2.1 L'accord du déterminant et de l'adjectif

RÈGLES D'ACCORD DANS LE GN

Accord du déterminant

- Le déterminant s'accorde en genre et en nombre avec le nom qu'il introduit.

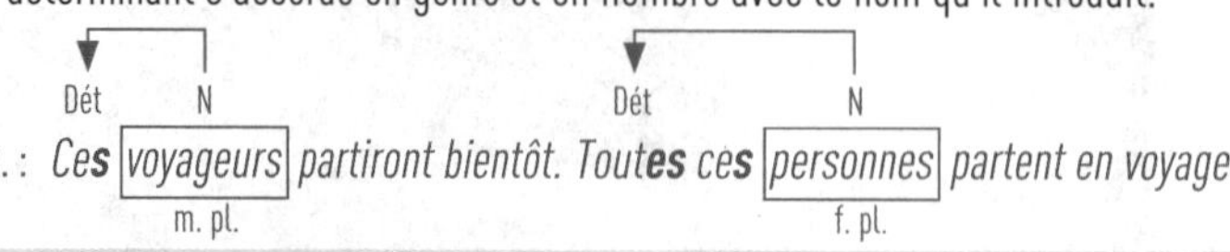

Ex. : *Ces voyageurs partiront bientôt. Toutes ces personnes partent en voyage.*

Accord de l'adjectif complément du nom (ou du pronom)

- L'adjectif s'accorde en genre et en nombre avec le nom (ou le pronom) qu'il complète.

Ex. : *Les différents lieux visités sont des grottes récemment découvertes.*

Ex. : *Situées dans divers milieux, elles passionnent les spéléologues.*

INFO +

Devant un adjectif, le déterminant *des* devient *de*.

Ex. : *des canots étroits* → *de longs canots étroits*

Coup de POUCE

Quand on peut le remplacer par un autre déterminant, *de* est un déterminant indéfini ou partitif. Il s'emploie devant un adjectif pluriel ou dans une phrase négative.

Ex. : *avoir **de** bons amis* → *avoir des amis ; ne pas avoir **de** ballon* → *avoir un ballon*

Rappelez-vous QUE...

- Il y a des **déterminants simples**, formés d'un seul mot, et des **déterminants complexes**, formés de plusieurs mots (ex. : *beaucoup de*).
- Catégories de déterminants :
  - déterminants définis : *le, la, l', les* (formes contractées *au, aux, du, des*) ;
  - déterminants partitifs (réalités non comptables) : *du, de la, de l', des* ;
  - déterminants indéfinis : *un, une, des, aucun, plusieurs, tout le*, etc. ;
  - déterminants démonstratifs : *ce, cet, cette, ces* ;
  - déterminants possessifs : *mon, ma, mes*, etc. ;
  - déterminants numéraux : *un, deux, trois, quatre*, etc. ;
  - déterminants interrogatifs ou exclamatifs : *quel, quelle, que de/d'*, etc.

1 Soulignez tous les noms dans les GN encadrés suivants. Puis, tracez une flèche du nom à ses receveurs d'accord, s'il y a lieu.

a) Cette idée originale d'une excursion en forêt enchante tout le monde.

b) Il faudra quelques longues heures pour faire cet interminable trajet.

c) « Quels beaux paysages ! » s'exclament deux élèves assis sur la première banquette.

d) Leur enseignant a donné une consigne sévère à la chauffeuse de l'autobus scolaire.

Nom : ______________________ Groupe : __________ Date : __________

RÈGLES D'ACCORD DANS LE GN

- Le **déterminant possessif** *leur* s'accorde seulement en nombre avec le nom qu'il accompagne.

  Ex. : *Ces visiteurs ont oublié* ***leurs*** *jumelles à l'hôtel.*

- Sauf *un*, *vingt* et *cent*, les **déterminants numéraux** sont toujours invariables.

  Ex. : *Tu as visité ces* ***quatre*** *régions.*

  Vingt et *cent* prennent la marque du pluriel seulement quand ils sont multipliés et qu'ils terminent le déterminant numéral.

  Ex. : *Il y a quatre-****vingts*** *balcons, mais quatre-****vingt****-trois chambres.*

Le pronom personnel *leur* est invariable.

Ex. : *Il* ***leur*** *a prêté les siennes.*

2 Au-dessus de chaque nom en gras, inscrivez son genre et son nombre. Choisissez un déterminant qui convient dans la catégorie proposée et accordez-le.

Ex. : *(interrogatif)* *Combien de* *f. pl.* ***fois*** *es-tu allée en forêt cette année, Léa ?*

a) (exclamatif) Quel m.s **enthousiasme** avaient les élèves, découvrant (démonstratif) ces f.pl **beautés** devant (possessif) mes m.pl **yeux** !

b) (défini) La f.s **chauffeuse** a exigé (partitif) de la f.s **discipline** et a dit (défini contracté) aux m.pl **élèves** de sortir calmement de (possessif) mon m.s **autobus**.

c) (exclamatif) Quelle f.s **pagaille** ! (démonstratif) Cette m.s **élève** turbulent chante à tue-tête !

d) (interrogatif) Quelles f.pl **raisons** avaient-ils de vouloir mettre (possessif) mes m.pl **pieds** dehors les premiers ?

e) Faire (partitif) des m.s **sport** (défini contracté) des grand m.s **air** les réjouissait.

f) (indéfini) ~~Un~~ Des m.pl **garçons** ont trébuché près (défini contracté) du m.s **sentier**.

3 Écrivez en lettres les déterminants numéraux des GN suivants.

a) (90) quatre-vingt-dix internautes

b) (120) cent vingt claviers

c) (29) vingt neuf modérateurs

d) (280) deux cent quatre-vingt blogues

e) (2600) deux mille six cent dossiers

f) (800 000) huit cent mille fichiers

RÈGLES D'ACCORD DANS LE GN

Les déterminants indéfinis

- Les déterminants *beaucoup de*, *tellement de*, *trop de*, *tant de*, *peu de*, *assez de* ne prennent pas la marque du pluriel. Cependant, le nom qu'ils introduisent est au singulier ou au pluriel, selon qu'il désigne une réalité qu'on peut compter ou non.

  Ex. : ***beaucoup de*** *monde*, mais ***beaucoup de*** *consignes*
- Les déterminants *aucun* et *nul* s'emploient presque exclusivement au singulier ; ils peuvent s'employer au pluriel seulement avec les noms qui n'ont pas de singulier.

  Ex. : ***nuls*** *honoraires*, ***aucunes*** *fiançailles*, mais ***nulle*** *visite*, ***aucun*** *guide*
- Le déterminant *chaque* ne prend jamais la marque du pluriel : il ne s'emploie qu'avec un nom singulier.

  Ex. : ***Chaque*** *visiteur doit respecter les règles.*

© irin-k/Shutterstock Images LLC

4 Mettez au singulier ou au pluriel les noms suivants, selon qu'ils désignent une réalité qu'on peut compter ou non.

a) Il y a assez de soleil___ et peu de nuage___, mais beaucoup de vent___.

b) Les élèves peuvent humer tellement de parfum___ de cet air matinal.

c) La guide avait assez de patience___ pour ceux ayant trop d'énergie___.

d) Elle avait tant de détail___ à donner et le faisait avec tant de passion___ !

e) Thomas n'a pas fait trop d'effort___ pour grimper dans l'arbre.

5 Dans les phrases suivantes, soulignez le GN entre parenthèses qui convient.

a) Les élèves n'ont eu (nul préparatif / nuls préparatifs) à faire.

b) Au camp, ils remarquent qu'il n'y a (aucun lieu / aucuns lieux) pour dormir.

c) La guide n'a (nul intention / nulle intention) de leur faire peur.

d) Il n'y aura (aucun frais / aucuns frais) pour la nuitée.

e) « Sous les arbres, il y a un toit pour (chaque élève / chaques élèves) ! » dit-elle.

6 Au-dessus de chaque nom en gras, inscrivez son genre et son nombre. Puis, soulignez le déterminant correctement accordé entre parenthèses.

a) (Certain / Certains) **garçons**, comme lui, savent faire un lit de sapin.

b) On ne peut utiliser (n'importe quels / n'importe quelles) **brindilles**.

c) (Tout les / Tous les / Toutes les) **conifères** ne sont pas aussi confortables.

d) (Certaines / Certains) **aiguilles** d'épinette piquent la peau à travers les vêtements.

e) Aldo a (quelque / quelques) **peine** à comprendre mes (quelque / quelques) **conseils**.

Nom : ____________________ Groupe : __________ Date : __________

RÈGLES D'ACCORD DANS LE GN

- L'**adjectif** se met au féminin pluriel s'il se rapporte à plusieurs noms féminins.
  Ex. : *une forêt et une grotte* ***inondées***
- L'**adjectif** se met au masculin pluriel s'il se rapporte à plusieurs noms masculins ou à plusieurs noms de genres différents.
  Ex. : *un sentier et un boisé* ***inondés*** *une forêt et un sentier* ***inondés***
- Il faut parfois se référer au contexte pour accorder l'adjectif. Celui-ci peut être :
  - complément de plusieurs noms coordonnés ;
    Ex. : *Ce sentier et ce bâtiment* ***anciens*** *doivent être préservés.*
    (Ici, le sentier et le bâtiment sont anciens.)
  - complément d'un seul des noms coordonnés.
    Ex. : *Ce sentier et ce bâtiment* ***ancien*** *doivent être préservés.*
    (Ici, seul le bâtiment est ancien.)

INFO +

Selon le sens, l'adjectif peut ne s'accorder qu'avec le dernier des noms coordonnés.
Ex. : *James et son frère* ***cadet*** *arriveront bientôt.*

Un ouaouaron, ou grenouille-taureau

7 Dans les phrases suivantes, encadrez les GN dont le noyau est en gras. Puis, faites tous les accords nécessaires dans ces GN.

a) Ces **ouaouarons** géant et colossal coassaient .

b) La **voûte** étoilé et scintillant éclairait le campement .

c) En cette **nuit** frais et humide , ils rêvaient de **couettes** chaud et épais .

d) Dormir dehors signifie qu'on se lève dès le premier **lueurs** matinal .

e) Des **louves** agressif et jaloux de leur territoire hurlaient .

f) C'est une fou **excursion** , très stimulant , mais trop bref .

8 Dans les phrases suivantes, accordez correctement l'adjectif entre parenthèses.

a) La guide et cet enfant (apeuré) __________ s'entendent bien.

b) Elle lui a dit que les bêtes et les insectes ne sont pas tous (menaçant) __________ .

c) Plutôt (scientifique) __________, Adam et Anna explorent la forêt.

d) Ils ont ramassé des fossiles et un champignon (comestible) __________ .

e) Ils observent aussi les arbres et leurs coloris (automnal) __________ .

f) Ils ont trouvé une tanière et un nid (abandonné) __________ par les oiseaux.

g) Ils n'avaient ni le bois ni les allumettes (nécessaire) __________ pour faire un feu.

h) Ces deux amis (enthousiaste) __________ ont découvert une cabane en bois.

i) La structure et le toit (rétractable) __________ du refuge avaient de quoi les surprendre !

j) Les jeunes ont voulu garder leur découverte et son emplacement (secret) __________ .

k) Cependant, les imaginant (égaré) __________ , la guide et tout le groupe les ont rejoints !

Nom : ______________________ Groupe : __________ Date : __________

RÈGLES D'ACCORD DANS LE GN

- Le GAdj peut être un complément détaché du nom ou du pronom. Son noyau, l'adjectif, s'accorde avec le nom ou le pronom qu'il complète.

  Ex. : ***Heureuse*** *de son excursion, Jessica me sourit.*
  Heureuse *de son excursion, elle me sourit.*

- Dans un GN comportant un GPrép complément du nom, l'adjectif s'accorde avec le nom qu'il complète, selon le sens.

  Ex. : *un groupe de personnes* ***éblouies*** (Ici, ce sont les personnes qui sont éblouies.)

  Ex. : *un groupe de personnes* ***mixte*** (Ici, c'est le groupe qui est mixte.)

9 Dans les phrases suivantes, encadrez les GN dont le noyau est en gras. Puis, faites tous les accords nécessaires dans ces GN.

a) Essoufflé et fatigué après l' escalade , les **filles** se reposent .

b) Ébloui par le savoir de la guide **Zoé et son amie** lui font des **compliments** élogieux .

c) Bien que craintif , les deux **indisciplinés** grimpèrent la **paroi** rocheux et escarpé .

d) Soucieux d'arriver premier , **Maria** dévala la pente abrupt .

e) Plutôt craintif , la **gamine** s'éloigna des **renardes** affamé .

f) Roux et doux comme de la soie , cette **fleur** a une **forme** très particulier .

10 Dans chaque GN comportant un GPrép complément du nom, accordez l'adjectif entre parenthèses selon le sens. Justifiez votre réponse en soulignant le nom qui commande l'accord.

a) Un oiseau à plumes (bleu) bleues

b) Des étendues d'eau (doux) douces

c) Un sentier de roches (étroit) étroites

d) Un sentier de boue (séché) séchée

e) Un nid de fourmis (rouge) rouges

f) Des routes de terre (sinueux) sinueuses

g) Des sacs à dos (lourd) lourds

h) Des chaussures de randonnée (imperméable) imperméables

i) Des collations de fruits (séché) séchés

j) Une descente en canot (périlleux) périlleux

© Al Mueller / Shutterstock Images LLC

Un geai bleu

Nom : ______________________ Groupe : __________ Date : __________

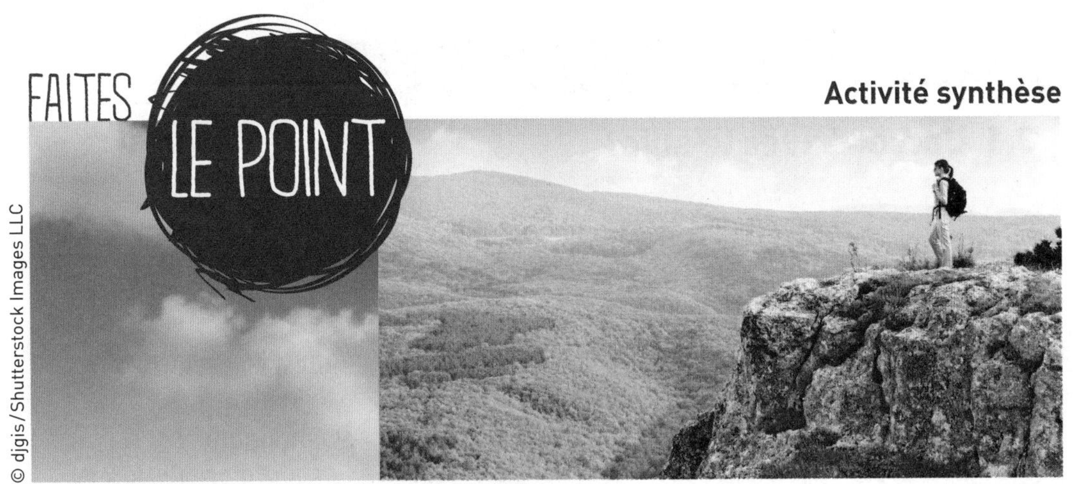

© djgis/Shutterstock Images LLC

Activité synthèse

JUSTIFIEZ VOTRE RÉPONSE

1 Dans quelle phrase le mot *aucun* est-il bien accordé ? Justifiez votre réponse.

a) Il n'a pu faire aucuns croquis de cette montagne. ○

b) Il n'y a aucuns frais pour ceux qui veulent faire du kayak. ○

Justification : ______________________

____

2 Dans les phrases suivantes, encadrez les GN dont le noyau est en gras. Puis, faites tous les accords nécessaires dans ces GN.

a) Égaré au fond des bois , ces deux **filles** n'auraient jamais pu retrouver leur chemin sans cet **boussole** .

b) Grâce à leur **imagination** débordant , ils ont su bâtir ce **abri** avec leur **mains** .

c) Si énervé à l'idée de manger des racines , cet **élève** , la cousine de Luc , faillit s'étouffer .

d) Tout ce **essences** d'arbres semblent avoir un **maladie** particulier et malheureusement fatal .

3 Composez trois phrases comportant un GN selon la construction indiquée. Puis, récrivez vos phrases en mettant ce GN au pluriel et faites les accords nécessaires dans la phrase.

a) déterminant interrogatif *quel* ou *quelle* + GAdj + nom

____

b) déterminant possessif *leur* + nom + GAdj

____

c) déterminant indéfini *tout le* ou *toute la* + GAdj + nom

____

Nom : ______________________ Groupe : __________ Date : __________

3 LES ACCORDS DANS LA PHRASE

3.1 L'accord avec le sujet

Rappelez-vous **QUE...**

Accord du verbe ou du verbe auxiliaire

- Le verbe (ou le verbe auxiliaire) s'accorde avec le **sujet**. Le sujet est souvent un pronom ou un GN.
  - Quand le sujet est formé d'un pronom seul ou accompagné de compléments, le verbe (ou le verbe auxiliaire) s'accorde en personne et en nombre avec le **pronom**.
  - Quand le sujet est un GN, le verbe s'accorde à la 3e personne du singulier ou du pluriel avec le **nom noyau** du GN sujet.
  - Quand le sujet est formé de plusieurs GN, le verbe (ou le verbe auxiliaire) s'accorde à la 3e personne du pluriel.

  Ex. : [*L'Italie*]GN, [*la France*]GN *et* [*l'Espagne*]GN ***sont***V *des destinations touristiques prisées.*

Accord de l'adjectif attribut du sujet

- L'adjectif attribut du sujet s'accorde en genre et en nombre avec le nom noyau du GN sujet ou avec le pronom sujet.

Accord du participe passé employé avec *être*

- Le participe passé employé avec *être* s'accorde en genre et en nombre avec le nom noyau du GN sujet ou avec le pronom sujet.

MS MANIPULATIONS SYNTAXIQUES

- Pour repérer le sujet qui commande les accords dans la phrase :
  - on peut remplacer le GN sujet par le pronom *il*, *elle*, *ils* ou *elles* ;
  - on peut encadrer le sujet par *c'est... qui* ;
  - on peut effacer, dans le sujet, le ou les compléments du nom noyau du GN ou du pronom.

  Ex. : *Ses photos de voyage étai**ent** exposé**es** dans sa chambre.*
  ✔ *Ses photos* ☐ *étai**ent** exposé**es** dans sa chambre.*
  *Laquelle de ces deux villes étai**t** la moins pollué**e** ?*
  ✔ *Laquelle* ☐ *étai**t** la moins pollué**e** ?*

Les grottes de Luray, en Virginie (États-Unis), découvertes en 1878

© Andrew211/Shutterstock Images LLC

 Dans chaque phrase :

- mettez le **GN sujet** entre crochets et remplacez-le par le **pronom** *il*, *elle*, *ils* ou *elles* ;
- **conjuguez le verbe** au temps demandé et **accordez-le** avec le GN sujet.

a) La visite de ces grottes a enchantés tout le monde.
(*enchanter*, ind. passé composé)

Nom : ______________________ Groupe : __________ Date : __________

b) Après cette excursion, tout le groupe __________ épuisé.
(*paraître*, ind. imparfait)

c) La nourriture et l'hébergement me __________ hors de prix.
(*sembler*, ind. présent)

d) Les terrains de camping __________ être plus abordables.
(*pouvoir*, ind. conditionnel présent)

e) Les musées de cette ville __________ parmi les plus prestigieux du monde.
(*figurer*, ind. présent)

f) La qualité de l'accueil et de l'hébergement __________ à désirer.
(*laisser*, ind. imparfait)

Coup de POUCE

Le verbe est parfois séparé de son donneur d'accord par un écran. Ce peut être un pronom personnel, un groupe ou une phrase subordonnée.

2 Dans chaque phrase :

- mettez entre crochets le **sujet** (pronom seul ou accompagné d'un complément) ;
- conjuguez et **accordez le verbe** indiqué.

a) Nous quatre __________ prendre le train.
(*préférer*, ind. conditionnel passé)

b) Lequel de ces circuits vous __________ le plus ?
(*intéresser*, ind. conditionnel présent)

c) Mes bagages étaient lourds ; ceux de mon ami ne __________ rien.
(*peser*, ind. imparfait)

d) Celui qui précède les randonneurs __________ notre guide.
(*être*, ind. présent)

e) Deux d'entre eux __________ rebrousser chemin.
(*vouloir*, ind. imparfait)

Coup de POUCE

Le sujet n'est pas toujours placé avant le verbe. Parfois, il est déplacé après le verbe.

3 Dans chaque phrase :

- mettez le **sujet** entre crochets ;
- conjuguez et **accordez le verbe** indiqué.

a) Demain, __________-tu visiter ce musée avec moi ?
(*venir*, ind. conditionnel présent)

b) Nombreux __________ les voyageurs incommodés par une insolation.
(*être*, ind. passé simple)

c) Dubaï, un des sept Émirats arabes unis, __________ une destination touristique de luxe.
(*être*, ind. présent)

d) Je vous __________ toutes les informations importantes avant votre départ.
(*transmettre*, ind. futur simple)

e) Ce musée de même que la cathédrale avoisinante __________ qu'on s'y attarde.
(*valoir*, ind. présent)

© fazeShine/Shutterstock.com

La tour de Khalifa, à Dubaï (Émirats arabes unis), est la plus haute structure au monde depuis 2009.

Nom : ______________________ Groupe : __________ Date : __________

- Lorsque le sujet est formé de GN et pronoms de **personnes différentes**, le verbe (ou l'auxiliaire) s'accorde au pluriel, à la personne qui a la priorité : la 1re personne l'emporte sur la 2e et la 3e, la 2e l'emporte sur la 3e.

  3e pers. 2e pers. 1re pers.

  Ex. : *Éias, toi et moi parti**rons** ensemble.*

- Lorsque le sujet est formé de **plusieurs GN** ou pronoms, l'adjectif attribut et le participe passé employé avec *être* s'accordent :
  - au féminin pluriel si le sujet est formé de plusieurs GN ou pronoms féminins ;

    Ex. : *Cette tour et cette arche sont très **anciennes**. Celle-ci et celle-là sont très **anciennes**.*
  - au masculin pluriel si le sujet est formé de plusieurs GN ou pronoms masculins, ou encore de genres différents.

    Ex. : *Cette tour et ce monument sont très **anciens**.*

- Le pronom *vous* **de politesse** représente une seule personne. L'accord se fait donc au masculin singulier ou au féminin singulier, selon qu'il concerne un homme ou une femme.

  Ex. : *Monsieur, vous serez log**é** dans un luxueux hôtel près de l'aéroport.*

INFO +

Dans le cas de GN ou pronoms de genres différents, il est toujours préférable de placer le mot masculin près de l'adjectif attribut ou du participe passé employé avec *être*.

4 Dans chaque phrase, soulignez le GN ou le pronom qui détermine la personne du verbe et accordez le verbe.

a) Le guide et toi, avec votre expérience, __________ en toute sécurité !
(*avancer*, ind. imparfait)

b) Notre guide et nous __________ d'éviter ce passage dangereux.
(*décider*, ind. plus-que-parfait)

c) Vous et moi lui __________ d'arriver à l'heure.
(*rappeler*, ind. futur simple)

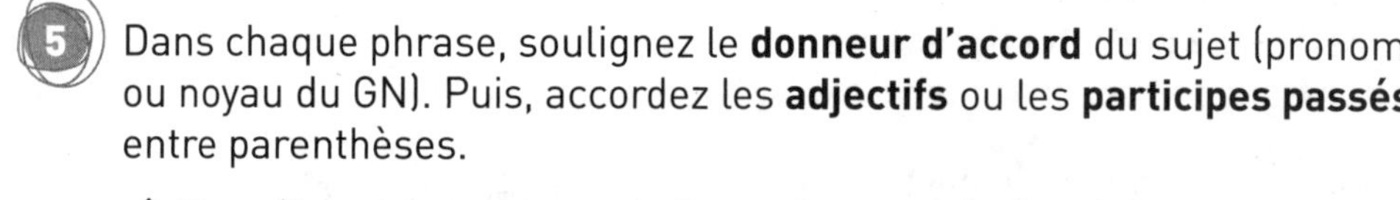

5 Dans chaque phrase, soulignez le **donneur d'accord** du sujet (pronom ou noyau du GN). Puis, accordez les **adjectifs** ou les **participes passés** entre parenthèses.

a) Tous étaient, au moment de l'atterrissage, très (tendu) __________.

b) Les photos de ce paysage sembleront (truqué) __________.

c) Mes compagnons de route sont (arrivé) __________ avant moi.

d) Ces images du château ont été (pris) __________ par Yan.

Coup de POUCE

Il faut parfois trouver dans le contexte ce que reprennent le ou les pronoms qui forment le sujet.

Ex. : *Es-tu intéressée par ce voyage, Margot ?*

6 Accordez les adjectifs ou les participes passés entre parenthèses.

a) Ces ruines et ces vestiges seront (protégé) __________.

b) Après l'excursion, Adam et moi sommes (revenu) __________ ici.

c) Toi et moi sommes (devenu) __________ des voyageuses insatiables.

d) Vous êtes-vous (reposé) __________ pendant cette escale, cher Antoine ?

Nom : ______________________ Groupe : __________ Date : ______________

- Lorsque le sujet est un nom **collectif singulier**, comme *bande*, *douzaine*, *foule*, *équipe*, etc., le verbe (ou le verbe auxiliaire), l'attribut du sujet et le participe passé employé avec *être* s'accordent avec le nom collectif.

  Ex. : *Ici, tout le monde parl**e** français. La population **est** accueillant**e**.*

- Lorsque le sujet est un nom **collectif suivi d'un autre nom** :
  - le verbe (ou le verbe auxiliaire), l'attribut du sujet et le participe passé employé avec *être* s'accordent avec le nom collectif si on veut insister sur l'idée d'**ensemble** ;

    Ex. : *Dans cette région, une multitude de personnes parl**e** français.*
  - le verbe (ou le verbe auxiliaire), l'attribut du sujet et le participe passé employé avec *être* s'accordent avec l'autre nom si on veut insister sur les **choses ou les êtres désignés** par ce nom. Le nom collectif prend alors la valeur d'un déterminant.

    Ex. : *Dans ces îles, une multitude de personnes parle**nt** français.*

7 Dans chaque phrase, soulignez le nom donneur d'accord et encadrez les marques d'accord.

a) Une bande de touristes empêchait l'accès au restaurant.

b) Une centaine de vols vers le Sud ont été annulés.

c) Une équipe de plongeurs nous attendait sur la plage.

d) Une équipe de serveurs assuraient un service impeccable.

© Luciano Mortula / Shutterstock Images LLC

Comptant 1969 îles, la baie de Ha Long (Vietnam) est inscrite sur la liste du Patrimoine mondial de l'UNESCO.

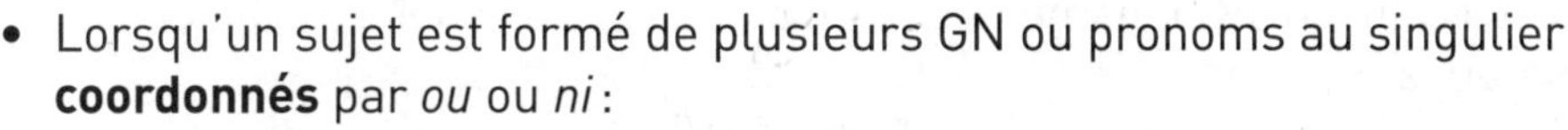

- Lorsqu'un sujet est formé de plusieurs GN ou pronoms au singulier **coordonnés** par *ou* ou *ni* :
  - le verbe s'accorde au singulier si le coordonnant a une valeur de **choix** ou d'**exclusion**. L'adjectif attribut ou le participe passé employé avec *être* s'accorde avec le dernier nom.

    Ex. : *Florence ou Guillaume **sera** charg**é** de vérifier l'horaire des croisières.* (Ce sera l'un ou l'autre.)
  - le verbe s'accorde au pluriel si le coordonnant a une valeur d'**addition**. L'adjectif attribut ou le participe passé employé avec *être* s'accorde au pluriel, selon le genre.

    Ex. : *Ni mon passeport ni celui de mon amie n'**ont** été retrouvé**s**.* (Les deux passeports n'ont pas été retrouvés.)

8 Dans chaque phrase, soulignez les GN qui forment le **sujet**, et accordez le **verbe**.

a) Ni Francis ni Pablo ne ___sera___ mon prochain compagnon de voyage.
(*être*, ind. futur simple)

b) Mon frère ou ma sœur ______________ me conduire à l'aéroport.
(*venir*, ind. futur simple)

c) La France ou l'Angleterre ___sont___ des pays où je retournerais.
(*être*, ind. présent)

d) Ni Claudia ni Alex ne ___peuvent___ me prêter leur appareil photo.
(*pouvoir*, ind. présent)

Nom : ______________________________ Groupe : ______________ Date : ______________

La subordonnée relative
Page 165

- Lorsque le sujet est le **pronom relatif *qui***, on repère ce que le pronom reprend, c'est-à-dire son antécédent. Le verbe (ou le verbe auxiliaire), l'attribut du sujet et le participe passé employé avec *être* s'accordent selon la personne, le genre et le nombre de l'antécédent du pronom sujet.

  Ex. : *C'est moi qui **ai** les billets d'avion.* (antéc. : moi ; Pron : qui)

9 Dans chaque phrase :
- soulignez l'**antécédent** du pronom relatif *qui* ;
- conjuguez et **accordez le verbe** indiqué.

a) C'est moi qui vous ______________ au musée. (*emmener*, ind. futur simple)

b) Je vous présenterai les personnes et le guide qui ______________ la visite avec vous. (*faire*, ind. futur simple)

c) Est-ce toi qui leur ______________ ces informations sur les préparatifs ? (*remettre*, ind. futur simple)

d) Toi et moi, qui ______________ goûter aux mets de ce pays, avons été choyés. (*vouloir*, ind. imparfait)

10 Dans les phrases suivantes, accordez les attributs du sujet ou les participes passés entre parenthèses.

a) C'est moi qui suis (arrivé) ______________ la première.

b) J'ai vu celui qui est (chargé) ______________ d'acheter les billets pour le groupe.

c) C'est ma sœur qui est (angoissé) ______________ à l'idée de prendre l'avion.

d) Voici les personnes qui ont été (choisi) ______________ pour vous guider.

Le pronom
Page 129

- Plusieurs **pronoms** n'ont pas d'antécédent et ont eux-mêmes une personne, un genre et un nombre.
- Les pronoms indéfinis *rien*, *quelqu'un*, *personne* sont du masculin singulier. Les pronoms interrogatifs *que* et *quoi* ont aussi une forme neutre (masculin singulier) ; il en est de même pour *qui* quand son antécédent est inconnu. L'accord avec ces pronoms se fait à la 3e personne du singulier.

  Ex. : *Personne n'est parfait.* *Qui est prêt ?*
- Certains pronoms ont des formes variables selon le genre et le nombre, comme *aucun/aucune*, *certains/certaines*.

  Ex. : *Certaines sont déjà venu**es** plus d'une fois.*
- Avec les pronoms *beaucoup*, *bon nombre*, *la plupart* ou *peu*, l'accord se fait à la 3e personne du pluriel.

  Ex. : *La plupart **ont** déjà voyagé dans les pays du Moyen-Orient.*

Nom : ______________________ Groupe : __________ Date : __________

11 Dans chaque phrase :
- mettez entre crochets le **sujet** (pronom seul ou accompagné d'un complément) ;
- **accordez** l'adjectif attribut du sujet ou le participe passé employé avec *être* ;
- **justifiez** votre réponse.

a) Certaines seront trop (fatigué) ______________ pour revenir à pied.

Justification : ______________________________

____

____

b) Les uns semblaient (satisfait) ______________ ; les autres paraissaient plutôt (déçu) ______________.

Justification : ______________________________

____

____

c) Toutes sont (revenu) ______________ avec l'espoir de retourner un jour dans ce lieu idyllique.

Justification : ______________________________

____

____

Les hautes gorges de la rivière Malbaie, au Québec.

12 Dans chaque phrase :
- mettez entre crochets le **sujet** (pronom seul ou accompagné d'un complément) ;
- **conjuguez le verbe** au temps demandé et **accordez-le** avec le pronom ;
- **justifiez** votre réponse.

a) Peu d'entre nous ______________ (*avoir*, ind. passé composé) le courage de goûter à ces mets exotiques.

Justification : ______________________________

____

____

b) Parmi nous, la plupart ______________ (*décider*, ind. passé simple) de ne pas faire de plongée.

Justification : ______________________________

____

____

c) Parmi vous, qui ______________ (*préférer*, ind. présent) aller à la plage ?

Justification : ______________________________

____

____

Nom : ______________________ Groupe : __________ Date : __________

3.2 L'accord avec le complément direct

Accord du participe passé employé avec *avoir*

- Le participe passé employé avec *avoir* s'accorde avec le complément direct seulement si ce complément le précède.
- Il reçoit le genre et le nombre du nom noyau du GN ou du pronom complément direct.

f. pl.
Pron aux. p. p.
Ex. : *Les personnes* [*qu'*] *il a rencontré**es** venaient toutes du Québec.*

1 Dans les phrases suivantes :

- accordez les **participes passés** des verbes entre parenthèses ;
- encadrez le **complément direct** qui commande l'accord, s'il y a lieu. S'il s'agit d'un pronom, soulignez son **antécédent** ;
- **justifiez** votre réponse en indiquant à droite la lettre de la règle d'accord (A, B ou C) de chaque participe passé.

A Le participe passé employé avec *avoir* s'accorde, car le complément direct est placé avant.
B Le participe passé employé avec *avoir* ne s'accorde pas, car le complément direct est placé après.
C Le participe passé employé avec *avoir* ne s'accorde pas, car il n'y a pas de complément direct.

a) Des milliers de visiteurs auront (visiter) __________ cette exposition unique. ____

b) Émilie et Vianney, nous vous avons (chercher) __________ partout. ____

c) Le pilote nous a (demander) __________ d'attacher notre ceinture. ____

d) Nous avons (dormir) __________ pendant le vol. ____

e) Voilà les cartes routières que vous avez (demander) __________. ____

f) La route est dangereuse ; nous avons (éviter) __________ plusieurs accidents. ____

g) Quels animaux sauvages avez-vous (voir) __________ pendant votre safari ? ____

h) Que de magnifiques souvenirs nous aurons (garder) __________ de ce voyage ! ____

i) Les enfants ont (raffoler) __________ de cette visite au zoo. ____

j) Marie, Gustavo t'a (apercevoir) __________ devant ce monument. ____

2 Observez les phrases du numéro précédent dans lesquelles le participe passé employé avec *avoir* s'accorde et complétez l'énoncé suivant.

Le participe passé employé avec *avoir* s'accorde avec les compléments directs suivants :

- les __________ *le*, *la*, *l'*, *les*, *me*, *te*, *se*, *nous*, *vous*, placés avant le verbe ;
- le pronom relatif __________, placé avant le verbe ;
- le noyau du GN complément direct, s'il est placé avant le verbe dans les phrases __________ et __________.

Nom : ______________________ Groupe : __________ Date : __________

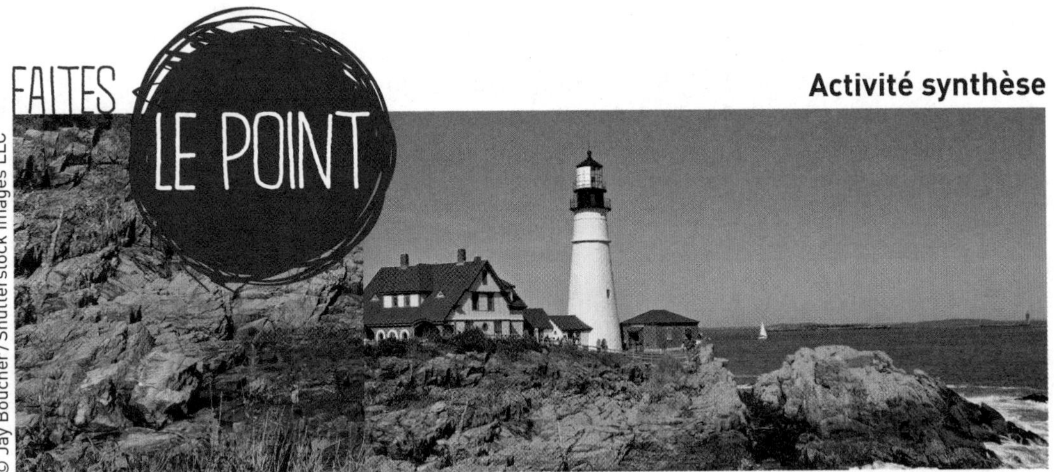

Activité synthèse

1 Dans les phrases suivantes :
- mettez entre crochets le **sujet** de chaque verbe indiqué ;
- conjuguez et **accordez le verbe** indiqué.

a) Des rafraîchissements nous ______________ offerts à notre arrivée au phare.
(*être*, ind. imparfait)

b) Voici la liste des volcans qu'______________ mon équipe.
(*explorer*, ind. futur simple)

c) La famille d'accueil qui nous a hébergés ______________ très chaleureuse.
(*être*, ind. imparfait)

d) Dans cette ville, nous ______________ nous croire au Moyen Âge.
(*pouvoir*, ind. conditionnel passé)

e) Nous trois ______________ les derniers.
(*partir*, ind. futur simple)

f) Peu ______________ un imperméable et des bottes.
(*emporter*, ind. plus-que-parfait)

g) Flavie, toi et moi ______________ nos lampes de poche.
(*apporter*, ind. plus-que-parfait)

h) C'est toi qui ______________ nos billets et c'est moi qui
(*perdre*, ind. passé composé)

______________ les chercher.
(*devoir*, ind. présent)

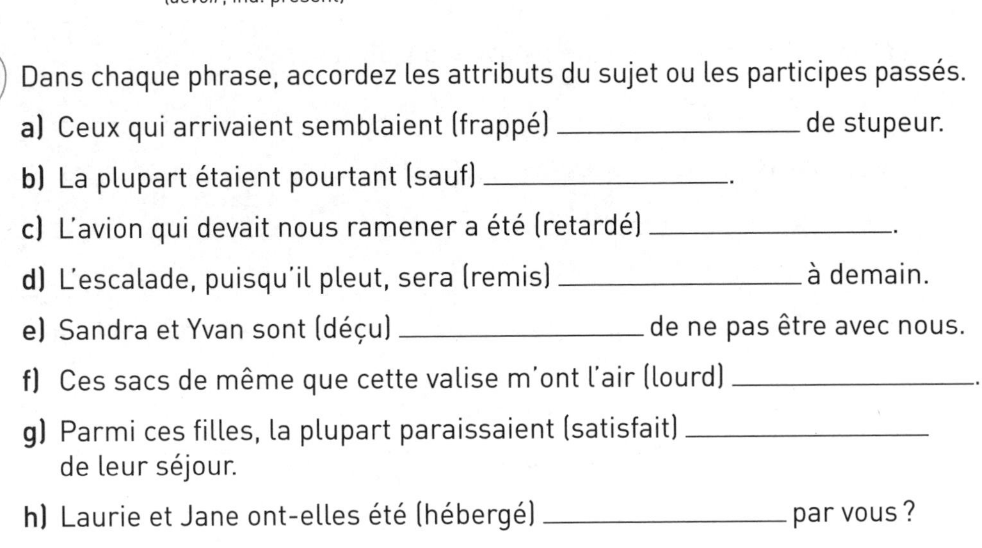

2 Dans chaque phrase, accordez les attributs du sujet ou les participes passés.

a) Ceux qui arrivaient semblaient (frappé) ______________ de stupeur.

b) La plupart étaient pourtant (sauf) ______________.

c) L'avion qui devait nous ramener a été (retardé) ______________.

d) L'escalade, puisqu'il pleut, sera (remis) ______________ à demain.

e) Sandra et Yvan sont (déçu) ______________ de ne pas être avec nous.

f) Ces sacs de même que cette valise m'ont l'air (lourd) ______________.

g) Parmi ces filles, la plupart paraissaient (satisfait) ______________ de leur séjour.

h) Laurie et Jane ont-elles été (hébergé) ______________ par vous ?

Nom : ______________________ Groupe : __________ Date : __________

Coup de POUCE

Le pronom *lequel* et ses variantes portent en eux-mêmes les marques d'accord. Il n'est donc pas nécessaire de trouver leur antécédent pour faire l'accord.

3 Dans les phrases suivantes :
- accordez les **participes passés** des verbes entre parenthèses ;
- encadrez le **complément direct** qui commande l'accord, s'il y a lieu. Dans le cas d'un pronom, soulignez son **antécédent**.

a) Ils ont (retrouver) ______________ les valises qu'ils avaient (perdre) ______________.

b) Si tu avais eu le choix entre ces trois photos, laquelle aurais-tu (choisir) ______________ ?

c) Ces plages, je les avais déjà (voir) ______________ dans un film.

d) Ce château que nous avons (visiter) ______________ est une vraie splendeur.

JUSTIFIEZ VOTRE RÉPONSE

© Fedor Selivanov/Shutterstock Images LLC

Commencée en 1173, la construction de la tour de Pise, en Toscane (Italie), dura trois siècles.

4 Une erreur s'est glissée dans chacune des phrases suivantes. Récrivez ces phrases en corrigeant cette erreur et justifiez votre réponse.

a) Les enfants et toi marchaient plus lentement.

____

Justification : ______________________________

____

____

b) C'est moi qui vous remettrez vos billets.

____

Justification : ______________________________

____

____

c) Deux d'entre nous partirons avant les autres.

____

Justification : ______________________________

____

____

d) Les plus jeunes d'entre vous avez choisi l'itinéraire le plus difficile.

____

Justification : ______________________________

____

____

Nom : ______________________ Groupe : __________ Date : __________

Dans ce texte :

- soulignez d'un trait les **verbes** (ou **auxiliaires**) ***être*** ;
- soulignez de deux traits les **auxiliaires *avoir*** ;
- accordez les **participes passés** des verbes entre parenthèses, s'il y a lieu.

Un voyage dans le passé

Ce voyage, nous l'avions (planifer) ______________ depuis longtemps. Enfin, prêtes à tout, nous sommes (partir) ______________ à la découverte des châteaux de la Loire, en France.

Quand nous sommes (arriver) ______________ à l'aéroport de Nantes, le jour était déjà (lever) ______________. Trop excitées, ni Claudia ni moi n'avions (fermer) ______________ l'œil de la nuit. Après avoir (prendre) ______________ possession de la voiture que nous avions (louer) ______________, nous avons (entreprendre) ______________ notre périple sous un ciel gris. C'est donc sous la pluie que nous avons (contempler) ______________ les 17 imposantes tours du château d'Angers, qui ont été (ériger) ______________ vers 1230.

Puis, après avoir (déguster) ______________ de délicieuses pâtisseries, nous avons (mettre) ______________ le cap vers le château de Langeais. Dans cette forteresse médiévale, nous imaginions comment les rois et les reines étaient (habiller) ______________ au XVe siècle. Nous avons ensuite (décider) ______________ de nous rendre à notre hôtel. Quelle journée remplie de belles découvertes nous avons (avoir) ______________ !

Le lendemain, nous avons (choisir) ______________ d'aller vers le château d'Amboise. C'est dans ce château que le roi François Ier avait (accueillir) ______________ Léonard de Vinci. Selon plusieurs sources, ce dernier y serait (arriver) ______________ avec son tableau *La Joconde* sous le bras !

De ces trois châteaux, je ne pourrais vous dire lequel j'ai (préférer) ______________. Tous les trois m'ont également (impressionner) ______________.

Le château d'Angers (France) a été construit entre 1230 et 1242.

© John Gordon/Shutterstock Images LLC

Nom : ____________________ Groupe : __________ Date : __________

4 LA CONJUGAISON DES VERBES

4.1 L'indicatif présent et passé composé

INFO+

Le saviez-vous ?

Il y a plus de 4 000 verbes **réguliers en *-er***, du type *aimer*, dans la langue française.

INDICATIF PRÉSENT

RAPPEL

A Dans les verbes **réguliers en *-er***, du type *aimer* :

- le radical est identique à celui de l'infinitif ;
- les terminaisons sont : *-e*, *-es*, *-e*, *-ons*, *-ez*, *-ent*.

Remarque : Le **radical** de certains verbes réguliers en *-er* subit de légères modifications*.

Verbes en :	Modifications au radical	Exemples
-cer	***c* → *ç*** devant *a* et *o*	*placer* → *nous plaçons*
-ger	***g* → *ge*** devant *a* et *o*	*manger* → *nous mangeons*
-oyer *-uyer*	***y* → *i*** devant un *e* muet	*broyer* → *je broie* *essuyer* → *j'essuie*
-ayer	***y* → *y*** ou ***i*** devant un *e* muet	*payer* → *je paye, je paie*
-e(*)er *-é(*)er* * = consonne	***e*** ou ***é* → *è*** devant une syllabe contenant un *e* muet, sauf dans les verbes *appeler*, *rappeler*, et *jeter* et ses dérivés, qui doublent le ***l*** ou le ***t***	*acheter* → *j'achète* *appeler* → *j'appelle*

* Ces modifications s'appliquent à d'autres modes et temps (ex. : *je plaçais*, *mangeant*).

Il y a plus de 300 verbes **réguliers en *-ir***, du type *finir*, qui font *-issant* au participe présent.

B Dans les verbes **réguliers en *-ir***, du type *finir*, qui font *-issant* au participe présent :

- le radical présente deux formes : il se termine par *-i-* ou par *-iss-* ;
- les terminaisons sont : *-s*, *-s*, *-t*, *-ons*, *-ez*, *-ent*.

Remarque : Le verbe *haïr* ne garde pas le tréma au singulier : *je hais*, *tu hais*, *il hait*.

Il y a environ 350 verbes **irréguliers en *-ir*, *-oir*, *-re***.

C Dans les verbes **irréguliers en *-ir*, *-oir*, *-re***, ainsi que dans les verbes *aller* et *envoyer* :

- le radical présente différentes formes ;
- les terminaisons sont le plus souvent : *-s*, *-s*, *-t*, *-ons*, *-ez*, *-ent*.

  Remarque : Certains verbes irréguliers ont des **terminaisons** particulières :

  - les verbes *pouvoir*, *vouloir* et *valoir* ont la terminaison *-x* avec *je* et *tu* ;
  - les verbes *couvrir*, *ouvrir*, *offrir*, *souffrir*, *cueillir*, *assaillir* et leurs dérivés ont les terminaisons suivantes : *-e*, *-es*, *-e*, *-ons*, *-ez*, *-ent*.

1 Conjuguez à l'indicatif présent les verbes réguliers en *-er* suivants et encadrez leurs terminaisons.

a) En position de défenseur, tu (jouer) ____________ très bien.

b) Les joueurs (oublier) ____________ trop souvent l'essentiel.

c) Tous les jours, nous (nager) ____________ une heure.

Nom : ______________________ Groupe : __________ Date : __________

Conjuguez à l'indicatif présent les verbes suivants et encadrez les modifications de leur radical.

	placer	*manger*	*broyer*	*payer*
je				
tu				
il				
nous				
vous				
elles				

	acheter	*céder*	*appeler*	*jeter*
je / j'				
tu				
elle				
nous				
vous				
ils				

3 Conjuguez à l'indicatif présent les verbes réguliers en *-ir* suivants et encadrez leurs terminaisons.

a) Vous (réfléchir) ______________ à voix haute.

b) Tu (choisir) ______________ un mauvais exemple pour illustrer ce cas.

c) Je (haïr) ______________ quand on me dérange pour rien.

d) Ma sœur aînée (nourrir) ______________ son bébé en ce moment.

Conjuguez à l'indicatif présent les verbes irréguliers suivants et encadrez leurs terminaisons.

a) (Boire) ______________-tu toujours un verre de lait avant d'aller dormir ?

b) De sa fenêtre, il (apercevoir) ______________ les voyageurs qui arrivent.

c) Vous (sourire) ______________ d'une drôle de façon aujourd'hui.

d) Lui et moi, (revenir) ______________ de voyage avec une bonne nouvelle !

e) Je (pouvoir) ______________ te l'annoncer tout de suite.

f) Il faut que tu (couvrir) ______________ les frais liés à ce voyage.

g) Il ne (vouloir) ______________ pas te faire de mal : il (souffrir)

______________ .

h) Les jardiniers (cueillir) ______________ tous les légumes mûrs.

© isarescheewin/Shutterstock Images LLC

*Ces modifications s'appliquent à d'autres modes et temps (ex. : *je connaîtrai, dors*).

• Plusieurs verbes irréguliers ont des **radicaux** particuliers.*	
– Certains verbes en *-ir* et en *-re*, tels *men**t**ir, par**t**ir, sor**t**ir, sui**v**re, vi**v**re* et leurs dérivés, perdent la consonne finale du radical au singulier de l'indicatif présent.	Ex. : *mentir* → *je **men**s*
– Les verbes en *-aître* et en *-oître* gardent le *î* du radical devant *t*.	Ex. : *naître* → *il **naî**t*
– Les verbes en *-ire*, sauf *rire, écrire* et leurs dérivés, ajoutent un *s* au radical du pluriel de l'indicatif présent.	Ex. : *dire* → *nous di**s**ons*
– Les verbes en *-ttre* ne gardent qu'un *t* du radical au singulier de l'indicatif présent.	Ex. : *mettre* → *je **met**s*
– Les verbes en *-dre* (sauf *-indre* et *-soudre*) gardent la consonne finale du radical au singulier de l'indicatif présent.	Ex. : *rendre* → *je **rend**s*

5 Conjuguez à l'indicatif présent les verbes irréguliers suivants.

	partir	décroître	permettre	descendre
je				
tu				
elle				
nous				
vous				
ils				

6 Conjuguez à l'indicatif présent les verbes irréguliers suivants. Puis, soulignez ceux qui présentent des formes particulières du radical ou de la terminaison.

** Les verbes en *-dre* ne prennent pas le *-t* de la terminaison à la 3e personne du singulier.

	aller	dire	faire	prendre**
je				
tu				
elle				
nous				
vous				
ils				

© kritskaya/Shutterstock Images LLC

7 Conjuguez à l'indicatif présent les verbes suivants.

a) Le chat ne (percevoir) ______________ pas les couleurs comme nous.

b) Si vous (employer) ______________ le mot *québécois* comme adjectif, il (s'orthographier) ______________ avec une minuscule initiale.

c) Ne (mourir) ______________-tu pas d'envie que je voyage avec toi ?

Nom : ______________________ Groupe : __________ Date : __________

INDICATIF PASSÉ COMPOSÉ

RAPPEL

- L'indicatif passé composé est formé de l'auxiliaire *avoir* ou *être* à l'indicatif présent et du participe passé du verbe.

  Ex. : *Elle **a terminé** son stage le mois passé. Elle **est devenue** comptable.*

A Les participes passés des verbes **réguliers en *-er*** finissent par ***-é*** au masculin singulier.

B Les participes passés des verbes **réguliers en *-ir*** finissent par ***-i*** au masculin singulier.

C Les participes passés des verbes **irréguliers en *-ir*, *-oir*, *-re*** peuvent finir par : ***-s*, *-u*, *-i*** ou ***-t*** au masculin singulier.

Remarque : Les verbes irréguliers *aller* et *envoyer* ont un participe passé en ***-é*** au masculin singulier.

8 Conjuguez à l'indicatif passé composé les verbes réguliers en *-er* et en *-ir* suivants. Accordez les participes passés, s'il y a lieu.

a) (Arroser) ______________-vous ______________ la patinoire hier ?

b) Les colis, nous les (transporter) ______________ en camion.

c) L'émission que tu (regarder) ______________ était passionnante.

d) Claude (agrandir) ______________ la cuisine d'été de sa maison.

e) Les habitants de ce pays (réagir) ______________ contre la dictature.

f) Ces armoires, vous les (remplir) ______________ de provisions.

g) Il (rattraper) ______________ son amie et lui (déclarer) ______________ qu'il l'aimait !

© Inhabitant/Shutterstock Images LLC

L'auxiliaire *être* sert à conjuguer des verbes exprimant un mouvement ou un changement d'état (*arriver, partir, sortir, devenir, mourir, naître*, etc.). Il sert également à conjuguer les verbes pronominaux.

9 Conjuguez à l'indicatif passé composé les verbes irréguliers suivants. Accordez les participes passés, s'il y a lieu.

a) Comme prévu, nous (partir) ______________ le 23 juin.

b) Ma grand-mère, Louise, (naître) ______________ le 27 février 1945.

c) Hier, les élèves (aller) ______________ s'entraîner au parc.

d) Maïssa (sortir) ______________ enfin ______________ ses bottes d'hiver.

e) Nous (sortir) ______________ comme il commençait à pleuvoir.

f) Ces paroles qu'il (dire) ______________ sont des vérités.

g) Cette raquette de tennis, l'(recevoir) ______________-tu ______________ pour ton anniversaire ?

h) Chère Anne, tu (apprendre) ______________ beaucoup de choses aujourd'hui.

Nom : ______________________ Groupe : __________ Date : __________

4.2 L'indicatif imparfait et plus-que-parfait

RAPPEL

INDICATIF IMPARFAIT

- Le **radical** des verbes à l'imparfait de l'indicatif :

  A est identique à celui de l'infinitif pour les verbes **réguliers en *-er*** (*j'**aim**ais*) ;

  B présente la forme *-iss-* pour les verbes **réguliers en *-ir***, du type *finir* (*je **finiss**ais*) ;

  C présente différentes formes pour les verbes **irréguliers en *-ir*, *-oir*, *-re***.

  Remarque : Pour former l'indicatif imparfait, on peut utiliser le radical du participe présent (***aim**ant*, ***finiss**ant*, ***sort**ant*, ***pouv**ant*, ***lis**ant*), sauf pour *avoir* (**av-**).
- Les **terminaisons** sont les mêmes pour **tous les verbes** : *-ais*, *-ais*, *-ait*, *-ions*, *-iez*, *-aient*.

INDICATIF PLUS-QUE-PARFAIT

- L'indicatif plus-que-parfait est formé de l'auxiliaire *avoir* ou *être* à l'indicatif imparfait et du participe passé du verbe.

1 a) Conjuguez à l'indicatif imparfait les verbes *fouiller* et *désigner*, puis encadrez leurs terminaisons.

b) Conjuguez à l'indicatif imparfait les verbes *relancer* et *arranger*, puis encadrez les modifications de leur radical.

Coup de POUCE

Rappelez-vous ! Le radical de certains verbes en *-er* subit de légères modifications. Voir ces modifications à la page 244.

	fouiller	*désigner*	*relancer*	*arranger*
je / j'	fouillais	désignais	relançais	arrangeais
tu	fouillais	désignais	relancais	arrangeais
elle	fouillait	désignait	relancait	arrangeait
nous	fouillions	désignions	relancons	arrangeons
vous	fouillez	désignez	relancez	arrangez
ils	fouillaient	désignaient	relancaient	arrangeaient

Dans les verbes en *-ier* et en *-yer*, il y a un double *i* ou un *yi* aux 1re et 2e personnes du pluriel (ex. : *vous étudiiez*, *nous nettoyions*).

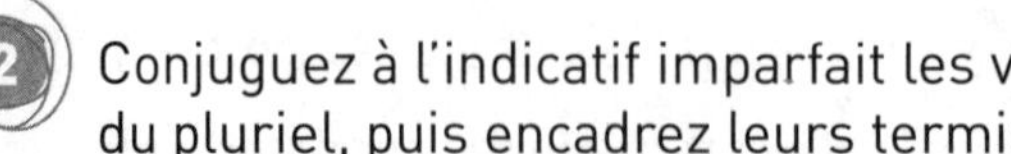

2 Conjuguez à l'indicatif imparfait les verbes suivants aux 1re et 2e personnes du pluriel, puis encadrez leurs terminaisons.

	varier	*relayer*	*fuir*	*rire*
nous	varions	relayons	fui	
vous				

Nom : ______________________ Groupe : __________ Date : __________

3 Conjuguez à l'indicatif imparfait les verbes entre parenthèses.

a) Si tu (projeter) ______________ d'aller à Paris, il te faudrait absolument visiter ta tante.

b) Lorsque nous (aller) ______________ dans les vieux pays pendant les vacances, nous ne (s'ennuyer) ______________ jamais !

c) Mine de rien, vous (acquérir) ______________ un bon bagage historique.

d) Les gens (s'asseoir) ______________ où ils le (pouvoir) ______________ pour se reposer.

e) Ces nobles (faire) ______________-ils partie de sa famille ?

f) Cher comte ! Il (changer) ______________ d'idée comme on change de chemise !

g) Nous ne (ralentir) ______________ jamais la cadence : nous (vouloir) ______________ tout voir.

h) Pour visiter la ville, je (se déplacer) ______________ toujours à pied. Je (s'émerveiller) ______________ sans cesse !

i) Nous (envier) ______________ nos cousins de déménager en France, là où avaient vécu nos ancêtres.

j) Lors de vos voyages, vous (expédier) ______________ souvent des présents à votre famille.

© StevanZZ/Shutterstock Images LLC

Cette chimère du XIXe siècle orne la cathédrale Notre-Dame de Paris (France).

4 Conjuguez à l'indicatif plus-que-parfait les verbes entre parenthèses. Accordez les participes passés, s'il y a lieu.

a) Nous (organiser) ______________ pourtant tout ______________ !

b) Ma mère (faire) ______________ l'achat des billets d'avion, et mon père (réserver) ______________ le taxi.

c) La liste des objets interdits, que j'(préparer) ______________, était sur la table.

d) Christiane (avoir) ______________ la gentillesse de nous prêter son cellulaire « européen ».

e) Tu (prévenir) ______________ Macha que nous partions à 17 heures de la maison.

f) Jusqu'à ce jour, les plus belles vacances, nous les (vivre) ______________ ensemble.

g) Elle (arriver) ______________ avec ses bagages. Si vous les (voir) ______________...

h) Elle (mettre) ______________ peu de choses dans sa valise, mais (ajouter) ______________ des cadeaux pour ses parents.

i) À l'aéroport, nous (attendre) ______________ patiemment.

Coup de POUCE

L'auxiliaire *être* sert à conjuguer des verbes exprimant un mouvement ou un changement d'état (*arriver, partir, sortir, devenir, mourir, naître*, etc.). Il sert également à conjuguer les verbes pronominaux.

Nom : ______ Groupe : ______ Date : ______

4.3 L'indicatif passé simple et passé antérieur

INDICATIF PASSÉ SIMPLE

RAPPEL

A Dans les verbes **réguliers en -*er***, du type *aimer* :
- le radical est identique à celui de l'infinitif ;
- les terminaisons sont : *-ai*, *-as*, *-a*, *-âmes*, *-âtes*, *-èrent*.

B Dans les verbes **réguliers en -*ir***, du type *finir*, qui font *-issant* au participe présent :
- le radical est identique à celui de l'infinitif et il ne change pas de forme (*fin-*) ;
- les terminaisons sont : *-is*, *-is*, *-it*, *-îmes*, *-îtes*, *-irent*.

C Dans les verbes **irréguliers en -*ir*, -*oir*, -*re*** :
- le radical présente différentes formes ;
- les terminaisons sont : *-is*, *-is*, *-it*, *-îmes*, *-îtes*, *-irent* ou *-us*, *-us*, *-ut*, *-ûmes*, *-ûtes*, *-urent*.

Remarques :
- *Avoir* et *être* ont les terminaisons des verbes irréguliers (*j'eus*, *nous eûmes* ; *je fus*, *nous fûmes*).
- *Tenir* et *venir* ont des terminaisons particulières au passé simple (*je tins*, *nous tînmes*).

INDICATIF PASSÉ ANTÉRIEUR

- L'indicatif passé antérieur est formé de l'auxiliaire *avoir* ou *être* à l'indicatif passé simple et du participe passé du verbe.

1 a) Conjuguez à l'indicatif passé simple les verbes *festoyer* et *recréer*, puis encadrez leurs terminaisons.

b) Conjuguez à l'indicatif passé simple les verbes *foncer* et *loger*, puis encadrez les modifications de leur radical.

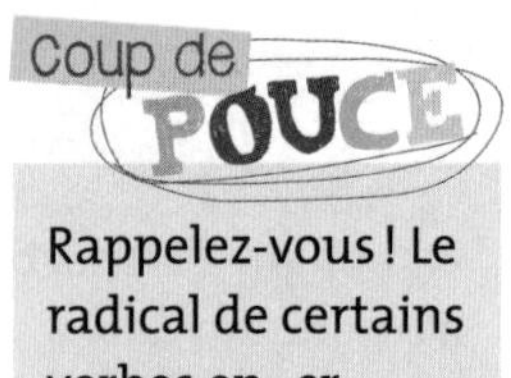

Coup de POUCE

Rappelez-vous ! Le radical de certains verbes en *-er* subit de légères modifications. Voir ces modifications à la page 244.

	festoyer	*recréer*	*foncer*	*loger*
je				
tu				
elle				
nous				
vous				
ils				

Nom : ______________________ Groupe : __________ Date : __________

2 Conjuguez à l'indicatif passé simple les verbes réguliers en *-er* et en *-ir* suivants, et encadrez leurs terminaisons.

a) C'est moi qui (avancer) ______________________ cette proposition.

b) Vous (dialoguer) ______________________ et nous (arriver) ______________________ à un compromis.

c) Je (pâlir) ______________________ d'effroi quand le lion, tout près, (rugir) ______________________.

d) Nous (se ressaisir) ______________________ à temps pour tirer les fléchettes tranquillisantes.

e) Quant à vous, vous (déguerpir) ______________________ aussitôt !

© Matthew Williams-Ellis/ Shutterstock Images LLC

3 Conjuguez à l'indicatif passé simple les verbes irréguliers suivants et encadrez leurs terminaisons.

	ouvrir	*courir*	*vouloir*	*dire*
je / j'				
tu				
elle				
nous				
vous				
ils				

4 Conjuguez à l'indicatif passé simple les verbes entre parenthèses.

a) Tu (tenir) ______________________ bon jusqu'à l'arrivée des renforts.

b) Quant à cet homme, c'est moi qui (voir) ______________________ son subterfuge le premier.

c) Vous le (cueillir) ______________________ à l'aéroport et nous (suivre) ______________________ votre voiture.

d) Il (survivre) ______________________, mais n'(avoir) ______________________ aucun répit.

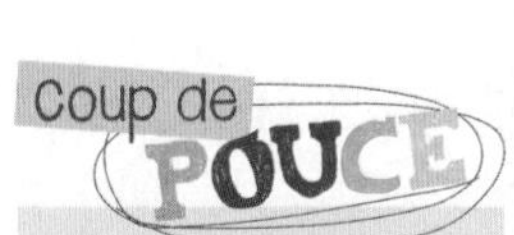

Coup de POUCE

L'auxiliaire *être* sert à conjuguer des verbes exprimant un mouvement ou un changement d'état (*arriver, partir, sortir, devenir, mourir, naître*, etc.). Il sert également à conjuguer les verbes pronominaux.

5 Conjuguez les verbes suivants aux temps indiqués. Accordez les participes passés, s'il y a lieu.

a) Après qu'il ______________________ (*terminer*, passé antérieur) son récit, nous ______________________ (*rester*, passé simple) muets.

b) Dès que j'______________________ (*finir*, passé antérieur) mon numéro, ils me ______________________ (*renvoyer*, passé simple).

c) Il ______________________ (*s'enfuir*, passé simple) dès que vous ______________________ (*ouvrir*, passé antérieur) la porte.

d) En quelques instants, nous ______________________ (*devenir*, passé antérieur) des célébrités.

Nom : ______________________ Groupe : __________ Date : __________

4.4 L'indicatif futur simple et futur antérieur

RAPPEL

INDICATIF FUTUR SIMPLE

A Dans les verbes **réguliers en *-er***, du type *aimer* :

- le radical est identique à celui de l'infinitif ;
- les terminaisons sont : *-erai, -eras, -era, -erons, -erez, -eront*.

B Dans les verbes **réguliers en *-ir***, du type *finir* :

- le radical présente la forme *-i-* (infinitif moins le *-r*), comme au singulier de l'indicatif présent ;
- les terminaisons sont : *-rai, -ras, -ra, -rons, -rez, -ront*.

C Dans les verbes **irréguliers en *-ir*, *-oir*, *-re***, ainsi que dans les verbes *aller* et *envoyer* :

- le radical présente différentes formes ;
- les terminaisons sont : *-rai, -ras, -ra, -rons, -rez, -ront*.

Remarque : Dans certains verbes irréguliers, il y a deux *r* consécutifs. Le premier *r* peut appartenir :

– au radical, par exemple *courir* (*je cour/rai*), *mourir* (*je mour/rai*) ;
– à une forme particulière du radical, par exemple *voir* (*je ver/rai*), *envoyer* (*j'enver/rai*), etc.

INDICATIF FUTUR ANTÉRIEUR

- L'indicatif futur antérieur est formé de l'auxiliaire *avoir* ou *être* à l'indicatif futur simple et du participe passé du verbe.

1 Conjuguez à l'indicatif futur simple les verbes réguliers en *-er* suivants et encadrez leur terminaison.

a) Je vous (rappeler) rappellerai ce rendez-vous important.

b) Je parie que Simon (renouer) renouera avec Catherine.

c) Cette fois, nous (jouer) jouerons le tout pour le tout.

d) Vous (varier) varierez vos méthodes d'expérimentation.

Coup de POUCE

Rappelez-vous ! Le radical de certains verbes en *-er* subit de légères modifications. Voir ces modifications à la page 244.

2 Conjuguez à l'indicatif futur simple les verbes réguliers en *-er* suivants et encadrez les modifications de leur radical.

	appuyer	rayer	amener	régner
je/j'	appuierai	rayerai	amènerai	régnerai
tu	appuieras	rayeras	amèneras	régneras
elle	appuiera	rayera	amènera	régnera
nous	appuierons	rayerons	amènerons	régnerons
vous	appuierez	rayerez	amènerez	régnerez
ils	appuieront	rayeront	amèneront	régneront

Nom : ______________________ Groupe : ____________ Date : ____________

3 Conjuguez à l'indicatif futur simple les verbes réguliers en *-ir* suivants et encadrez leurs terminaisons.

a) Si je mange ta part, je (grossir) ______________
et toi, tu (maigrir) ______________ !

b) Le poirier (fleurir) ______________ ; après,
les poires (mûrir) ______________ .

c) Vous (grandir) ______________ et nous, nous
(vieillir) ______________ .

© Marykit/Shutterstock Images LLC

4 Conjuguez à l'indicatif futur simple les verbes irréguliers suivants et encadrez leurs terminaisons.

	offrir	*devoir*	*aller*	*connaître*
je / j'				
tu				
elle				
nous				
vous				
ils				

	conquérir	*revoir*	*courir*	*renvoyer*
je				
tu				
elle				
nous				
vous				
ils				

5 Conjuguez à l'indicatif futur antérieur les verbes entre parenthèses. Accordez les participes passés, s'il y a lieu.

a) Dis-le-moi quand tu (terminer) ______________ ton jeu.

b) J'(voir) ______________ vraiment tout ______________ !

c) Vous (prendre) ______________ sans doute ______________ le mauvais métro par distraction.

d) Elle (repartir) ______________ avant que tu n'arrives.

e) Cette valise, tu l'(défaire) ______________ aussitôt arrivé.

f) Notre voyage (valoir) ______________ vraiment ______________ la peine !

Nom : ________________________ Groupe : ____________ Date : ____________

4.5 L'indicatif conditionnel présent et conditionnel passé

RAPPEL

INDICATIF CONDITIONNEL PRÉSENT

A Dans les verbes **réguliers en *-er***, du type *aimer* :

- le radical est identique à celui de l'infinitif ;
- les terminaisons sont : *-erais*, *-erais*, *-erait*, *-erions*, *-eriez*, *-eraient*.

B Dans les verbes **réguliers en *-ir***, du type *finir* :

- le radical présente la forme *-i-* (infinitif moins le *-r*), comme au singulier de l'indicatif présent ;
- les terminaisons sont : *-rais*, *-rais*, *-rait*, *-rions*, *-riez*, *-raient*.

C Dans les verbes **irréguliers en *-ir*, *-oir*, *-re***, ainsi que dans les verbes *aller* et *envoyer* :

- le radical présente différentes formes ;
- les terminaisons sont : *-rais*, *-rais*, *-rait*, *-rions*, *-riez*, *-raient*.

Remarque : Dans certains verbes irréguliers, il y a deux *r* consécutifs. Le premier *r* peut appartenir :

- au radical, par exemple *courir* (*je cour/rais*), *mourir* (*je mour/rais*) ;
- à une forme particulière du radical, par exemple *voir* (*je ver/rais*), *envoyer* (*j'enver/rais*), etc.

INDICATIF CONDITIONNEL PASSÉ

- L'indicatif conditionnel passé est formé de l'auxiliaire *avoir* ou *être* à l'indicatif conditionnel présent et du participe passé du verbe.

© Monkey Business Images/Shutterstock Images LLC

1 Conjuguez à l'indicatif conditionnel présent les verbes réguliers en *-er* suivants et encadrez leurs terminaisons.

a) Vous (déménager) ____________ d'ici la fin de l'année ?

b) Je (voyager) ____________ si j'en avais les moyens.

c) Je crois que nous (arriver) ____________ plus vite par là.

d) Ainsi, nos routes ne (se croiser) ____________ plus ?

Rappelez-vous ! Le radical de certains verbes en *-er* subit de légères modifications. Voir ces modifications à la page 244.

2 Conjuguez à l'indicatif conditionnel présent les verbes réguliers en *-er* suivants et encadrez les modifications de leur radical.

	nettoyer	*égayer*	*mener*	*rejeter*
je / j'				
tu				
elle				
nous				
vous				
ils				

Nom : ____________________ Groupe : __________ Date : __________

3 Conjuguez à l'indicatif conditionnel présent les verbes réguliers en *-ir* suivants et encadrez leurs terminaisons.

a) Dans cette eau glacée, nous (bleuir) ____________ en un rien de temps.

b) Ces jeunes, ils (accomplir) ____________ des miracles s'ils le voulaient.

c) Dans le scénario, je (franchir) ____________ le portail et tu (s'évanouir) ____________ d'émotion.

4 Conjuguez à l'indicatif conditionnel présent les verbes irréguliers suivants et encadrez leurs terminaisons.

	desservir	*secourir*	*mettre*	*valoir*
je				
tu				
elle				
nous				
vous				
ils				

5 Conjuguez à l'indicatif conditionnel présent les verbes irréguliers suivants et encadrez leurs terminaisons.

a) Je le (savoir) ____________ s'il était arrivé.

b) Nous (pouvoir) ____________ sûrement aider ces familles.

c) Ces travailleurs saisonniers (cueillir) ____________ volontiers ces fraises.

d) Vous (recevoir) ____________ combien de travailleurs pour l'été ?

e) Tu (remettre) ____________ bien cette corvée à demain.

6 Conjuguez à l'indicatif futur antérieur les verbes entre parenthèses. Accordez les participes passés, s'il y a lieu.

a) Apparemment, je (arriver) ____________ juste au bon moment.

b) Ces derniers jours, elle (faiblir) ____________ énormément.

c) Ils (vouloir) ____________ nous accompagner dans cette aventure.

d) (Céder) ____________ -tu ____________ ta place s'il te l'avait demandé ?

e) Les étapes, nous les (franchir) ____________ l'une après l'autre.

L'auxiliaire *être* sert à conjuguer des verbes exprimant un mouvement ou un changement d'état (*arriver, partir, sortir, devenir, mourir, naître*, etc.). Il sert également à conjuguer les verbes pronominaux.

Nom : ____________________ Groupe : __________ Date : __________

4.6 Le subjonctif présent et passé

SUBJONCTIF PRÉSENT

- Le **radical** des verbes au subjonctif présent et passé :
  A est identique à celui de l'infinitif pour les verbes **réguliers en *-er***, du type *aimer* (*que j'**aim**e*) ;
  B présente la forme *-iss-* pour les verbes **réguliers en *-ir***, du type *finir* (*que je **finiss**e*) ;
  C peut présenter différentes formes pour les verbes **irréguliers en *-ir*, *-oir*, *-re***, ainsi que pour le verbe *aller*.

  Remarques :
  – Pour former le subjonctif présent, on peut généralement utiliser le radical de la 3e personne du pluriel de l'indicatif présent (*elles **aim**ent*, *ils **finiss**ent*, *elles **reçoiv**ent*).
  – Il y a parfois un autre radical aux 1re et 2e personnes du pluriel : c'est celui de l'indicatif présent aux 1re et 2e personnes du pluriel (*nous **recev**ons* → *que nous **recev**ions*).
- Sauf pour *avoir* et *être*, les **terminaisons** sont les mêmes pour **tous les verbes** : *-e*, *-es*, *-e*, *-ions*, *-iez*, *-ent*.

SUBJONCTIF PASSÉ

- Le subjonctif passé est formé de l'auxiliaire *avoir* ou *être* au subjonctif présent et du participe passé du verbe.

1 Conjuguez au subjonctif présent les verbes réguliers en *-er* suivants et encadrez leurs terminaisons.

a) Il ne faudrait pas que ces fins renards (déjouer) déjouent nos plans.
b) Je suis rassurée que vous (peser) pesirez le pour et le contre.
c) Que tu (se comparer) te compares à ce géant n'est pas une bonne idée !
d) Nous l'encourageons afin qu'il (continuer) continue ses études.

Coup de POUCE

Rappelez-vous ! Le radical de certains verbes en *-er* subit de légères modifications. Voir ces modifications à la page 244.

2 Conjuguez au subjonctif présent les verbes réguliers en *-er* suivants et encadrez les modifications de leur radical.

	employer	*essayer*	*déléguer*	*appeler*
que je / j'				
que tu				
qu'elle				
que nous				
que vous				
qu'ils				

Nom : ______________________ Groupe : __________ Date : ______________

- Pour vérifier si un verbe doit être au subjonctif ou à l'indicatif présent, on le remplace par un verbe comme *faire*, qui ne donne pas deux formes homophones lorsqu'il est conjugué à ces deux modes.

  Ex. : *Je veux qu'il* ***voie*** *ce texte.* → ✔ *Je veux qu'il* ***fasse*** *ce texte.*
  → ☒ *Je veux qu'il* ~~***fait***~~ *ce texte.*

3 Conjuguez au subjonctif présent les verbes suivants aux 1re et 2e personnes du pluriel et encadrez leurs terminaisons.

	confier	*extraire*	*revoir*	*sourire*
que nous				
que vous				

Coup de POUCE

Dans quelques verbes, il y a un double *i* ou un *yi* aux 1re et 2e personnes du pluriel (*que vous étud****ii****ez, que nous netto****yi****ons*).

4 Conjuguez au subjonctif présent les verbes entre parenthèses.

a) Bien que vous (dire) ______________ le connaître, il vous a surpris.

b) Juste avant qu'il ne (partir) ______________, il a dit : « Il faut que nous (se revoir) ______________ très bientôt ».

c) Il faut que tu (prendre part) ______________ à la discussion !

d) Qu'on le (vouloir) ______________ ou non, la tempête sévira.

e) Il faut que chacun (faire preuve) ______________ de tolérance.

f) Que nous (pouvoir) ______________ faire autrement serait étonnant.

g) Nous souhaitons que tu (aller mieux) ______________ !

h) Cette hypothèse, que je (savoir) ______________, n'a pas été vérifiée.

i) Je ne suis pas sûr qu'il (falloir) ______________ lui dire toute la vérité.

Coup de POUCE

Les verbes irréguliers *aller, faire, falloir, pouvoir, savoir, valoir, vouloir* ont des radicaux particuliers.

5 Conjuguez les verbes *avoir* et *être*, qui servent également d'auxiliaires au subjonctif passé.

	avoir	*être*		*avoir*	*être*
que je (j')			que nous		
que tu			que vous		
qu'elle			qu'ils		

Coup de POUCE

L'auxiliaire *être* sert à conjuguer des verbes exprimant un mouvement ou un changement d'état (*arriver, partir, sortir, devenir, mourir, naître*, etc.). Il sert également à conjuguer les verbes pronominaux.

6 Conjuguez au subjonctif passé les verbes entre parenthèses. Accordez les participes passés, s'il y a lieu.

a) Il est déçu que vous n'(recevoir) ______________ pas ______________ sa lettre.

b) Léa, je suis heureuse que tu (venir) ______________ me voir.

c) Tu crains qu'il n'(étayer) ______________ pas ______________ suffisamment son argumentation ?

Nom : ______________________ Groupe : __________ Date : __________

4.7 L'impératif présent et passé

RAPPEL

IMPÉRATIF PRÉSENT

A Dans les verbes **réguliers en *-er***, du type *aimer* :
- le radical est identique à celui de l'infinitif ;
- les terminaisons sont : *-e*, *-ons*, *-ez*.

B Dans les verbes **réguliers en *-ir***, du type *finir* :
- le radical présente deux formes : il se termine avec *-i-* ou avec *-iss-* ;
- les terminaisons sont : *-s*, *-ons*, *-ez*.

Remarque : Le verbe *haïr* ne garde pas le tréma au singulier : *hais*.

C Dans les verbes **irréguliers en *-ir*, *-oir*, *-re*** :
- le radical présente différentes formes ;
- les terminaisons sont le plus souvent : *-s*, *-ons*, *-ez*.

  Remarque : Certains verbes irréguliers ont des **terminaisons** particulières :
  - Le verbe *aller* n'a pas de *-s* à la 2e personne du singulier (*va*).
  - Les verbes *vouloir* et *valoir* ont la terminaison *-x* à la 2e personne du singulier.
  - Les verbes *couvrir*, *ouvrir*, *offrir*, *souffrir*, *cueillir*, *assaillir* et leurs dérivés ont les terminaisons suivantes : *-e*, *-ons*, *-ez*.

IMPÉRATIF PASSÉ

- L'impératif passé est formé de l'auxiliaire *avoir* ou *être* à l'impératif présent et du participe passé du verbe.

INFO +

Plusieurs verbes irréguliers ont des **radicaux** particuliers. Pour les connaître, consultez l'encadré de l'indicatif présent, à la page 246, ou un ouvrage de référence.

1 Conjuguez à l'impératif présent les verbes suivants et encadrez les modifications de leur radical.

	avancer	*manger*	*déployer*	*célébrer*
2e pers. s.				
1re pers. pl.				
2e pers. pl.				

2 Conjuguez à l'impératif présent les verbes réguliers en *-er* et en *-ir* suivants, et encadrez leurs terminaisons.

a) (Parler) ______________-nous de ton voyage en Asie.

b) Mélina et Gabriel, (préparer) ______________ vos sacs.

c) Chers coéquipiers, (s'avouer) ______________ vaincus !

d) (Choisir) ______________ les activités qui vous plaisent le plus.

e) Ne (fléchir) ______________ pas, nous devons rester courageux.

f) (Agrandir) ______________ ce schéma au maximum, s'il te plaît.

Rappelez-vous ! Le radical de certains verbes en *-er* subit de légères modifications. Voir ces modifications à la page 244.

Nom : ____________________ Groupe : __________ Date : __________

3 Conjuguez à l'impératif présent les verbes irréguliers suivants.

a) Bonjour, Victor ! (Être) ______________ le bienvenu chez nous !

b) (Faire) ______________ comme chez nous !

c) (S'asseoir) ______________, je vous en prie.

Conjuguez à l'impératif présent les verbes irréguliers suivants et encadrez leurs terminaisons.

a) (Ouvrir) ______________ la porte du placard et (mettre) ______________ ton manteau sur un cintre.

b) (Aller) ______________ dehors, mais (se couvrir) ______________ bien.

c) Andrew, ne lui en (vouloir) ______________ pas trop et (dire) ______________-lui que tu comprends.

- Devant les pronoms compléments *en* et *y*, on ajoute un *-s* à la 2e personne du singulier pour :
  - les verbes réguliers en *-er* ;
  - quelques verbes irréguliers en *-ir* (*couvrir*, *ouvrir*, *offrir*, *souffrir*, *cueillir*, *assaillir* et leurs dérivés) ;
  - les verbes irréguliers *aller* et *envoyer*.

Conjuguez à l'impératif présent les verbes entre parenthèses.

a) (Aller) ______________-y, Charlie ! (Approcher) ______________ du but et (compter) ______________-en un !

b) (Choisir) ______________ des cartes de Noël et (envoyer) ______________-en à tes amis.

Conjuguez à l'impératif présent les verbes suivants.

	avoir	être	aller	savoir	vouloir
2e pers. s.					
1re pers. pl.					
2e pers. pl.					

Conjuguez à l'impératif passé les verbes entre parenthèses. Accordez les participes passés, s'il y a lieu.

a) (Terminer, 2e pers. s.) ______________ ce livre pour demain.

b) (Revenir, 2e pers. pl.) ______________ avant qu'il fasse noir.

c) (Faire, 1re pers. pl.) ______________ notre choix avant ce soir.

Nom : ______________________ Groupe : __________ Date : __________

© Luc Sesselle/Shutterstock Images LLC

Activité synthèse

1 Conjuguez à l'indicatif présent les verbes entre parenthèses. Puis, classez la forme infinitive de ces verbes dans le tableau ci-dessous.

a) Nous (finir) ______________ notre travail et nous (courir) ______________ nous baigner.

b) Ce film (s'endormir) ______________ à tout coup !

c) Nous (annoncer) ______________ la bonne nouvelle : tu (applaudir) ______________ !

d) Nous (faire) ______________ de notre mieux, et vous en (faire) ______________ autant.

e) Tu (s'appuyer) ______________ au mur et je te (photographier) ______________.

f) Ce jeune prodige (valoir) ______________ la peine qu'on s'y intéresse.

g) Quand vous (dire) ______________ la vérité, on vous (croire) ______________.

Verbes réguliers		Verbes irréguliers
en *-er*	**en *-ir***	**en *-ir*, en *-oir*, en *-re***

2 Conjuguez à l'indicatif présent les verbes entre parenthèses.

a) Ce virus (se répandre) ______________ à une vitesse folle.

b) J'(admettre) ______________ qu'il a raison.

c) Je n'(attendre) ______________ personne.

d) Tu (promettre) ______________ de venir me voir ?

e) Il (perdre) ______________ son temps, puis il (reprendre) ______________ le collier...

f) Il te (remettre) ______________ son texte et tu le (soumettre) ______________ au jury.

g) Je (se morfondre) ______________ en attendant les résultats.

3 Justifiez vos réponses du numéro précédent en indiquant la particularité du radical des verbes en *-ttre* et en *-dre* conjugués à l'indicatif présent.

-ttre : ______________________________

-dre : ______________________________

Conjuguez les verbes entre parenthèses dans le texte suivant.

Une promenade à cheval

L'hiver dernier, mes parents nous ______________ (*inviter*, passé simple), mon copain et moi, à les accompagner en Mauricie pour y vivre une grande aventure chevaleresque. Nous ______________ (*se rendre*, passé simple) donc dans un superbe lieu de villégiature où le paysage hivernal ______________ (*paraître*, imparfait) enchanté. En ce premier jour, nous ______________ (*aller*, imparfait) découvrir les terres du seigneur. Nous ______________ (*marcher*, passé simple) jusqu'à l'écurie où nous ______________ (*attendre*, passé simple) patiemment qu'on ______________ (*préparer*, subjonctif présent) nos chevaux. Quand nous ______________ (*enfourcher*, passé simple) chacun notre monture, j'______________ (*avoir*, passé simple) l'impression d'être Don Quichotte ; ou peut-être bien Sancho Pança, parce que, si je ne ______________ (*songer*, imparfait) pas à me remplir la panse, je ______________ (*rêver*, imparfait) déjà de me réchauffer près d'un foyer. Comme il ______________ (*faire*, imparfait) froid ! Cependant, arrivés dans le sous-bois, nous ______________ (*avoir droit*, passé simple) à un magnifique décor. Je ______________ (*regarder*, passé simple) mon preux chevalier et lui ______________ (*sourire*, passé simple). Il me ______________ (*rendre*, passé simple) mon sourire et m'______________ (*envoyer*, passé simple) un baiser volant. Ce retour au temps des chevaliers me ______________ (*remplir*, imparfait) de joie.

Après un moment, le seigneur ______________ (*crier*, passé simple) : « Une fois rendus dans la vallée, vous ne ______________ (*sentir*, futur simple) plus le vent, et tout ______________ (*aller*, futur simple) bien ! » Il ______________ (*avoir raison*, imparfait). Tout ______________ (*être*, imparfait) tellement beau que j'en ______________ (*oublier*, passé simple) mon nez et mes doigts gelés !

5 Conjuguez les verbes entre parenthèses.

a) Vous ______________ (*trotter*, conditionnel présent) tranquillement, et moi, j'______________ (*apprendre*, conditionnel présent) à galoper.

b) Nous ______________ (*devoir*, conditionnel présent) partir tôt, car nous ______________ (*être*, futur simple) les premiers en selle.

c) ______________ (*faire*, futur simple)-tu de l'équitation plus tard ? Arno et toi ______________ (*avoir*, conditionnel présent) intérêt à suivre un cours.

d) Pendant ses vacances, il ______________ (*confier*, futur simple) son cheval à cet écuyer.

e) Elles ______________ (*vivre*, futur simple) une nouvelle expérience durant cette promenade.

Nom : ______________________ Groupe : __________ Date : __________

6. Conjuguez les verbes suivants à la personne, au mode et au temps indiqués.

		Indicatif présent		**Subjonctif présent**	
a)	mourir	tu	______	que tu	______
b)	revoir	il	______	qu'il	______
c)	étudier	j'	______	que j'	______
d)	bouillir	elle	______	qu'elle	______
e)	rire	nous	______	que nous	______
f)	cueillir	vous	______	que vous	______
g)	être	elles	______	qu'elles	______
h)	choyer	nous	______	que nous	______
i)	avoir	ils	______	qu'ils	______
j)	distraire	vous	______	que vous	______

JUSTIFIEZ VOTRE RÉPONSE

7. Une erreur de conjugaison s'est glissée dans chacune des phrases ci-dessous. Récrivez chaque phrase en la corrigeant, puis justifiez votre réponse.

a) Il faudrait que je le vois pour le croire.

____

Justification : ______________________

____

b) Les démons qu'il fuie le rattraperont.

____

Justification : ______________________

____

c) J'exige que tu y alles.

____

Justification : ______________________

____

d) Elle doute que tu cours ce risque.

____

Justification : ______________________

____

Nom : ______________________ Groupe : ____________ Date : ______________

8 Conjuguez à l'impératif présent les verbes entre parenthèses.

a) Matteo, (lancer) ________________ la balle au premier but !
b) Rémi, (s'appuyer) ________________ sur mon bras.
c) (Prévenir) ________________-moi si tu veux que je te reconduise.
d) Ne (aller) ________________ pas croire qu'un tel accident ne peut pas t'arriver.
e) Ne me (dire) ________________ pas que vous ne viendrez pas à la fête ?
f) Si vous n'avez rien de mieux à proposer, ne (faire) ________________ pas la moue.
g) Jade, (savoir) ________________ que je regrette mes paroles de l'autre jour.
h) S'il te plaît, ne m'en (vouloir) ________________ pas.
i) Ne (penser) ________________ plus à nos petits problèmes.
j) (Nettoyer) ________________ cette plaie comme il faut ; elle pourrait s'infecter.

9 Conjuguez aux modes et aux temps composés indiqués entre parenthèses les verbes suivants. Accordez les participes passés, s'il y a lieu.

a) J'________________ être... un sportif !
(*vouloir*, ind. conditionnel passé)

b) J'y ________________ plus longtemps que prévu.
(*rester*, ind. passé composé)

c) Grâce à ce but, il l'________________ amplement, sa moyenne.
(*remonter*, ind. futur antérieur)

d) Elle ________________ son saut en hauteur et elle
(*réussir*, ind. passé composé)
________________ de l'autre côté de la barre.
(*retomber*, ind. passé composé)

e) On leur ________________ d'utiliser ces appareils.
(*interdire*, ind. plus-que-parfait)

f) ________________-tu ________________, si tu ________________
(*Persévérer*, ind. conditionnel passé) (*savoir*, ind. plus-que-parfait)
combien l'entraînement est exigeant ?

g) Je patienterai jusqu'à ce qu'il l'________________, cette joute importante.
(*finir*, subjonctif passé)

h) Jeanne, il ________________ que tu ________________
(*falloir*, ind. conditionnel passé) (*arriver*, subjonctif passé)
première pour être repêchée.

i) Avisez les membres de l'équipe et ________________ avant huit heures.
(*partir*, impératif passé)

j) Il faudrait que vous ________________ une solution avant demain.
(*trouver*, subjonctif passé)

© Aspen Photo/Shutterstock.com

Nom : ______________________ Groupe : __________ Date : __________

LA GRAMMAIRE DU TEXTE

1 L'ÉNONCIATION

1.1 Les éléments de l'énonciation

- L'énonciation comprend un **énonciateur**, un **message** et un **destinataire**. Il importe de tenir compte de ces éléments lors de la rédaction d'un texte.
- Le schéma suivant définit les trois principaux éléments de l'énonciation.

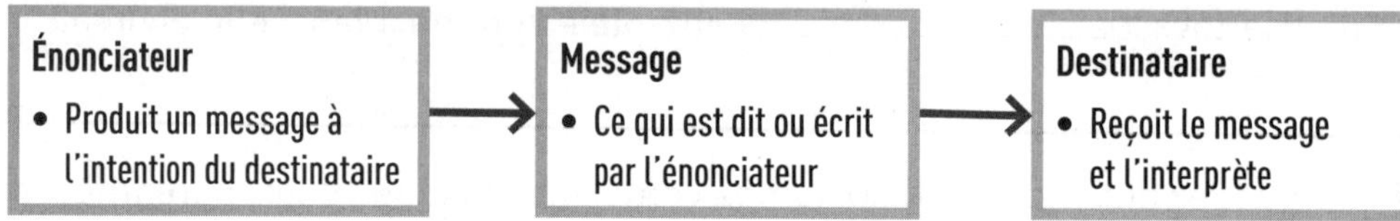

Énonciateur
• Produit un message à l'intention du destinataire
Message
• Ce qui est dit ou écrit par l'énonciateur
Destinataire
• Reçoit le message et l'interprète

- Lorsqu'un énonciateur planifie un texte, il doit tenir compte :
  - de son **intention de communication** : décrire, raconter, convaincre, expliquer ;
  - de son **point de vue** : objectif (neutre), subjectif (ou expressif) ;
  - du **destinataire** : un ami, la direction de l'école, des scientifiques, etc. ;
  - des **connaissances préalables** du destinataire à propos du sujet traité : peu ou pas de connaissances, spécialiste du sujet.

1 a) Pour chacune des situations suivantes, identifiez les éléments de l'énonciation demandés.

1. Un magazine scientifique destiné aux adolescents publie un article sur les causes de la crise alimentaire dans les pays en développement.

   Énonciateur : ______________________

   Message : ______________________

   Destinataire : ______________________

2. Le directeur d'un programme d'aide humanitaire écrit une lettre au premier ministre à propos de la crise alimentaire dans les pays en développement.

   Énonciateur : ______________________

   Message : ______________________

   Destinataire : ______________________

b) Parmi les deux situations précédentes, encerclez celle :

- dont l'intention est de convaincre ; 1. 2.
- dont le point de vue est neutre. 1. 2.

Nom : ______________________ Groupe : __________ Date : ______________

2 LA MODALISATION

- La modalisation permet d'exprimer un point de vue subjectif. L'énonciateur a un point de vue subjectif quand :
  - il manifeste sa présence dans le texte de façon marquée ;
  - il interpelle le destinataire à plusieurs reprises ;
  - il exprime une position favorable ou défavorable au propos exprimé.

2.1 L'énonciateur et le destinataire

- L'énonciateur se manifeste au moyen de **marques énonciatives**. Celles-ci révèlent ses caractéristiques, ses opinions et son style d'écriture.

Marques énonciatives	Exemples
Pronoms personnels	***J'****ai grandement apprécié cette œuvre.*
Déterminants possessifs	***Ma*** *mère est née en Italie.*
Phrases incidentes	*Il faudrait,* ***je crois,*** *un meilleur encadrement.*
Groupes incidents	*Il faudrait,* ***selon moi,*** *un meilleur encadrement.*
Interrogation rhétorique	*Peut-on encore se permettre un tel gaspillage ?*
Variétés de langue	*Cette idée saugrenue me déplaît.* (langue standard) *Quelle idée de fou !* (langue familière)
Emprunts à d'autres langues	*Était-ce la solution ?* ***Of course*** *!*

On emploie parfois une phrase interrogative non pas pour poser une question demandant une réponse, mais pour émettre une opinion ou un jugement. C'est ce qu'on appelle l'*interrogation rhétorique*.

Lisez l'extrait suivant du roman *Le comte de Monte-Cristo*, puis soulignez les marques énonciatives par lesquelles l'énonciateur manifeste sa présence.

Je suis un de ces êtres exceptionnels, oui, Monsieur, et je crois que, jusqu'à ce jour, aucun homme ne s'est trouvé dans une position semblable à la mienne. [...] Mon royaume, à moi, est grand comme le monde, car je ne suis ni Italien, ni Français, ni Hindou, ni Américain, ni Espagnol : je suis cosmopolite. Nul pays ne peut dire qu'il m'a vu naître. Dieu seul sait quelle contrée me verra mourir. J'adopte tous les usages, je parle toutes les langues.

Dans le texte narratif, l'énonciateur correspond au narrateur.

- Grâce à certaines **marques énonciatives**, l'énonciateur établit un rapport de supériorité, de complicité ou d'opposition avec le destinataire.
  - Le **vouvoiement** marque le respect ; le **tutoiement**, la connivence ou la familiarité.
  - Certaines phrases interrogatives ou impératives de même que certaines apostrophes s'adressent directement au destinataire.
    Ex. : *N'êtes-vous pas démotivés ?* *Vous, les jeunes, prenez position.*
  - Un changement de la variété de langue peut aussi interpeller le destinataire.
    Ex. : *Pour demain, nous prévoyons des températures très basses, nettement sous les moyennes saisonnières* (langue standard) *:* ***i'va faire fret !*** (langue familière)

Nom : ______ Groupe : ______ Date : ______

Dans l'extrait suivant du roman *Le comte de Monte-Cristo* :

- soulignez d'un trait les phrases impératives et interrogatives, et de deux traits les marques de vouvoiement ;
- encadrez les deux apostrophes.

C'est vrai, Monsieur, [...] l'homme est une laide chenille pour celui qui l'étudie au microscope solaire. Mais vous venez de dire, je crois, que je n'avais rien à faire. Voyons, par hasard, croyez-vous avoir quelque chose à faire, vous, Monsieur ? Ou, pour parler plus clairement, croyez-vous que ce que vous faites vaille la peine de s'appeler quelque chose ?

Quel rapport l'énonciateur tente-t-il d'établir avec son destinataire ? Justifiez votre choix.

______

______

______

En général, un texte **explicatif** comprend peu de marques de modalité parce qu'un point de vue neutre ajoute de la crédibilité à l'information transmise, alors que la subjectivité est davantage associée à l'expression d'une **opinion**.

Les préfixes et les suffixes
Page 299

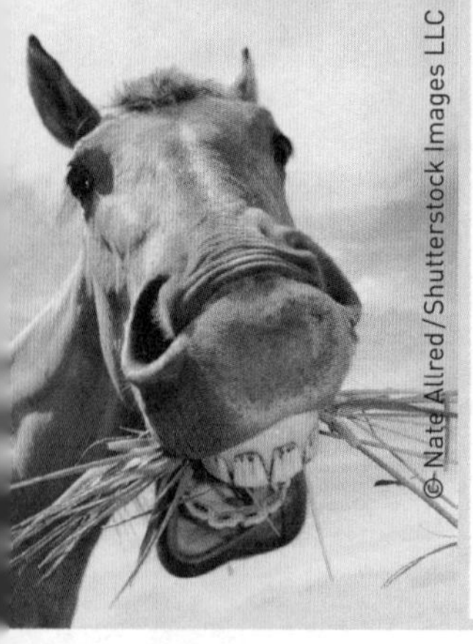

© Nate Allred/Shutterstock Images LLC

2.2 Le point de vue de l'énonciateur quant à son propos

- Les **marques de modalité** permettent aussi à l'énonciateur d'exprimer sa subjectivité, c'est-à-dire de porter un jugement, d'exprimer un accord ou un désaccord, de révéler des sentiments, des certitudes, des doutes, etc. Un énoncé qui ne contient pas de marques de modalité est neutre.

  Ex. : *La Terre tourne autour du Soleil.* (point de vue neutre)
  La Terre est un lieu fantastique. (point de vue subjectif)

- Le **vocabulaire connoté** est une forme de modalisation. Un mot connoté possède une valeur **péjorative** ou **méliorative**.

  Ex. : *cheval* (neutre), *picouille* (péjoratif), *coursier* (mélioratif)

- L'utilisation de certains **préfixes** ou **suffixes** contribue à connoter des noms ou des adjectifs.
  - Les préfixes *super-* et *hyper-* sont mélioratifs.

    Ex. : *alliage* → ***super****alliage*
    marché → ***hyper****marché*
  - Les suffixes *-aille*, *-ard*, *-asse* et *-âtre* sont péjoratifs.

    Ex. : *fer* → *ferr****aille***
    chauffeur → *chauff****ard***
    blond → *blond****asse***
    blanc → *blanch****âtre***

- Certains adverbes (ex.: *heureusement*), interjections (ex.: *Hélas !*), expressions figées (ex.: *mourir dans l'œuf*) et verbes (ex.: *s'amouracher*) sont aussi connotés.

Nom : ______________________ Groupe : __________ Date : __________

© cosma/Shutterstock Images LLC

1 À l'aide d'un suffixe, donnez une connotation péjorative aux mots suivants.

a) rouge ______________ c) mère ______________

b) antiquité ______________ d) bon ______________

2 Lisez l'extrait suivant de *La petite Fadette*. Puis, soulignez le vocabulaire connoté.

> Dans ces moments-là, un génie orageux et puissant comme celui du Dante, écrit avec ses larmes, avec sa bile, avec ses nerfs, un poème terrible, un drame tout plein de tortures et de gémissements.

- Certains **modes et temps verbaux** peuvent aussi être des marques de modalité. Ils permettent à l'énonciateur d'atténuer son propos ou de s'en distancier.

	Discours avec marques de modalité	Discours sans marques de modalité
Intentions	**Modes et temps verbaux**	**Modes et temps verbaux**
Atténuer le propos (forme de politesse)	Indicatif futur simple Ex. : *Vous **fermerez** la porte en partant.*	Impératif présent Ex. : ***Fermez** la porte en partant.*
	Indicatif imparfait Ex. : *Je **venais** te rejoindre.*	Indicatif présent Ex. : *Je **viens** te rejoindre.*
	Conditionnel présent Ex. : *Je **voudrais** te parler.*	Indicatif présent Ex. : *Je **veux** te parler.*
Se distancier du propos (émettre un doute)	Conditionnel présent Ex. : *Il **serait** coupable.*	Indicatif présent Ex. : *Il **est** coupable.*

INFO +

Avec la phrase **impersonnelle**, l'énonciateur se distancie de son propos. Avec la phrase **emphatique**, il attire l'attention sur un élément en le mettant en évidence.

3 Dans les phrases suivantes, quelle intention le temps de verbe traduit-il ?

a) Je vous **offrirais** ce stylo en échange.

____

b) Vous **compléterez** tout le formulaire.

____

c) Elle **aurait** tout l'argent.

____

d) Je **voulais** vous emprunter du sucre.

____

e) Les chats noirs **porteraient** malheur.

____

Nom : _______________ Groupe : _______________ Date : _______________

INFO+

L'emploi de **marques graphiques**, comme les majuscules, les caractères gras ou l'italique, le changement de police, etc., peut aussi être une façon de modaliser un discours et d'exprimer un point de vue.

- Certains termes, pronoms ou figures de style, même s'ils ne sont pas connotés de façon mélioratives ou péjorative, permettent à l'énonciateur de manifester son point de vue et d'exprimer sa subjectivité.

Marques de modalité		Exemples
Verbes	• de connaissance	*apprendre, démontrer, supposer*
	• d'opinion	*croire, se figurer, penser*
	• de parole	*affirmer, déclarer, annoncer*
	• de sentiments	*déplorer, redouter, espérer*
Auxiliaires de modalité exprimant	• l'obligation	*falloir*
	• la nécessité	*devoir*
	• la possibilité	*pouvoir*
	• la certitude ou l'incertitude	*savoir, paraître, sembler*
Adjectifs exprimant	• la certitude	*évident, manifeste, indiscutable*
	• la nécessité	*obligatoire, indispensable*
	• la possibilité	*possible, envisageable, réalisable*
	• la probabilité	*probable, vraisemblable, plausible*
Adverbes exprimant	• le doute	*peut-être*
	• la certitude	*évidemment, sûrement*
	• la probabilité	*probablement, possiblement*
Pronoms permettant de	• se distancier du propos	*Partout, **on** entend des rumeurs.*
	• taire le nom de l'adversaire	***On** m'a menti effrontément.*
	• montrer son adhésion	***Nous** devons freiner ce phénomène.*
Figures de style pour	• amplifier un fait, l'atténuer, le comparer, le mettre en évidence, l'illustrer, etc.	*Je lui ai dit **la vérité**, toute **la vérité**.* (répétition)
		*Ils s'entendent **comme larrons en foire**.* (comparaison)
		*Nous avons affaire à un **fin renard**.* (métaphore)

Les figures de style
Page 217

4 À chaque étape, ajoutez à la phrase précédente la marque de modalité demandée.

Ce film marquera l'histoire du cinéma.

Ex. : *un verbe d'opinion*

Je crois que ce film marquera l'histoire du cinéma.

- un auxiliaire de modalité

____

- un adjectif connoté

____

- un adverbe

____

Attention ! Le verbe qui suit un auxiliaire de modalité, comme *devoir, falloir* et *pouvoir*, doit être à l'infinitif. Vous devrez faire les changements nécessaires, s'il y a lieu.

Nom : ______________________ Groupe : __________ Date : __________

3 LES DISCOURS RAPPORTÉS

3.1 Le discours direct

La ponctuation
Page 206

- Le discours direct rapporte des paroles (une citation ou un dialogue) sans les modifier. On rapporte directement des paroles :
  - à l'aide d'un verbe de parole suivi des propos rapportés ;
    Ex. : *Elle lui **demanda :** « Que puis-je faire pour vous ? »*
  - à l'aide d'une phrase incise.
    Ex. : *« Que puis-je faire pour vous ? » **lui demanda-t-elle**.*
- Dans le discours direct, les **crochets** servent :
  - à indiquer qu'un passage a été omis. Dans ce cas, des points de suspension sont insérés entre les crochets. Ces points sont alors appelés *points elliptiques* ;
    Ex. : *« De nos jours, la technologie est incontournable **[...]** Les gens en sont dépendants. »*
  - à apporter une précision essentielle à la compréhension du lecteur.
    Ex. : *L'avocat déclara : « Mon client **[Jean Tremblay]** est innocent. »*

Rappelez-vous QUE...

- Le verbe de parole peut être neutre (*dire*, *raconter*, etc.) ou expressif (*déplorer*, *s'exclamer*, etc.).
  Ex. : *Elle **hurla** : « Que voulez-vous ? »* (verbe expressif)
- Parfois, un complément ou un modificateur du verbe de parole donne certaines informations sur la façon dont les paroles ont été prononcées.
  Ex. : *Elle hurla **en détachant chaque syllabe** : « Que voulez-vous ? »*

1 Dans chacune des phrases suivantes, soulignez les phrases incises. Puis, encadrez les verbes de parole.

a) « Ah ! Monsieur de Villefort, s'écria le brave homme en apercevant le substitut, je suis bien heureux de vous rencontrer. »

b) « Je m'appelle Edmond Dantès, Monsieur », répondit le jeune homme d'une voix calme et sonore. »

c) « J'assistais au repas de mes propres fiançailles, Monsieur », dit Dantès, d'une voix légèrement émue.

d) « Oui, oui, murmura Villefort, tout cela me paraît être la vérité, et, si vous êtes coupable, c'est d'imprudence ... »

e) « Ainsi je suis libre, Monsieur ! » s'écria Dantès, au comble de la joie.

Edmond Dantès est le héros du roman *Le comte de Monte-Cristo*, d'Alexandre Dumas père.

Nom : ______________________ Groupe : ____________ Date : ______________

2 Pour chacun des verbes de parole suivants, écrivez une définition et donnez trois synonymes appropriés. Au besoin, consultez un dictionnaire.

© Africa Studio/Shutterstock Images LLC

a) Chuchoter	Définition :
	Synonymes :
b) Ordonner	Définition :
	Synonymes :
c) Aboyer	Définition :
	Synonymes :
d) Affirmer	Définition :
	Synonymes :
e) Dénigrer	Définition :
	Synonymes :
f) Ironiser	Définition :
	Synonymes :

3 L'emploi du verbe *dire* est très fréquent. Dans chacune des phrases suivantes, remplacez le verbe *dire* par un synonyme et ajoutez un modificateur du synonyme choisi.

Ex : *Il lui **dit** : « Je t'aime ! »* *Il lui* *déclara timidement* *: « Je t'aime ! »*

a) Il **disait** : « Je l'ai perdu. » Il ______________ : « Je l'ai perdu. »

b) Elle **dit** : « Moi, non plus. » Elle ______________ : « Moi, non plus. »

c) Elle **dira** : « J'ai réussi ! » Elle ______________ : « J'ai réussi ! »

INFO +

Il importe de distinguer l'incise de l'incidente. L'incise permet **d'identifier qui énonce** les paroles rapportées et précise parfois le ton sur lequel elles sont prononcées. L'incidente permet **d'émettre un commentaire** sur les paroles rapportées. Elle relève davantage de l'opinion.

3.2 Le discours indirect

- Le discours indirect rapporte des paroles en les reformulant. On rapporte indirectement des propos :
  - à l'aide d'un verbe introducteur suivi d'une subordonnée complétive ;
    Ex. : *Elle affirma **qu'elle pouvait lui apporter de l'aide**.*
  - à l'aide d'un groupe incident ou d'une phrase incidente.
    Ex. : ***Selon elle,** elle pouvait lui apporter de l'aide.* (groupe incident)
    *Elle pouvait**, croyait-elle,** lui apporter de l'aide.* (phrase incidente)
- La reformulation du discours direct en discours indirect entraîne des modifications. Celles-ci concernent les pronoms, les déterminants, le temps des verbes ainsi que les marques de temps et de lieu.
  Ex. : *Lundi, ma mère m'a dit : « Demain, je devrai rencontrer un client à mon bureau. »*
  → *Lundi, ma mère m'a dit que, **le lendemain**, **elle devrait** rencontrer un client à **son** bureau.*

Nom : ______________________ Groupe : __________ Date : __________

1 Transformez les phrases suivantes en discours indirect.

a) « Ah ! Monsieur de Villefort ! s'écria le brave homme en apercevant le substitut, je suis bien heureux de vous rencontrer. »

____

____

b) « Je m'appelle Edmond Dantès, Monsieur », répondit le jeune homme d'une voix calme et sonore.

____

____

c) « J'assistais au repas de mes propres fiançailles, Monsieur », dit Dantès d'une voix légèrement émue.

____

____

d) « Oui, oui, murmura Villefort, tout cela me paraît être la vérité, et, si vous êtes coupable, c'est d'imprudence... »

____

____

e) « Ainsi je suis libre, Monsieur ! » s'écria Dantès au comble de la joie.

____

Coup de POUCE

Attention ! Les temps verbaux peuvent changer lors du passage du discours direct au discours indirect.

Ex. : *Il m'a dit : « Vous **devez** sortir. » → Il m'a dit que je **devais** sortir.*

2 Transformez les phrases suivantes en discours direct. Pour chacune des phrases, employez un verbe de parole différent.

a) Selon cette spécialiste, cette crise était largement exagérée et tout le débat qu'elle provoquait était futile.

____

____

b) Il se questionnait sur l'importance du discours qu'il allait prononcer.

____

c) Hier soir, il lui a avoué sa culpabilité.

____

d) Selon la vendeuse, ce chandail lui allait parfaitement.

____

____

e) Il ne cessait de se répéter que cela était impossible, qu'il n'avait commis aucune erreur.

____

____

Nom : ______________________ Groupe : ____________ Date : ____________

4 L'ORGANISATION DU TEXTE

4.1 Les organisateurs textuels

- Les organisateurs textuels servent à ordonner les parties d'un texte de sorte que les liens entre celles-ci deviennent explicites.

QUELQUES ORGANISATEURS TEXTUELS

Rôles		Exemples
Ordonner le texte de façon logique	• Commencer un développement	*en premier lieu, pour commencer, premièrement, tout d'abord*
	• Indiquer une suite	*de plus, en second lieu, puis, ensuite*
	• Marquer la fin, une conclusion	*bref, en conclusion, donc, en somme, finalement, pour conclure*
Ordonner le texte de façon chronologique		*au XIXe siècle, autrefois, de nos jours, aujourd'hui, en 2001, le lendemain, pendant ce temps*
Ordonner le texte selon l'espace ou le lieu		*au Québec, au Canada, à gauche, à droite, en haut, en bas*

4.2 Les marqueurs de relation

Les stratégies d'écriture
Page 284

- Les marqueurs de relation expriment le sens de la relation établie entre deux phrases ou entre deux parties d'une même phrase.

© KR MEDIA Productions / Shutterstock Images LLC

QUELQUES MARQUEURS DE RELATION

Sens	Exemples
Addition	*et, de plus, en outre, aussi, en plus, de même, de surcroît*
Comparaison	*comme, plus / moins / autant que*
Opposition / Concession	*cependant, par ailleurs, mais, par contre, pourtant, même si*
Cause / Justification	*à cause de, car, parce que, puisque, en effet, vu que, d'ailleurs*
Conséquence	*ainsi, c'est pourquoi, par conséquent, donc*
But	*afin de, afin que, pour, pour que, dans le but de*
Choix, restriction	*ou, ou bien, sauf, sinon*
Condition	*si, à condition de, à condition que*
Temps	*avant de, quand, lorsque, au moment où*

1 Ajoutez les organisateurs textuels et les marqueurs de relation qui conviennent dans le texte suivant.

Néo est un drôle de chat. ____________, il nous parle. ____________, à notre réveil, il nous avertit de la livraison du journal ____________ nous le ramassions. ____________, il s'assoit sur ses pattes arrière, ____________ un lapin, et commente notre dîner. ____________, il se joint à nous pour le souper. ____________, il ne veut jamais de notre nourriture ____________ il n'aime que celle pour chats. ____________, notre Néo ne cessera jamais de nous étonner !

Nom : ______________________ Groupe : __________ Date : __________

Dans le texte suivant, soulignez les marqueurs de relation et encadrez les organisateurs textuels.

Pas si gauches, les gauchers !

© Richard Paul Kane/Shutterstock.com

Autrefois, les gauchers étaient mal perçus. Pour leur entourage, l'utilisation de la main gauche était une tare qu'il fallait absolument corriger, et cela, à coups de règle, si nécessaire. D'ailleurs, résultat de leur ostracisme, la langue française qualifie de droites les personnes intègres et de gauches les malhabiles. Pourtant, les gauchers sont nombreux dans les arts et plusieurs excellent dans les sports. Aujourd'hui, signe que les temps changent, plus personne ne s'offusque de les voir user de leur main d'écriture. Toutefois, même si les gauchers sont maintenant acceptés, ils ne forment qu'un peu plus de dix pour cent de la population. Selon les spécialistes, il semblerait que l'utilisation de la main gauche crée un effet de surprise qui les avantage lors des compétitions sportives. De plus, il est prouvé scientifiquement que les rejetons des victorieux gauchers ont plus de chances d'être eux aussi des gauchers.

3 Dans le tableau suivant, indiquez le sens de chaque marqueur de relation du texte précédent.

Marqueurs de relation	Sens	Marqueurs de relation	Sens

Sur une feuille mobile, composez un texte explicatif de trois paragraphes sur les gauchers. Votre texte d'environ 125 mots doit contenir au moins trois organisateurs textuels différents, que vous encadrerez, et au moins quatre marqueurs de relation différents, que vous soulignerez.

Le contexte permet de déterminer si un mot est un organisateur textuel ou un marqueur de relation.

5 LA COHÉRENCE DU TEXTE

- Un texte cohérent est un texte organisé de façon logique, ce qui le rend compréhensible. La reprise de l'information et l'harmonisation des temps verbaux concourent à la cohérence du texte.

5.1 La reprise de l'information

On utilise souvent les procédés de reprise dans le but d'alléger un texte et de limiter les répétitions. Toutefois, dans certains cas, la répétition permet d'éviter une confusion ou de créer un effet stylistique.

Le pronom
Page 129

- La reprise de l'information consiste à reprendre un élément déjà mentionné dans le texte afin d'assurer la continuité de l'information. Elle se fait par l'emploi de mots substituts pour éviter les répétitions. La reprise peut se faire, entre autres, par un pronom, un GN ou un GAdv.
- Voici quelques formes de reprise par un **pronom**.

La reprise par un pronom :	Exemples
• personnel	*La foule était calme ; **elle** s'est dispersée rapidement.* *Les nappes étaient trop grandes. Nous **les** avons retournées.*
• numéral	*Sur trente personnes, **deux** ont répondu oui.*
• indéfini	*Plusieurs personnes avaient peur. **Certaines**, plus que **d'autres**.*

© Sergii Figurnyi/Shutterstock Images LLC

Rappelez-vous QUE...

- L'élément déjà mentionné dans le texte est appelé *antécédent*. Selon le pronom choisi, la réalité désignée par l'antécédent est reprise en totalité ou en partie.

  Ex. : *J'ai acheté **des cerises**. Je **les** ai mangées.* (*les = toutes les cerises*)
  *J'**en** ai mangé comme collation.* (*en = une partie des cerises*)
  ***Les tiennes** étaient plus mûres.* (*Les tiennes = l'idée des cerises*)

Coup de POUCE

L'aviez-vous remarqué ? Un nom collectif est souvent employé au singulier. Il faut donc prêter attention au genre et au nombre des noms collectifs.

1 a) Dans l'extrait suivant, encadrez les pronoms de reprise et soulignez leur antécédent.

> Le public n'était pas nombreux. Il était composé d'un clan de bohémiens. Parmi eux, certains appréciaient leur vie vagabonde, mais plusieurs auraient préféré la chaleur d'un foyer. Tous étaient figés, la larme à l'œil, devant ce merveilleux spectacle. Parmi les prouesses, deux avaient été particulièrement éblouissantes, mais toutes resteraient profondément ancrées dans leur mémoire.

b) Quels pronoms reprennent l'antécédent en totalité ?

______

c) Quels pronoms reprennent l'antécédent en partie ?

______

Nom : ______________________ Groupe : __________ Date : __________

2 Répondez aux questions suivantes en remplaçant les mots en gras par un pronom de reprise. Prêtez attention à l'accord des participes passés.

a) Avez-vous réservé la **voiture** ? Oui, ______________________

b) Lui avez-vous offert les **roses** ? Oui, ______________________

c) Avez-vous visité l'**Europe** ? Oui, ______________________

d) Avez-vous complété tous vos **devoirs** ? Oui, ______________________

e) Avez-vous vu votre **amie** hier ? Oui, ______________________

f) Avez-vous rendu les **clefs** à leur **propriétaire** ? Oui, ______________________

- La reprise de l'information peut aussi se faire par un GN ou un GAdv, comme on peut le voir dans le tableau qui suit.

La reprise par un GN :	Exemples
• introduit par un déterminant différent	*Ma copine voulait des cactus, mais elle ne considérait que* ***les cactus en fleur****.*
• synonyme	*Ce magicien a impressionné. Il faut dire que* ***ce prestidigitateur*** *possède une longue expérience.*
• constituant une périphrase	*Nous surveillons ce volcan.* ***Cette montagne remplie de roches en fusion*** *risque d'entrer en éruption.*
La reprise par un GAdv :	**Exemple**
• qui permet une comparaison	*Cette jeune est intrépide ; les jeunes sont souvent* ***ainsi****.*

© Lars Christensen/ Shutterstock Images LLC

3 Dans chaque phrase, soulignez les mots qui servent à reprendre les mots en gras. Puis indiquez quelle forme de reprise a été employée (A à D).

A Reprise par un GN introduit par un déterminant différent	**C** Reprise par une périphrase
B Reprise par un GN synonyme	**D** Reprise par un GAdv exprimant une comparaison

a) Il étudie en **cinéma** : le septième art l'a toujours fasciné. ______

b) C'est un amateur de **romans policiers** ; il ne lit que des polars. ______

c) J'ai lu **les œuvres complètes** de ce poète ; tous ses poèmes m'ont bouleversé. ______

d) La fin est **triste** ; c'est toujours ainsi que ses films se terminent. ______

e) Il a déjà reçu **un prix** : le prix très prestigieux du meilleur auteur. ______

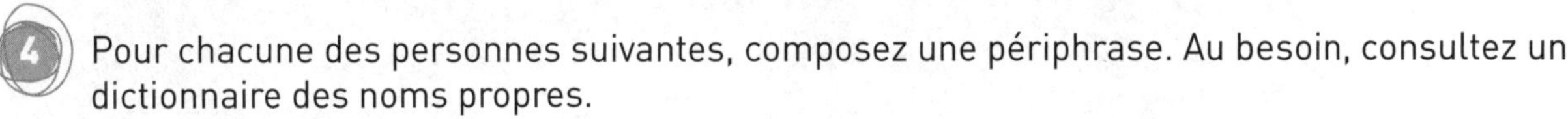

4 Pour chacune des personnes suivantes, composez une périphrase. Au besoin, consultez un dictionnaire des noms propres.

a) Michel Tremblay : ______________________

b) Maurice Richard : ______________________

c) Julie Payette : ______________________

5.2 Les temps verbaux dans un récit

- Pour assurer la cohérence temporelle d'un récit, il importe d'harmoniser les temps verbaux autour d'un temps dominant. Le temps dominant d'un **récit au présent** est le présent de l'indicatif. Le temps dominant d'un **récit au passé** est le passé simple ou le passé composé.

La concordance des temps verbaux
Page 304

LE RÉCIT AU PRÉSENT		
Actions antérieures	**Actions présentes**	**Actions postérieures**
• Le **passé composé** • L'**imparfait** • Le **plus-que-parfait**	• Le **présent** (temps **dominant**)	• Le **futur simple** • Le **futur antérieur** • Le **conditionnel présent**

Ex. : *Aujourd'hui, ma famille et moi* ***partons*** *en vacances. Nous* ***avons planifié*** *ce départ depuis si longtemps ! Enfin, nous* ***ferons*** *du camping dans une forêt magnifique et* ***irons*** *à la plage tous les jours. Sur la route, le soleil* ***brille*** *et aucun nuage n'****assombrit*** *le ciel. Nous* ***arrivons*** *à destination à la tombée du jour.*

LE RÉCIT AU PASSÉ SIMPLE		
Actions antérieures	**Actions présentes**	**Actions postérieures**
• Le **passé antérieur** • L'**imparfait** • Le **plus-que-parfait**	• Le **passé simple** (temps **dominant**)	• Le **conditionnel présent** • Le **conditionnel passé**

Ex. : *Ce jour-là, ma famille et moi* ***partîmes*** *en vacances. Nous* ***avions planifié*** *ce départ depuis si longtemps ! Enfin, nous* ***ferions*** *du camping dans une forêt magnifique et* ***irions*** *à la plage tous les jours. Sur la route, le soleil* ***brillait*** *et aucun nuage n'****assombrissait*** *le ciel. Nous* ***arrivâmes*** *à destination à la tombée du jour.*

LE RÉCIT AU PASSÉ COMPOSÉ		
Actions antérieures	**Actions présentes**	**Actions postérieures**
• Le **passé composé** • L'**imparfait** • Le **plus-que-parfait**	• Le **passé composé** (temps **dominant**)	• Le **conditionnel présent** • Le **conditionnel passé**

Ex. : *La semaine dernière, ma famille et moi* ***sommes partis*** *en vacances. Nous* ***avions planifié*** *ce départ depuis si longtemps ! Enfin, nous* ***ferions*** *du camping dans une forêt magnifique et* ***irions*** *à la plage tous les jours. Sur la route, le soleil* ***brillait*** *et aucun nuage n'****assombrissait*** *le ciel. Nous* ***sommes arrivés*** *à destination à la tombée du jour.*

INFO +

Dans un récit, on ne doit pas mélanger le passé simple et le passé composé.

De plus, les dialogues ne comportent pas de passé simple.

© gorillaimages/Shutterstock Images LLC

Nom : ______________________ Groupe : __________ Date : __________

Lisez l'extrait du roman *Une vie*, de Guy de Maupassant, en prêtant attention aux temps verbaux :

- soulignez les verbes au passé simple ;
- surlignez les verbes à l'imparfait ;
- encadrez les verbes au plus-que-parfait.

Jeanne [...] s'approcha de la fenêtre, mais la pluie ne cessait pas.

L'averse, toute la nuit, avait sonné contre les carreaux et les toits. [...] Des rafales passaient pleines d'une chaleur lourde. Le ronflement des ruisseaux débordés emplissait les rues désertes, où les maisons, comme des éponges, buvaient l'humidité qui pénétrait au dedans et faisait suer les murs de la cave au grenier.

Jeanne, sortie la veille du couvent, libre enfin pour toujours, prête à saisir tous les bonheurs de la vie dont elle rêvait depuis si longtemps, [...] interrogeait l'horizon.

Puis, elle s'aperçut qu'elle avait oublié de mettre son calendrier dans son sac de voyage. Elle cueillit sur le mur le petit carton divisé par mois et portant au milieu d'un dessin la date de l'année courante 1819 en chiffres d'or. Puis, elle biffa à coups de crayon les quatre premières colonnes, rayant chaque nom de saint jusqu'au 2 mai, jour de sa sortie du couvent.

Une voix, derrière la porte, appela : « Jeannette ! »

Jeanne répondit : « Entre, papa. » Et son père parut.

© Lane V. Erickson/Shutterstock Images LLC

2 Récrivez le 4e paragraphe du texte précédent au passé composé. N'oubliez pas d'accorder les participes passés, au besoin.

____

____

____

____

____

____

____

Nom : ______ Groupe : ______ Date : ______

JUSTIFIEZ VOTRE RÉPONSE

1. Récrivez la deuxième phrase ci-dessous en corrigeant les erreurs qu'elle contient et justifiez votre réponse.

   L'équipe était fière d'avoir gagné. Ils l'avaient bien méritée, cette victoire.

   ______

   Justification : ______

   ______

Lisez l'extrait suivant des *Liaisons dangereuses*, de Pierre Choderlos de Laclos, puis répondez aux questions.

La marquise de Merteuil au vicomte de Valmont

Revenez, mon cher Vicomte, revenez : que faites-vous, que pouvez-vous faire chez une vieille tante dont tous les biens vous sont substitués ? Partez sur-le-champ ; j'ai besoin de vous. Il m'est venu une excellente idée, et je veux bien vous en confier l'exécution. Ce peu de mots devrait suffire ; et, trop honoré de mon choix, vous devriez venir, avec empressement, prendre mes ordres à genoux ; [...] Je veux donc bien vous instruire de mes projets : mais jurez-moi qu'en fidèle Chevalier, vous ne courrez aucune aventure que vous n'ayez mis celle-ci à fin. Elle est digne d'un Héros : vous servirez l'amour et la vengeance ; ce sera enfin une rouerie de plus à mettre dans vos Mémoires : oui, dans vos Mémoires, car je veux qu'ils soient imprimés un jour, et je me charge de les écrire. Mais laissons cela, et revenons à ce qui m'occupe.

Mme de Volanges marie sa fille : c'est encore un secret ; mais elle m'en a fait part hier. Et qui croyez-vous qu'elle ait choisi pour gendre ? Le comte de Gercourt. Qui m'aurait dit que je deviendrais la cousine de Gercourt ? J'en suis dans une fureur [...], et l'espoir de me venger rassérène mon âme. [...]

Vous recevrez cette lettre demain matin. J'exige que demain, à sept heures du soir, vous soyez chez moi. Je ne recevrai personne qu'à huit [...]. Vous voyez que l'amour ne m'aveugle pas. À huit heures, je vous rendrai votre liberté, et vous reviendrez à dix souper avec le bel objet ; car la mère et la fille souperont chez moi. Adieu, il est midi passé : bientôt je ne m'occuperai plus de vous.

Nom : ______________________ Groupe : __________ Date : __________

2. Complétez le schéma de la situation d'énonciation de cette histoire.

L'énonciateur : ______________________

Le message : ______________________

Le destinataire : ______________________

3. Dans le premier paragraphe,
- soulignez les marques énonciatives qui renvoient au destinataire ;
- encadrez celles qui renvoient à l'énonciatrice.

4. Quelle est l'intention de l'énonciatrice ? Justifiez votre réponse.

____

____

5. Dans le texte, à quoi servent les points de suspension placés entre crochets ?

____

6. Dans le deuxième paragraphe, la marquise de Merteuil relate sa rencontre avec Mme de Volanges. Complétez le dialogue de cette scène en rédigeant trois répliques et trois phrases incises contenant un verbe de parole expressif et un modificateur du verbe.

« Mme de Volanges, quelle joie de vous rencontrer ! » déclara la Marquise en s'époumonant.

____

____

____

____

____

7. L'extrait qui suit pourrait faire partie des Mémoires du vicomte de Valmont. Conjuguez les verbes en les harmonisant autour du passé simple comme temps dominant de ce récit.

*Je **reçus** votre lettre le lendemain matin. Vous* (exiger) __________ *que, le jour suivant à sept heures du soir, je sois chez vous. Vous ne* (recevoir) __________ *personne avant huit heures. Vous* (vouloir) __________ *me montrer que l'amour ne vous* (aveugler) __________ *pas. Quelques jours auparavant, on m'* (raconter) __________ *les raisons de votre amertume. Bref, à huit heures, je* (être) __________ *libre et je ne* (revenir) __________ *qu'à dix heures pour souper avec celle que vous* (appeler) __________ *le bel objet ; car la mère et la fille* (souper) __________ *chez vous. Je* (devoir) __________ *donc m'empresser de quitter mon logis et je* (prendre) __________ *la route de votre demeure.*

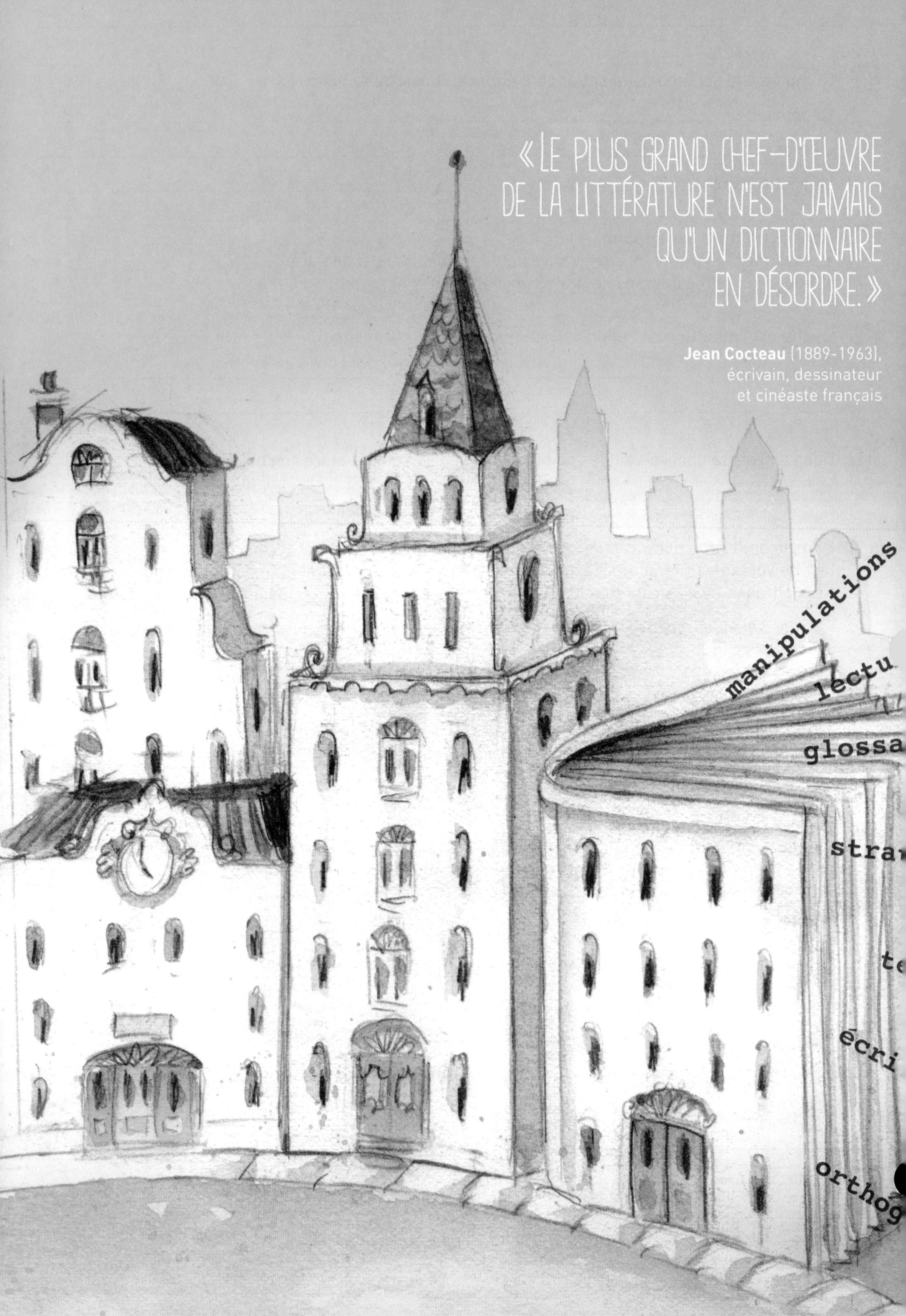
« LE PLUS GRAND CHEF-D'ŒUVRE
DE LA LITTÉRATURE N'EST JAMAIS
QU'UN DICTIONNAIRE
EN DÉSORDRE. »
Jean Cocteau (1889-1963),
écrivain, dessinateur
et cinéaste français
manipulations
lectu
glossa
stra
te
écri
orthog

LE RÉFÉRENTIEL

Nom : ______________________ Groupe : ____________ Date : ____________

1 PLANIFIER SA LECTURE

1.1 Déterminer sa démarche de lecture

D'abord, on analyse la tâche en tenant compte des conditions de sa réalisation (exigences, temps alloué, organisation du travail, etc.) et du genre de texte à lire. Ensuite, on choisit sa manière de lire selon le texte ou l'organisation de l'information dans le site Web. Enfin, on précise sa quête d'information (cherche-t-on des données, des faits, des opinions, des hypothèses, etc.?) et la façon de conserver ses références bibliographiques, et l'on répertorie les sources à consulter.

1.2 Anticiper le contenu, l'organisation ou le point de vue

On active ses repères culturels et ses connaissances sur le sujet, tout en tenant compte des titres et des intertitres ainsi que du genre de texte à lire.

1.3 Ajuster sa démarche

On se rappelle les exigences de la tâche, l'échéancier et les ressources à sa disposition, et l'on s'interroge sur la nécessité de considérer d'autres aspects du sujet ou de consulter de nouvelles sources. On résout rapidement les difficultés liées aux ressources, aux outils ou au mode de travail en réorientant son sujet, en demandant de l'aide, en redistribuant des tâches, etc.

2 COMPRENDRE ET INTERPRÉTER UN TEXTE

2.1 Diversifier ses façons de résoudre ses difficultés de compréhension et d'interprétation

D'abord, on tire profit de son bagage de connaissances en clarifiant ce qui relève de l'énonciation et en établissant des liens entre le texte et ses connaissances spécifiques. On peut ensuite aborder le texte d'une façon différente. Enfin, on peut tirer profit de ressources externes en cherchant des renseignements diversifiés et en sollicitant l'avis d'autres lecteurs ou de personnes-ressources.

2.2 Cerner le contenu

On situe le texte dans son contexte en tenant compte du média et de la date de publication, et en s'appuyant sur des repères historiques et géographiques. Pour relever certains éléments du texte, on juge de leur caractère (essentiel, accessoire, utile, intéressant), on choisit ce qu'il faut prélever intégralement, reformuler ou schématiser, et l'on note avec précision la source, l'énonciateur et le sens du texte dans son contexte. Parmi ces éléments, on repère ceux qui sont complémentaires, redondants ou contradictoires.

2.3 Cerner l'organisation

On se donne une représentation schématique de la séquence textuelle et l'on isole le fil conducteur des propos afin de dégager le plan du texte.

2.4 Cerner le point de vue adopté

Pour attribuer les propos à l'énonciateur approprié, on distingue l'énonciateur de l'auteur, on tient compte du genre du texte (roman, éditorial, biographie, etc.) et l'on repère la présence marquée ou discrète de l'énonciateur. Ainsi, on dégage l'orientation donnée aux propos et l'on met en évidence le caractère plutôt objectif ou subjectif des énoncés.

3 RÉAGIR À UN TEXTE

3.1 Reconnaître les effets que le texte provoque chez soi

On prend conscience des émotions, des impressions et de l'intérêt que suscite le texte en soi. De plus, on prête attention aux valeurs présentes dans le texte, à ce qu'il permet d'apprendre ou de découvrir, ainsi qu'aux idées et aux prises de position qu'il contient.

3.2 Expliciter et justifier les effets du texte sur soi

Pour comprendre et expliquer sa réaction, on s'appuie sur ses connaissances et ses expériences. On se réfère à ses champs d'intérêt, à ses goûts et à ses habitudes, mais aussi à la vision du monde, aux valeurs et aux repères culturels présents dans le texte.

3.3 Consolider, nuancer ou réviser ses réactions au texte

On compare ses réactions avec celles provoquées par d'autres textes, et on les confronte avec celles de ses pairs et d'autres lecteurs. On peut aussi s'interroger sur la portée du texte à l'aide de critiques, d'analyses ou de commentaires pour juger de la pertinence de faire part de ses réactions à l'auteur ou au diffuseur du texte.

4 ÉVALUER L'EFFICACITÉ DE SA DÉMARCHE

4.1 Poser un regard critique sur sa démarche

Durant la réalisation de la tâche, on s'interroge sur l'efficacité de sa démarche et de ses stratégies ainsi que sur sa capacité d'ajuster son travail en cours de route.

4.2 Poser un regard critique sur le résultat de la tâche

On évalue sa capacité à anticiper et à consacrer les efforts nécessaires pour satisfaire aux exigences de la tâche. Pour s'assurer de la pertinence des efforts déployés, on utilise les critères d'évaluation propres à la tâche.

4.3 Se fixer de nouveaux défis

Ajuster régulièrement sa démarche permet d'accroître son autonomie, en particulier pour aborder des textes difficiles et pour utiliser des ouvrages de référence. En tenant compte des divers éléments (commentaires de l'enseignant, rétroactions des pairs, défis précédents, etc.), on choisit ce sur quoi il conviendrait de mettre l'accent dans l'avenir.

Nom : ______________________ Groupe : __________ Date : __________

LES STRATÉGIES D'ÉCRITURE

1 LES ORGANISATEURS TEXTUELS

Les organisateurs textuels sont des mots, des groupes de mots ou des phrases qui permettent de faire des liens entre les grandes parties d'un texte et d'en marquer l'ordre ou la progression.

QUELQUES ORGANISATEURS TEXTUELS		
Sens	**Organisateurs**	**Exemples**
Espace / Lieu	à côté, à droite, à gauche, à l'est, à l'extérieur, à l'intérieur, à l'ouest, au milieu, au Québec, dans un pays lointain, de l'autre côté, derrière, dessous, dessus, en bas, en haut, plus loin, tout près, etc.	***À l'intérieur du cercle familial***, *Louma parle arabe. C'est normal, puisqu'elle vient du Liban et n'est au Québec que depuis quelque temps. D'ailleurs, ses parents suivent des cours de français, mais non sa grand-mère, qui vit avec eux.* ***À l'extérieur du cercle familial***, *elle apprend et parle le français. Ce n'est pas facile, mais ses nouveaux amis, à l'école, l'aident autant qu'ils le peuvent.*
Temps	au cours du XXe siècle, auparavant, de nos jours, depuis ce jour-là, dorénavant, en 1967, jadis, le lendemain, maintenant, pendant ce temps, puis, soudain, tout à coup, etc.	***Autrefois***, *dans les écoles, on enseignait le grec et le latin. L'enseignement de ces langues permettait aux élèves de découvrir ces civilisations anciennes.* ***Aujourd'hui***, *on donne la priorité à l'enseignement de langues comme l'espagnol, plus en accord avec les besoins du marché du travail.*
Ordre*	d'abord, dans un premier temps, en premier lieu, pour commencer, premièrement, etc.	***Pour commencer son concert intitulé* Un tour du monde en musique**, *la chorale a interprété quelques vieux airs de la Nouvelle-France, ainsi que quelques-uns de la France, plus particulièrement de la Provence. Nous en avons savouré les paroles.*
	après, de plus, deuxièmement, en deuxième lieu, en outre, ensuite, puis, etc.	***Ensuite***, *il y a eu des chansons de l'Angleterre, que nous avons pu facilement comprendre, et des chansons de l'Allemagne et de la Pologne, tout à fait incompréhensibles pour nous. Cependant, nous avons apprécié les sonorités de ces langues aux accents expressifs.*
	à la fin, en conclusion, en dernier lieu, enfin, en terminant, finalement, pour conclure, pour terminer, etc.	***Pour terminer la soirée***, *les chants d'Italie et de pays hispanophones nous ont transportés de joie. En effet, ces musiques et ces textes en langues d'origine latine nous ont bercés de leurs accents colorés, pleins de soleil.*
Suite / Transition	à ce sujet, au contraire, dans un autre ordre d'idées, d'une part... d'autre part, en fait, par ailleurs, quant à, etc.	*La conseillère d'orientation a précisé que le bilinguisme était essentiel pour avoir accès à ce type d'emploi.* ***Quant à*** *la connaissance d'une troisième langue, elle a mentionné qu'il s'agissait là d'un atout important.*

* Les organisateurs textuels exprimant l'ordre doivent tous être du même type. Ainsi, si la première partie du texte est introduite par « en premier lieu », la seconde le sera par « en deuxième lieu », et non par « ensuite », et la dernière le sera par « en dernier lieu », et non par « finalement ».

Nom : ______________________ Groupe : __________ Date : __________

2 LES MARQUEURS DE RELATION

Les marqueurs de relation sont des adverbes, des prépositions ou des conjonctions qui servent à établir des liens, des rapports de sens entre des groupes de mots ou entre des phrases.

QUELQUES MARQUEURS DE RELATION		
Sens	**Marqueurs**	**Exemples**
Addition	ainsi que, aussi, de plus, également, en outre, en plus, et, puis, etc.	*J'aimerais apprendre l'italien* ***et*** *l'allemand.*
But	à cette fin, afin de, afin que, dans le but de, de crainte que, de peur que, pour, pour que, etc.	*Il est utile de connaître l'italien et l'allemand* ***pour*** *comprendre et apprécier les grands airs d'opéra.*
Cause	à cause de, attendu que, car, comme, en raison de, étant donné que, parce que, puisque, vu que, etc.	*On peut aisément comparer la musique au français* ***parce que*** *tous deux sont des langages.*
Choix	ou, ou bien, soit… ou, soit… soit, etc.	*Tu apprendras* ***soit*** *le latin,* ***soit*** *l'espagnol.*
Comparaison	ainsi que, autant que, comme, de même que, moins que, plus que, tel que, etc.	*Dans le langage musical, il y a des règles à respecter,* ***comme*** *en grammaire.*
Concession	bien que, cependant, certes, excepté que, mais, malgré, malgré que, même si, néanmoins, pourtant, quand bien même, quoique, sauf, toutefois, etc.	***Même s'****il est né au Québec, mon ami chinois, Kabin, parle très bien le mandarin.*
Condition / Hypothèse	à condition que, à supposer que, au cas où, dans la mesure où, en admettant que, moyennant que, pourvu que, si, etc.	*Tu peux apprendre une seconde langue assez rapidement* ***dans la mesure où*** *tu y travailles quotidiennement.*
Conséquence	ainsi, c'est ainsi que, de ce fait, de là, de manière que, de sorte que, donc, en conséquence, par conséquent, si bien que, tellement que, etc.	*Depuis plusieurs années, Marc-Antoine passe un mois d'été dans un camp anglophone,* ***si bien qu'****aujourd'hui, il est pratiquement bilingue.*
Explication	à savoir, autrement dit, c'est pour cela que, c'est pourquoi, c'est-à-dire, en effet, soit, etc.	*La langue française a ses caprices,* ***c'est-à-dire*** *quelques exceptions à ses règles.*
Opposition	à l'inverse, à l'opposé, alors que, au contraire, cependant, contrairement à, d'autre part, mais, par contre, pendant que, tandis que, etc.	*Franco comprend très bien l'italien.* ***Cependant****, il ne le parle pas beaucoup.*
Ordre	d'abord, enfin, ensuite, puis, etc.	*Faisons l'exercice,* ***puis*** *consultons le corrigé.*
Restriction	excepté que, sauf, sauf que, sinon, etc.	*Je parle allemand,* ***sauf que*** *j'ai un fort accent.*
Temps	à mesure que, après que, au moment où, aussitôt que, avant de, avant que, depuis que, dès que, lorsque, pendant que, quand, tandis que, etc.	*Il faut tourner sept fois sa langue dans sa bouche* ***avant de*** *parler. (proverbe)*

Nom : ______________________________ Groupe : ____________ Date : ______________

LES MANIPULATIONS SYNTAXIQUES

Les manipulations syntaxiques sont des tests qui permettent notamment :

- de repérer les mots, les groupes et leurs fonctions ;
- de réviser les phrases et de vérifier les accords.

Quand une manipulation est **possible** ✓, la phrase obtenue est correcte sur le plan syntaxique, que son sens soit modifié ou non.

Quand une manipulation est **impossible** [X], la phrase obtenue est mal construite sur le plan syntaxique. Son sens peut aussi être difficile à comprendre.

Voici les manipulations et leurs principales utilités.

1 L'EFFACEMENT

L'effacement consiste à supprimer un ou plusieurs mots ou groupes dans la phrase.

Utilités	Éléments à effacer	Exemples
Repérer un complément de P.	Le complément de P	*Zoé lit des poèmes dans l'autobus.* ✓ *Zoé lit des poèmes* [ ].
Repérer un complément du nom.	Le complément du nom	*Zoé apprend un poème qu'elle veut réciter.* ✓ *Zoé apprend un poème* [ ].
Repérer le nom noyau du GN sujet pour vérifier l'accord d'un verbe.	Tous les compléments du nom	*Ce long poème de Verlaine est magnifique.* ✓ *Ce* [ ] *poème* [ ] *est magnifique.*
Repérer un complément de l'adjectif.	Le complément de l'adjectif	*Marius est heureux d'entendre ce poème.* ✓ *Marius est heureux* [ ].
Repérer un modificateur du verbe, de l'adjectif ou de l'adverbe.	Le GAdv ou le GPrép modificateur	*Marius écoute attentivement ce poème.* ✓ *Marius écoute* [ ] *ce poème.* *Marius écoute avec attention ce poème.* ✓ *Marius écoute* [ ] *ce poème.*

2 LE DÉPLACEMENT

Le déplacement consiste à modifier la position d'un mot ou d'un groupe dans la phrase.

Utilités	Éléments à déplacer	Exemples
Repérer un complément de P, qui est mobile.	Le complément de P	*Robin s'entraîne chaque fois qu'il le peut.* ✓ *Chaque fois qu'il le peut, Robin s'entraîne.*
Repérer un complément du nom détaché, qui est mobile.	Le complément du nom détaché	*Josée, le visage radieux, retourne chez elle.* ✓ *Le visage radieux, Josée retourne chez elle.*

Nom : ______________________ Groupe : ______________ Date : ______________

3 L'AJOUT (OU L'ADDITION)

L'ajout consiste à insérer un mot ou un groupe dans la phrase.

Utilités	Éléments à ajouter	Exemples
Distinguer un adjectif classifiant d'un adjectif qualifiant.	Un **adverbe d'intensité** • Ajout possible : adjectif qualifiant • Ajout impossible : adjectif classifiant	*Un ours affamé rôde dans les parages.* ✔ *Un ours **très** affamé rôde dans les parages.* *Un ours polaire rôde dans les parages.* ✘ *Un ours ~~très~~ polaire rôde dans les parages.*
Distinguer un complément du nom détaché d'un complément de P.	Le **pronom *qui*** et le **verbe *être*** ou ***avoir*** • Ajout possible : complément du nom détaché • Ajout impossible : complément de P	*La foule, en liesse, chante des airs de fête.* ✔ *La foule, **qui est** en liesse, chante des airs de fête.* *La foule, parce qu'elle est en liesse, chante des airs de fête.* ✘ *La foule, ~~qui est~~ parce qu'elle est en liesse, chante des airs de fête.* ✘ *La foule, ~~qui a~~ parce qu'elle est en liesse, chante des airs de fête.*

4 L'ENCADREMENT

L'encadrement consiste à faire ressortir un mot ou un groupe dans la phrase en l'encadrant par *ne... pas*, *c'est... qui*, *ce sont... qui* ou *c'est... que*.

Utilités	Éléments à encadrer	Exemples
Repérer un verbe (sauf s'il est à l'infinitif).	Le verbe ou l'auxiliaire par ***ne... pas***	*Les marées érodent la falaise.* ✔ *Les marées **n'**érodent **pas** la falaise.*
Vérifier l'accord d'un verbe en repérant son sujet.	Le sujet par ***c'est... qui*** ou ***ce sont... qui***	*Le jeu des acteurs suscite notre intérêt.* ✔ ***C'est** le jeu des acteurs **qui** suscite notre intérêt.* *Les enjeux de la pièce provoquent des débats.* ✔ ***Ce sont** les enjeux de la pièce **qui** provoquent des débats.*
Vérifier si un pronom conjoint est complément direct ou indirect.	Le pronom conjoint* par ***c'est... que***, placé au début de la phrase • Sans ajout de préposition : complément direct • Avec ajout de préposition : complément indirect	*Leur victoire vous surprend.* ✔ ***C'est** vous **que** leur victoire surprend.* *Il me demande de l'aide.* ✔ ***C'est** à moi **qu'**il demande de l'aide.*

* Lorsqu'on l'encadre, le pronom conjoint devient disjoint. Dans certains cas, il faut donc le remplacer par un pronom à la forme appropriée.

Nom : ______________________ Groupe : __________ Date : __________

5 LE DÉDOUBLEMENT

Le dédoublement consiste à détacher une partie de la phrase en reprenant l'autre partie à l'aide des formules *et cela*, *et ce*, *et cela se passe*, *et cela se produit* ou *il ou elle fait cela*.

Utilités	Éléments à dédoubler	Exemples
Distinguer un complément de P d'un complément du verbe.	Le sujet et le prédicat • Dédoublement possible : complément de P • Dédoublement impossible : complément du verbe	*Reda se prépare pour la compétition.* ✓ *Reda se prépare, et cela, pour la compétition.* *Ziad compose de la musique.* ☒ *Ziad compose, ~~et cela~~, de la musique.*

6 LE REMPLACEMENT

Le remplacement consiste à substituer un nouveau mot ou un nouveau groupe à un mot ou à un groupe dans la phrase.

Utilités	Éléments à remplacer	Exemples
Déterminer la classe d'un mot.	Un mot **par** un mot de même classe	*Ses parents possèdent deux voitures.* ✓ *Ses parents possèdent ces voitures.* *Nous leur expliquerons la situation.* ✓ *Nous t'expliquerons la situation.*
Reconnaître des mots ou des groupes qui ont la même fonction.	Un mot ou un groupe **par** un mot ou un groupe de même fonction	*Une fleur fanée* ✓ *Une fleur de lis* ✓ *Une fleur qui résiste au froid* ✓ *Une fleur dont le parfum est agréable*
Vérifier l'accord d'un verbe en repérant son sujet.	Le sujet **par** les pronoms *il* ou *elle*, *ils* ou *elles*, *cela*, *ça* ou *ce*	*Les chiens de Mme Nguyen sont vigoureux.* ✓ *Ils sont vigoureux.* *Courir tout l'après-midi ne les épuise pas.* ✓ *Cela ne les épuise pas.*
Vérifier l'accord d'un verbe quand il y a un pronom-écran.	Le pronom-écran **par** un groupe, placé après le verbe	*Nous vous admirons.* ✓ *Nous admirons nos amis.* *Vous m'épuisez.* ✓ *Vous épuisez ma patience.*
Vérifier si un verbe est attributif.	Le verbe **par** le verbe *être*	*Les participantes paraissent ravies.* ✓ *Les participantes sont ravies.*
Vérifier si un verbe en *-er* est à l'infinitif ou au participe passé.	Le verbe en *-er* **par** un verbe en *-ir*, en *-oir* ou en *-re* à l'infinitif ou au participe passé	*Demain, j'irai pêcher.* ✓ *Demain, j'irai dormir.* ☒ *Demain, j'irai ~~dormi~~.* *Hier, j'ai pêché.* ☒ *Hier, j'ai ~~dormir~~.* ✓ *Hier, j'ai dormi.*

Nom : ______________________ Groupe : ____________ Date : ______________

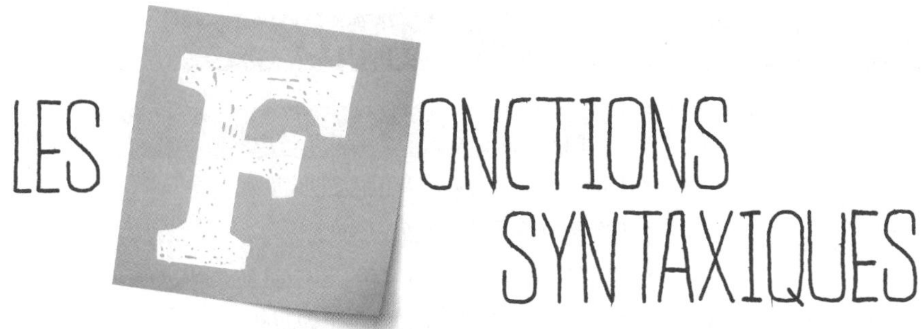

LES FONCTIONS SYNTAXIQUES

Les fonctions syntaxiques indiquent les relations entre les éléments de la phrase, c'est-à-dire les mots, les groupes et les subordonnées.

Les tableaux suivants précisent **comment repérer ces divers éléments dans la phrase**.

1 REPÉRER LE SUJET

Le sujet est, comme le prédicat, un des deux constituants obligatoires de la phrase.

Manipulations	Exemples
	• *Mon frère Félix mange des pommes.* • *Manger des fruits est bon pour la santé.*
Remplacement par *qui est-ce qui* ou *qu'est-ce qui* placé avant le verbe (type interrogatif)	✓ *Qui est-ce qui mange des pommes ? Mon frère Félix* ✓ *Qu'est-ce qui est bon pour la santé ? Manger des fruits*
Remplacement par le pronom *il, elle, ils, elles, cela* ou *ce*	✓ *Il mange des pommes. (Il = Mon frère Félix)* ✓ *C'est bon pour la santé. (Ce = Manger des fruits)*
Encadrement par ***c'est... qui*** ou ***ce sont... qui***	✓ ***C'est*** *mon frère Félix* ***qui*** *mange des pommes.* ✓ ***C'est*** *manger des fruits* ***qui*** *est bon pour la santé.*
Note : Le sujet peut être inversé par rapport au verbe dans des phrases transformées. Ex. : *Sous ma fenêtre coule la rivière.* ✓ *Qu'est-ce qui coule sous ma fenêtre ? la rivière*	

2 REPÉRER LE PRÉDICAT

Le prédicat est, comme le sujet, un des deux constituants obligatoires de la phrase.

Manipulations	Exemples
	• *Anne veut partir.* • *Je crois que tu ne viendras pas.* • *Manger des fruits est bon pour la santé.*
Déplacement impossible	☒ *Veut partir Anne.* ☒ *Crois que tu ne viendras pas je.* ☒ *Est bon pour la santé manger des fruits.*
Effacement impossible	☒ *Anne ~~veut partir~~.* ☒ *Je ~~crois que tu ne viendras pas~~.* ☒ *Manger des fruits ~~est bon pour la santé~~.*

Nom : ______________________ Groupe : __________ Date : __________

3 REPÉRER LE COMPLÉMENT DE PHRASE

Manipulations	Exemples
	• *Félix mange des pommes fréquemment.* • *Anne veut partir depuis deux jours.* • *Je crois que tu ne viendras pas sans ton ami.* • *Tu lui rendras visite dès que tu le pourras.*
Déplacement	✓ *Félix mange fréquemment des pommes.* ✓ *Depuis deux jours, Anne veut partir.* ✓ *Je crois que, sans ton ami, tu ne viendras pas.*
Dédoublement du sujet et du prédicat par ***et ce*** ou ***et cela*** souvent possible	✓ *Félix mange des pommes,* ***et cela****, fréquemment.* ✓ *Anne veut partir,* ***et ce****, depuis deux jours.* ✓ *Tu lui rendras visite,* ***et ce****, dès que tu le pourras.*
Effacement possible (mais insuffisant pour déterminer la fonction)	✓ *Anne veut partir* [ ] . ✓ *Je crois que tu ne viendras pas* [ ] .

4 REPÉRER LE COMPLÉMENT DIRECT DU VERBE

Manipulations	Exemples
	• *Félix mange de la tarte aux pommes.* • *Anne veut partir tôt.* • *Je crois que tu ne viendras pas.* • *On t'a défendu de sortir.*
Remplacement par *qui ?* ou *quoi ?* placé après le sujet et le verbe (type interrogatif)	✓ *Félix mange quoi ? de la tarte aux pommes* ✓ *Anne veut quoi ? partir tôt* ✓ *Je crois quoi ? que tu ne viendras pas* ✓ *On t'a défendu quoi ? de sortir*
Au moins un de ces remplacements : • par le pronom *cela* ou *ça*	✓ *Anne veut cela. (cela = partir tôt)* ✓ *Je crois ça. (ça = que tu ne viendras pas)* ✓ *On t'a défendu cela. (cela = de sortir)*
• par le pronom *le, la, les* ou *en*, placé avant le verbe	✓ *Félix en mange. (en = de la tarte aux pommes)* ✓ *Anne le veut. (le = partir tôt)* ✓ *Je le crois. (le = que tu ne viendras pas)* ✓ *On te l'a défendu. (le = de sortir)*
Effacement impossible pour les verbes qui exigent un complément direct	☒ *Anne veut partir tôt.*

Note : Les dictionnaires indiquent les constructions des verbes. Par exemple, on y précise que les verbes comme *attraper, employer, faire, remplir, résoudre* et *utiliser* doivent avoir un complément direct dans leur construction (ils sont **transitifs directs**).

Nom : ______________________ Groupe : ____________ Date : ______________

5 REPÉRER LE COMPLÉMENT INDIRECT DU VERBE

Manipulations	Exemples
	• *Félix se souvient de ses visites au verger.* • *Chloé se fie à sa petite sœur.* • *Anne nous a avertis que sa décision était prise.* • *Le chien tire sur sa laisse.* • *On t'a défendu de sortir.* • *Tu habites là depuis deux ans.* • *Vous allez en Afrique.* • *Nous sommes arrivés à Rio.* • *Vous êtes partis de Tokyo.*
Remplacement par la préposition + *qui ?* ou *quoi ?* placés après le sujet et le verbe (type interrogatif) souvent possible	✓ *Félix se souvient de quoi ? de ses visites au verger* ✓ *Chloé se fie à qui ? à sa petite sœur* ✓ *Anne nous a avertis de quoi ? que sa décision était prise* ✓ *Le chien tire sur quoi ? sur sa laisse* ✓ *On a défendu à qui de sortir ? à toi (te)*
Au moins un de ces remplacements : • par la préposition + le pronom *lui, elle, eux, elles, quelqu'un, cela* ou *quelque chose*, placés après le sujet et le verbe	✓ *Félix se souvient de cela. (de cela = de ses visites au verger)* ✓ *Chloé se fie à elle. (à elle = à sa petite sœur)* ✓ *Anne nous a avertis de cela. (de cela = que sa décision était prise)* ✓ *Le chien tire sur quelque chose. (sur quelque chose = sur sa laisse)* ✓ *On a défendu à quelqu'un de sortir. (à quelqu'un = te)*
• par le pronom *quelque part*, précédé ou non de la préposition et placé après le sujet et le verbe	✓ *Tu habites quelque part depuis deux ans. (quelque part = là)* ✓ *Vous allez quelque part. (quelque part = en Afrique)* ✓ *Nous sommes arrivés quelque part. (quelque part = à Rio)* ✓ *Vous êtes partis de quelque part. (de quelque part = de Tokyo)*
• par le pronom *lui, leur, en* ou *y*, placé devant le verbe	✓ *Félix s'en souvient. (en = de ses visites au verger)* ✓ *Chloé s'y fie. (y = à sa petite sœur)* ✓ *Anne nous en a avertis. (en = que sa décision était prise)* ✓ *On lui a défendu de sortir. (lui = te)* ✓ *Tu y habites depuis deux ans. (y = là)* ✓ *Vous y allez. (y = en Afrique)* ✓ *Nous y sommes arrivés. (y = à Rio)* ✓ *Vous en êtes partis. (en = de Tokyo)*
Effacement impossible pour les verbes qui exigent un complément indirect	✗ *Félix se souvient ~~de ses visites au verger~~.* ✗ *Chloé se fie ~~à sa petite sœur~~.* ✗ *Vous allez ~~en Afrique~~.*

Note : Les dictionnaires indiquent les constructions des verbes. Par exemple, on y précise que les verbes comme *accéder, contribuer, nuire* et *succéder* doivent avoir un complément indirect (ils sont **transitifs indirects**).

Nom : ______________________ Groupe : ____________ Date : ______________

6 REPÉRER LE COMPLÉMENT DU VERBE PASSIF

Manipulations	Exemples
	• *Les plants de tomates ont été abîmés par la tempête.* • *Cette histoire est bien connue de tous.*
Effacement	✓ *Les plants de tomates ont été abîmés* [ ]. ✓ *Cette histoire est bien connue* [ ].
Transformation de la phrase passive en phrase active (le complément devient le sujet dans la phrase de base)	✓ *La tempête a abîmé les plants de tomates.* ✓ *Tous connaissent cette histoire.*

7 REPÉRER LE COMPLÉMENT DU VERBE IMPERSONNEL

Pour repérer le complément du verbe impersonnel, il faut d'abord s'assurer de reconnaître le verbe impersonnel.

Manipulations	Exemples
	• *Il s'agit de son voyage à Rio.* • *Il est question de la sœur de Chloé.* • *Des pommes, il en a fallu beaucoup pour préparer ces tartes.* • *Il a fait froid.* • *Il vente très fort.*
Remplacement du pronom sujet *il* par un nom ou un autre pronom impossible	☒ *Elle s'agit de son voyage à Rio.* ☒ *Chacun est question de la sœur de Chloé.* ☒ *Des pommes, Alex en a fallu beaucoup pour préparer ces tartes.* ☒ *Julie a fait froid.* ☒ *Qui est-ce qui vente très fort ?*

Notes :
- Le verbe impersonnel ne peut être conjugué qu'à la 3e personne du singulier. Il n'a donc qu'un seul sujet possible : le pronom *il*.
- Contrairement à celui du verbe personnel, le participe passé du verbe impersonnel est invariable.
- Comme le verbe personnel, le verbe impersonnel peut avoir divers compléments ou modificateurs. Pour les repérer, on se sert des mêmes manipulations qu'avec les verbes personnels.

Ex. : *Il fallait des pommes à Félix. Il vous faut un billet d'avion.*
Il faut partir avant Anne. Il faut que Chloé se fie à sa sœur.
Il s'agit clairement de la sœur de Chloé. Il pleut des cordes.
Il neige de gros flocons légers. Il pleut très fort.
Il vente à cent kilomètres à l'heure. Il faut parfois partir.

Nom : ______ Groupe : ______ Date : ______

8 REPÉRER L'ATTRIBUT DU SUJET

Manipulations	Exemples
	• *Ma chatte semble attentive au moindre bruit.* • *Chloé restera toujours mon modèle.* • *Tout le monde paraissait à l'aise.* • *Ses amis sont devenus les miens.* • *Ce mot semble être un néologisme.*
Remplacement du verbe par le verbe *être* sans modification majeure du sens	✓ *Ma chatte est attentive au moindre bruit.* ✓ *Chloé sera toujours mon modèle.* ✓ *Tout le monde était à l'aise.* ✓ *Ses amis ont été les miens.*
Remplacement par le pronom *le* ou *en*, placé avant le verbe (Avec *en*, il y a souvent ajout du **pronom *un* ou *une*** après le verbe.)	✓ *Chloé en restera toujours* ***un****. (en = mon modèle)* ✓ *Ses amis le sont devenus. (le = les miens)* ✓ *Ce mot en semble* ***un****. (en = être un néologisme)*
Effacement impossible (ou qui change complètement le sens)	✗ *Ma chatte semble ~~attentive au moindre bruit~~.* ✗ *Chloé restera toujours ~~mon modèle~~.* ✗ *Tout le monde paraissait ~~à l'aise~~.* ✗ *Ses amis sont devenus ~~les miens~~.* ✗ *Ce mot semble ~~être un néologisme~~.*

9 REPÉRER L'ATTRIBUT DU COMPLÉMENT DIRECT

Manipulations	Exemples
	• *L'arbitre décrète la partie nulle.* • *De fortes pluies ont rendu la route impraticable.* • *On a proclamé Chloé reine de la soirée.* • *Jade traite son frère de menteur.*
Transformation de la phrase active en phrase passive (L'attribut du CD devient attribut du sujet dans la phrase passive.)	✓ *La partie est décrétée nulle par l'arbitre.* ✓ *La route a été rendue impraticable par de fortes pluies.* ✓ *Chloé a été proclamée reine de la soirée.* ✓ *Son frère est traité de menteur par Jade.*
Effacement impossible (ou qui change complètement le sens)	✗ *L'arbitre décrète la partie ~~nulle~~.* ✗ *De fortes pluies ont rendu la route ~~impraticable~~.* ✗ *On a proclamé Chloé ~~reine de la soirée~~.* ✗ *Jade traite son frère ~~de menteur~~.*

Nom : ______________ Groupe : ______________ Date : ______________

10 REPÉRER LE MODIFICATEUR DU VERBE, DE L'ADJECTIF OU DE L'ADVERBE

Manipulations	Exemples
	• *Nous avons <u>solidement</u> attaché la malle sur le toit de l'auto.* • *Les vagues soulevaient l'embarcation <u>hors de l'eau</u>.* • *J'étais <u>totalement</u> incapable de parler.* • *La nageuse était fière <u>de sa réussite</u>.* • *Je trouve Anne <u>de plus en plus</u> jolie.* • *Heureusement <u>pour moi</u>, la réunion avait été annulée.*
Effacement	✓ *Nous avons* [ ] *attaché la malle sur le toit de l'auto.* ✓ *Les vagues soulevaient l'embarcation* [ ]. ✓ *J'étais* [ ] *incapable de parler.* ✓ *La nageuse était fière* [ ]. ✓ *Je trouve Anne* [ ] *jolie.* ✓ *Heureusement* [ ], *la réunion avait été annulée.*
Déplacement hors du groupe impossible	☒ *Nous <u>solidement</u> avons attaché la malle sur le toit de l'auto.* ☒ *<u>Hors de l'eau</u>, les vagues soulevaient l'embarcation.* ☒ *J'étais incapable de parler <u>totalement</u>.* ☒ *La nageuse était <u>de sa réussite</u> fière.*
Attention : le <u>modificateur du verbe</u> est généralement mobile à l'intérieur du GV.	✓ *Nous avons attaché la malle <u>solidement</u> sur le toit de l'auto.*

11 REPÉRER LE COMPLÉMENT DU PRONOM

Manipulations	Exemples
	• *Lequel <u>de mes amis</u> connais-tu déjà ?* • *Rien <u>de pire</u> ne pourrait arriver.* • *Choisis celui <u>que tu veux</u> parmi ces bibelots.* • *Nous, <u>les membres du jury</u>, déclarons l'accusé non coupable.* • *Quelqu'un, <u>rouge de colère</u>, est sorti en claquant la porte.* • *<u>S'étant trompé de chemin</u>, il revint sur ses pas.*
Effacement souvent possible	✓ *Lequel* [ ] *connais-tu déjà ?* ✓ *Nous* [ ] *déclarons l'accusé non coupable.* ✓ *Quelqu'un* [ ] *est sorti en claquant la porte.* ✓ [ ] *Il revint sur ses pas.*
Déplacement du <u>complément détaché</u> souvent possible	✓ *<u>Rouge de colère</u>, quelqu'un est sorti en claquant la porte.* ✓ *Il revint sur ses pas, <u>s'étant trompé de chemin</u>.*
Dans certains cas, déplacement du <u>complément</u>	✓ *Rien ne pourrait arriver <u>de pire</u>.*

Nom : ______________________ Groupe : __________ Date : __________

L'ORTHOGRAPHE LEXICALE ET GRAMMATICALE

1 LA FORMATION DU PLURIEL DES NOMS ET DES ADJECTIFS

1.1 Le pluriel des noms

Le nom peut être singulier ou pluriel selon la réalité qu'il désigne.

Ex. : *un **livre** (singulier), des **livres** (pluriel)*

Voici comment former le pluriel d'un nom commun.

Règle générale	Exemples	Autres cas
Ajout d'un *-s*	*tablettes* *oranges* *rats* *détails* *caribous* *parties* *plongeurs* *rails*	Pour sept noms en ***-ou***, ajout d'un *-x* : *bijoux, cailloux, choux, genoux, hiboux, joujoux, poux* Pour quelques noms en ***-ail***, changement de la finale en ***-aux*** : *corail → **coraux*** *vitrail → **vitraux***
Règles particulières	**Exemples**	**Autres cas**
Sans changement si la finale du singulier est ***-s***, ***-x*** ou ***-z***	*do**s**, ba**s** ; curieu**x**, voi**x** ; mergue**z**, ri**z***	
Ajout d'un *-x* aux finales en ***-au, -eau*** et ***-eu***	*boyaux, noyaux ; bateaux, oiseaux ; aveux, jeux*	*landaus, sarraus* *émeus, pneus*
Changement de la finale ***-al*** en ***-aux***	*cheval → **chevaux*** *journal → **journaux***	Pour quelques noms en ***-al***, ajout d'un *-s* : *bals, carnavals, festivals, récitals*
Changement de forme en partie ou au complet	*madame → **mesdames*** *œil → **yeux*** *bonhomme → **bonshommes***	
Accords particuliers	**Exemples**	**Autres cas**
Le nom complément du nom collectif doit être au pluriel.	*la foule des manifestants* *la horde de journalistes*	

1.2 Le pluriel des adjectifs

L'adjectif est un receveur d'accord ; il est donc au singulier ou au pluriel selon le nombre du nom ou du pronom qu'il accompagne.

Ex. : *Lyne a vécu une aventure **incroyable**. (singulier)*
*Les très **jeunes** enfants ne sont pas admis au cinéma. (pluriel)*

Voici comment former le pluriel d'un adjectif.

Règle générale	Exemples	Autres cas
Ajout d'un *-s*	*privé**s**, petit**s**, maigre**s**, faible**s**, laide**s**, ardent**s**, bleu**s***	*hébreu**x***
Règles particulières	**Exemples**	**Autres cas**
Sans changement si la finale du singulier est ***-s*** ou ***-x***	*courtoi**s**, per**s**, gro**s**, gri**s**; bileu**x**, vieu**x**, haineu**x**, nuageu**x**, infectieu**x***	
Ajout d'un *-x* aux finales ***-au*** et ***-eau***	*esquimau**x** ; nouvea**ux**, jumea**ux**, bea**ux***	
Changement de la finale ***-al*** en ***-aux***	*cordial → cordi**aux*** *normal → norm**aux*** *original → origin**aux*** *national → nation**aux***	Pour certains adjectifs en ***-al***, ajout d'un *-s* : *final**s**, banal**s**, fatal**s**, natal**s**, naval**s***
Accords particuliers	**Exemples**	**Autres cas**
Les points cardinaux employés comme adjectifs ne prennent pas la marque du pluriel.	*les banlieues **nord*** *les zones **sud***	
Les adjectifs provenant d'abréviations ou d'éléments tels des préfixes ne prennent pas la marque du pluriel.	*des musiques **pop*** *des jeux **vidéo*** *des produits **extra***	

Plusieurs adjectifs sont employés comme adverbes ; dans ces cas, ils se comportent comme des adverbes et ne prennent pas la marque du pluriel.

Ex. : *Ces jouets coûtent **cher**. Il faut travailler **fort**.*
*Ce sont des arguments qui pèsent **lourd**.*

Dans le doute ou pour des cas particuliers, on consulte un dictionnaire ou une grammaire.

© Yuri Arcurs/Shutterstock Images LLC

Nom : ______________________ Groupe : ____________ Date : ____________

LA FORMATION DU FÉMININ DES NOMS ET DES ADJECTIFS

2.1 Le féminin des noms

Voici comment former le féminin d'un nom.

Règle générale	Exemples	Autres cas
Ajout d'un *-e*	*écrivaine* *ennemie* *cliente* *Québécoise*	*copain* → *copine*
Règles particulières	**Exemples**	**Autres cas**
Sans changement si la finale du masculin est ***-e***	*guitarist**e*** *élèv**e*** *automobilist**e*** *artist**e*** *bibliothécair**e*** *locatair**e***	*médecin* *témoin*
Pour certains noms, ajout du suffixe ***-sse***	*maître* → *maîtresse* *tigre* → *tigresse* *traître* → *traîtresse*	
Pour certains noms, ***consonne finale doublée + e*** ***-en*** + *ne* ***-on*** + *ne* ***-et*** + *te* ***-el*** + *le*	*musicienne* *politicienne* *baronne* *polissonne* *coquette* *cadette* *criminelle* *professionnelle*	*dindon* → *dinde* *compagnon* → *compagne* *démon* → *démone* *perroquet* → *perruche*
Changement de la finale : ***-eau*** → *-elle* ***-er*** → *-ère* ***-c*** → *-que* ***-f*** → *-ve* ***-p*** → *-ve* ***-x*** → *-se*	*chameau* → *chamelle* *policier* → *policière* *Turc* → *Turque* *captif* → *captive* *loup* → *louve* *époux* → *épouse*	*Grec* → *Grecque* *duc* → *duchesse* *roux* → *rousse* *vieux* → *vieille*
-eur → *-euse* *-eure*	*campeur* → *campeuse* *menteur* → *menteuse* *professeur* → *professeure* *ingénieur* → *ingénieure*	*vengeur* → *vengeresse*
-teur → *-trice* *-teuse* *-teure*	*directeur* → *directrice* *enquêteur* → *enquêteuse* *auteur* → *auteure*	*enchanteur* → *enchanteresse*
Ajout d'une lettre + *e*	*favori* → *favorite* *Esquimau* → *Esquimaude*	
Changement de forme en partie	*roi* → *reine* *héros* → *héroïne* *mulet* → *mule*	
Changement de forme au complet	*bouc* → *chèvre* *gendre* → *bru* *papa* → *maman* *oncle* → *tante*	

2.2 Le féminin des adjectifs

L'adjectif est un receveur d'accord ; il est donc féminin ou masculin selon le genre du nom ou du pronom qu'il accompagne.

Voici comment former le féminin d'un adjectif.

Règle générale	Exemples	Autres cas
Ajout d'un ***-e***	*bleue* *civile* *impolie* *québécoise*	*gentille* Tréma sur le *-e* : *aigu* → *aiguë*
Règles particulières	**Exemples**	**Autres cas**
Sans changement si la finale du masculin est ***-e***	*drôle* *riche* *stupide* *vide*	
Pour certains adjectifs, ***consonne finale doublée + e*** **-as**, **-is**, **-os** + *se* **-el** + *le* **-en**, **-on** + *ne* **-et**, **-ot** + *te* et trois cas en ***-eil*** et ***-ul***	 *lasse* *épaisse* *grosse* *artificielle* *personnelle* *aérienne* *polissonne* *nette* *vieillotte* *pareille* *vermeille* *nulle*	Pour quelques adjectifs : ***-et*** → ***-ète*** *complet* → *complète* *concret* → *concrète* *désuet* → *désuète* *discret* → *discrète* *inquiet* → *inquiète* *secret* → *secrète*
Changement de la finale : ***-c*** → ***-que*** ***-eau*** → ***-elle*** ***-er*** → ***-ère*** ***-f*** → ***-ve*** ***-x*** → ***-se***	 *public* → *publique* *beau* → *belle* *fier* → *fière* *abusif* → *abusive* *curieux* → *curieuse*	 *sec* → *sèche* *bref* → *brève* *roux* → *rousse* *vieux* → *vieille* *doux* → *douce*
-eur → ***-euse*** ***-eure***	*rieur* → *rieuse* *antérieur* → *antérieure*	*vengeur* → *vengeresse*
-teur → ***-trice*** ***-teuse***	*créateur* → *créatrice* *menteur* → *menteuse*	*enchanteur* → *enchanteresse*
Ajout d'une lettre ***+ e***	*long* → *longue* *favori* → *favorite*	
Changement de forme	*fou* → *folle* *frais* → *fraîche* *hébreu* → *hébraïque* *malin* → *maligne* *mou* → *molle*	

Nom : ______________________ Groupe : __________ Date : __________

3 LES PRÉFIXES ET LES SUFFIXES

Les mots formés par dérivation

Un mot **dérivé** est un mot auquel on a ajouté un préfixe (ex.: ***pré**voir*), un suffixe (ex.: *boulang**erie***) ou un préfixe et un suffixe (ex.: ***a**lourd**ir***).

3.1 Les préfixes

Un préfixe est un élément placé au début d'un mot pour former un autre mot.

Voici une liste des principaux préfixes avec leur sens respectif.

Préfixes	Sens	Exemples
a-, an-	pas, sans	***a**moral, **an**onyme*
a- + consonne ex. : ***al-, ar-, as-, at-***	but, direction	***al**armer, **ar**rimer, **as**sombrir, **at**tirer*
aéro-	air	***aéro**glisseur, **aéro**drome*
anti-	contre	***anti**dérapant, **anti**tussif*
auto-	soi-même	***auto**mobile, **auto**financement*
bi-, bis-	deux	***bi**moteur, **bis**annuel*
co-, col-, con-, com-	avec	***co**opération, **col**location, **con**frère, **com**passion*
contre-	opposition, proximité	***contre**coup, **contre**dire, **contre**marche, **contre**signer*
dé-, dés-, des-	inverse	***dé**faire, **dés**espoir, **des**servir*
dis-	séparation	***dis**semblable, **dis**joindre*
en-, em-	dans	***en**fermer, **em**magasiner*
hydro-, hydr-	eau	***hydro**électrique, **hydr**avion*
hyper-	au-delà, excès	***hyper**sensibilité, **hyper**réaliste*
il-, im-, in-, ir-	pas, non	***il**légal, **im**possible, **in**actif, **ir**responsable*
inter-	entre	***inter**dépendant, **inter**disciplinaire*
mé-, més-	mauvais, négatif	***mé**dire, **més**adapté*
mini-	plus petit	***mini**disque, **mini**ordinateur*
mono-	seul, unique	***mono**bloc, **mono**chrome*
multi-	beaucoup, nombreux	***multi**coque, **multi**cellulaire*
néo-	nouveau	***Néo**-Québécois, **néo**natal*
poly-	abondant, nombreux	***poly**phonique, **poly**culture*
post-	après	***post**dater, **post**industriel*
pré-	avant	***pré**supposer, **pré**colombien*
r-, re-, ré-	répétition, de nouveau	***r**acheter, **re**voir, **ré**agir*
rétro-	en arrière	***rétro**spective, **rétro**céder*
super-	supérieur	***super**structure, **super**marché*
sur-	au-dessus, excès	***sur**humain, **sur**chargé*
trans-	à travers, passage	***trans**percer, **trans**mettre*
uni-	un	***uni**colore, **uni**directionnel*

Nom : ______________________ Groupe : __________ Date : __________

3.2 Les suffixes

Un suffixe est un élément placé à la fin d'un mot pour former un autre mot.

Voici une liste des principaux suffixes avec leur sens respectif.

Suffixes	Sens	Exemples
-able, -ible	possibilité	*mange**able**, vis**ible***
-ade **-age**	action, ensemble	*gliss**ade**, colonn**ade*** *abatt**age**, outill**age***
-ain, -aine **-ais, -aise** **-ien, -ienne** **-ois, -oise**	origine	*Manitob**ain**, Manitob**aine*** *Antill**ais**, Antill**aise*** *Californ**ien**, Californ**ienne*** *Toront**ois**, Toront**oise***
-aison, -son	action, résultat	*pend**aison**, guéri**son***
-ance **-ence**	action, résultat caractéristique	*alli**ance**, puiss**ance*** *diverg**ence**, ambival**ence***
-ant, -ante **-ent, -ente**	qui fait une action caractéristique	*brill**ant**, brill**ante**, itinér**ant**, itinér**ante*** *émerg**ent**, émerg**ente**, prud**ent**, prud**ente***
-ateur, -atrice **-teur, -trice**	qui fait une action	*administr**ateur**, administr**atrice*** *bienfai**teur**, bienfai**trice***
-eau, -elle **-et, -ette**	petit	*lionc**eau**, tour**elle*** *livr**et**, statu**ette***
-ence	ce qui est	*néglig**ence***
-er, -ère **-ier, -ière** **-ien, -ienne** **-iste**	qui s'occupe de qui exerce une activité en lien avec	*arch**er**, arch**ère*** *barb**ier**, jardin**ière*** *histor**ien**, histor**ienne*** *pacif**iste***
-erie	lieu, activité, ensemble	*pâtiss**erie**, caus**erie**, argent**erie***
-esse	caractéristique	*sag**esse***
-eur, -euse	qui fait une action	*march**eur**, march**euse***
-ie	état	*malad**ie***
-if, -ive	qui fait une action caractéristique	*combat**if**, combat**ive*** *malad**if**, malad**ive***
-ique	art, science	*robot**ique***
-ise	qualité	*expert**ise***
-isme	ensemble, système	*romant**isme***
-ment	manière	*lente**ment***
-oir, -oire	qui sert à	*éteign**oir**, arat**oire***
-on	diminutif	*canet**on***
-tion, -ation, -ition	action, résultat	*produc**tion**, observ**ation**, add**ition***
-ure	action, résultat	*clôt**ure***
-vore	qui mange	*herbi**vore**, omni**vore***

Nom : ______________________ Groupe : __________ Date : __________

4 LES HOMOPHONES

Les homophones sont des mots ou des groupes de mots qui se prononcent de la même façon, mais qui ont une orthographe différente.

Voici une liste d'homophones avec des manipulations pour les distinguer les uns des autres.

Homophones		Manipulations	Exemples
as/a	verbe *avoir*	Remplacement par *avais/avait* ou encadrement par ***n'... pas***	*Colin a sellé son cheval.* ✓ *Colin avait sellé son cheval.* ✓ *Colin **n'a pas** sellé son cheval.*
à	préposition	Remplacement par *avait* et encadrement par ***n'... pas*** impossibles	*Colin monte à cheval.* ☒ *Colin monte ~~avait~~ cheval.* ☒ *Colin monte ~~n'a pas~~ cheval.*
ce	déterminant démonstratif	Remplacement par *un*	*Je te prête ce crayon.* ✓ *Je te prête un crayon.*
ce	pronom démonstratif	Remplacement par *cela* souvent possible	*Ce qui se passe est étrange.* ✓ *Cela qui se passe est étrange.*
se	pronom personnel	Remplacement par un autre pronom personnel	*Karine se lave les mains.* ✓ *Karine lui lave les mains.*
ces	déterminant démonstratif	Remplacement du déterminant et du nom par *ceux-ci/celles-ci* ou ajout de ***-là*** après le nom	*Tu feras ces exercices.* ✓ *Tu feras ceux-ci.* ✓ *Tu feras ces exercices-**là**.*
ses	déterminant possessif	Remplacement par le déterminant possessif singulier *son/sa*	*Elle nourrira ses chats.* ✓ *Elle nourrira son chat.*
c'est	pronom démonstratif *ce* + verbe *être*	Remplacement par *cela est* ou par *ce n'est pas* souvent possibles	*C'est facile.* ✓ *Cela est facile.* ✓ *Ce n'est pas facile.*
s'est	pronom personnel *se* + aux. *être*	Remplacement du passé composé par le présent	*Julie s'est blessée.* ✓ *Julie se blesse.*
la	déterminant	Remplacement par *une*	*Tu l'as laissée là, à la gare.* ✓ *Tu l'as laissée là, à une gare.*
l'as/l'a	pronom *le/la* + verbe *avoir*	Remplacement par *l'avais/l'avait*	*Tu l'as laissée là, à la gare.* ✓ *Tu l'avais laissée là, à la gare.*
là	adverbe	Remplacement par *ici*	*Tu l'as laissée là, à la gare.* ✓ *Tu l'as laissée ici, à la gare.*
leur/leurs	déterminant possessif	Remplacement de *leur* par *un/une* et de *leurs* par *des*	*Leur ami garde leurs chiens.* ✓ *Un ami garde des chiens.*
leur	pronom personnel	Remplacement par *lui*	*Elle leur parlera.* ✓ *Elle lui parlera.*

Nom : ______________________ Groupe : ____________ Date : ____________

Homophones		Manipulations	Exemples
ma	déterminant possessif	Remplacement par *une*	*Il m'a rendu ma clé.* ✓ *Il m'a rendu une clé.*
m'as/m'a	pronom personnel *me* + verbe *avoir*	Remplacement par *m'avais/m'avait*	*Il m'a rendu ma clé.* ✓ *Il m'avait rendu ma clé.*
mon	déterminant possessif	Remplacement par *un/une*	*Ils m'ont volé mon idée.* ✓ *Ils m'ont volé une idée.*
m'ont	pronom personnel *me* + verbe *avoir*	Remplacement par *m'avaient*	*Ils m'ont volé mon idée.* ✓ *Ils m'avaient volé mon idée.*
ta	déterminant possessif	Remplacement par *une*	*Ta sœur t'a donné un cadeau.* ✓ *Une sœur t'a donné un cadeau.*
t'a	pronom personnel *te* + verbe *avoir*	Remplacement par *t'avait*	*Ta sœur t'a donné un cadeau.* ✓ *Ta sœur t'avait donné un cadeau.*
ton	déterminant possessif	Remplacement par *un/une*	*Ils t'ont reproché ton opinion.* ✓ *Ils t'ont reproché une opinion.*
t'ont	pronom personnel *te* + verbe *avoir*	Remplacement par *t'avaient*	*Ils t'ont reproché ton opinion.* ✓ *Ils t'avaient reproché ton opinion.*
on	pronom personnel	Remplacement par *il/elle*	*On la croyait perdue.* ✓ *Il la croyait perdue.*
ont	verbe *avoir*	Remplacement par *avaient*	*Elles ont trois canaris.* ✓ *Elles avaient trois canaris.*
ou	conjonction	Remplacement par *et*	*Je reviendrai lundi ou mardi.* ✓ *Je reviendrai lundi et mardi.*
où	pronom relatif ou interrogatif	Remplacement par *et* impossible	*La chambre où il dort est petite.* ☒ *La chambre ~~et~~ il dort est petite.*
peu	adverbe	Remplacement par un autre adverbe	*Paul a peu travaillé.* ✓ *Paul a beaucoup travaillé.*
peux/peut	verbe *pouvoir*	Remplacement par *pouvais/pouvait*	*Daphné peut le remplacer.* ✓ *Daphné pouvait le remplacer.*
son	déterminant possessif	Remplacement par *un/une*	*Elles sont surprises par son attitude.* ✓ *Elles sont surprises par une attitude.*
sont	verbe *être*	Remplacement par *étaient*	*Elles sont surprises par son attitude.* ✓ *Elles étaient surprises par son attitude.*
sûr/sûre/sûrs/sûres	adjectif	Remplacement par *certain/certaine/certains/certaines*	*Je suis sûr qu'il viendra.* ✓ *Je suis certain qu'il viendra.*
sur	préposition	Remplacement par *certain/certaine* impossible	*L'assiette est sur le comptoir.* ☒ *L'assiette est ~~certaine~~ le comptoir.*

Nom : ______________________ Groupe : ______________ Date : ______________

5 LES TERMINAISONS DES VERBES RÉGULIERS ET IRRÉGULIERS

Le tableau suivant présente les principales terminaisons des temps simples de la conjugaison.

Modes et temps	Verbes réguliers		Verbes irréguliers				
	en *-er*	en *-ir*	en *-ir*, *-oir*, *-re*				
INFINITIF présent	aimer	finir	sentir	tenir	couvrir	vouloir	mettre
INDICATIF présent	aime aimes aime aimons aimez aiment	finis finis finit finissons finissez finissent	sens sens sent sentons sentez sentent	tiens tiens tient tenons tenez tiennent	couvre couvres couvre couvrons couvrez couvrent	veux veux veut voulons voulez veulent	mets mets met mettons mettez mettent
imparfait	aimais aimais aimait aimions aimiez aimaient	finissais finissais finissait finissions finissiez finissaient	sentais sentais sentait sentions sentiez sentaient	tenais tenais tenait tenions teniez tenaient	couvrais couvrais couvrait couvrions couvriez couvraient	voulais voulais voulait voulions vouliez voulaient	mettais mettais mettait mettions mettiez mettaient
passé simple	aimai aimas aima aimâmes aimâtes aimèrent	finis finis finit finîmes finîtes finirent	sentis sentis sentit sentîmes sentîtes sentirent	tins tins tint tînmes tîntes tinrent	couvris couvris couvrit couvrîmes couvrîtes couvrirent	voulus voulus voulut voulûmes voulûtes voulurent	mis mis mit mîmes mîtes mirent
futur simple	aimerai aimeras aimera aimerons aimerez aimeront	finirai finiras finira finirons finirez finiront	sentirai sentiras sentira sentirons sentirez sentiront	tiendrai tiendras tiendra tiendrons tiendrez tiendront	couvrirai couvriras couvrira couvrirons couvrirez couvriront	voudrai voudras voudra voudrons voudrez voudront	mettrai mettras mettra mettrons mettrez mettront
conditionnel présent	aimerais aimerais aimerait aimerions aimeriez aimeraient	finirais finirais finirait finirions finiriez finiraient	sentirais sentirais sentirait sentirions sentiriez sentiraient	tiendrais tiendrais tiendrait tiendrions tiendriez tiendraient	couvrirais couvrirais couvrirait couvririons couvririez couvriraient	voudrais voudrais voudrait voudrions voudriez voudraient	mettrais mettrais mettrait mettrions mettriez mettraient
SUBJONCTIF présent	aime aimes aime aimions aimiez aiment	finisse finisses finisse finissions finissiez finissent	sente sentes sente sentions sentiez sentent	tienne tiennes tienne tenions teniez tiennent	couvre couvres couvre couvrions couvriez couvrent	veuille veuilles veuille voulions vouliez veuillent	mette mettes mette mettions mettiez mettent
IMPÉRATIF présent	aime aimons aimez	finis finissons finissez	sens sentons sentez	tiens tenons tenez	couvre couvrons couvrez	veuille voulons veuillez	mets mettons mettez
PARTICIPE présent	aimant	finissant	sentant	tenant	couvrant	voulant	mettant
passé	aimé	fini	senti	tenu	couvert	voulu	mis

Nom : ______ Groupe : ______ Date : ______

6 LA CONCORDANCE DES TEMPS VERBAUX

Le sens du verbe de la phrase enchâssante détermine le choix du mode du verbe de la subordonnée : indicatif (tableaux de la page 304) ou subjonctif (tableaux de la page 305). Le rapport temporel entre l'action de la subordonnée et celle de la phrase enchâssante détermine le choix des temps des verbes : il faut préciser si l'action de la subordonnée se passe avant (fait antérieur), pendant (fait simultané) ou après (fait postérieur) l'action de la phrase enchâssante.

Dans les tableaux suivants, qui présentent les principaux cas, le mode du verbe de la phrase enchâssante est toujours l'indicatif.

Phrase enchâssante	Subordonnée
Verbe au **présent** ou au **futur**	Verbe au mode **indicatif**
On lui ***dit*** *On lui* ***dira***	**Fait antérieur :** *qu'il* ***fut*** *un bon pilote autrefois.* (passé simple) *qu'il* ***avait été*** *un bon pilote autrefois.* (plus-que-parfait) *qu'il* ***était*** *un bon pilote autrefois.* (imparfait) *qu'il* ***a été*** *un bon pilote autrefois.* (passé composé) *qu'il* ***aura été*** *un bon pilote.* (futur antérieur)
	Fait simultané : *qu'il* ***est*** *un bon pilote.* (présent)
	Fait postérieur : *qu'il* ***sera*** *un bon pilote un jour.* (futur simple)

Phrase enchâssante	Subordonnée
Verbe au **passé**	Verbe au mode **indicatif**
Tu ***vins*** *Tu* ***es venu*** *Tu* ***venais*** *Tu* ***étais venu***	**Fait antérieur :** *après qu'il* ***eut quitté*** *la salle.* (passé antérieur) *parce qu'il* ***avait quitté*** *la salle auparavant.* (plus-que-parfait)
Tu ***quittas*** *la pièce*	**Fait simultané :** *quand elle* ***arriva****.* (passé simple) *alors qu'elle* ***arrivait****.* (imparfait)
Tu ***as quitté*** *la pièce*	*quand elle* ***est arrivée****.* (passé composé) *alors qu'elle* ***arrivait****.* (imparfait)
Tu ***quittais*** *la pièce*	*quand elle* ***arriva****.* (passé simple) *quand elle* ***est arrivée****.* (passé composé) *alors qu'elle* ***arrivait****.* (imparfait)
Elle ***comprit*** *Elle* ***a compris*** *Elle* ***comprenait*** *Elle* ***avait compris***	**Fait postérieur :** *que tu* ***reviendrais*** *d'ici peu.* (conditionnel présent) *que tu* ***serais revenu*** *d'ici peu.* (conditionnel passé)

Nom : ______________________ Groupe : __________ Date : __________

Phrase enchâssante	Subordonnée
Verbe au **présent** ou au **futur**	Verbe au mode **subjonctif**
	Fait antérieur :
Il ***doute***	*qu'elle* ***soit venue*** *pour le voir.* (passé)
Il ***doutera***	**Fait simultané ou postérieur :**
	qu'on ***vienne*** *le voir.* (présent)

Phrase enchâssante	Subordonnée
Verbe au **passé**	Verbe au mode **subjonctif**
	Fait antérieur :
Je ***regrettai***	*qu'elle* ***soit venue*** *hier.* (passé)
*J'****ai regretté***	*qu'elle* ***fût venue*** *hier.* (plus-que-parfait*)
Je ***regrettais***	**Fait simultané ou postérieur :**
*J'****avais regretté***	*qu'il* ***vienne*** *me voir.* (présent)
	qu'il ***vînt*** *me voir.* (imparfait*)

* Ces temps s'emploient dans la langue soutenue.

Phrase enchâssante	Subordonnée de condition introduite par *si*
Verbe au **présent** ou au **futur**	Verbe au mode **indicatif**
*Il l'****accompagne***	*si elle le lui* ***demande****.* (présent)
*Il l'****accompagnera***	*si elle le lui* ***a demandé****.* (passé composé)
Verbe au **conditionnel présent** ou au **conditionnel passé**	Verbe au mode **indicatif**
*Il l'****accompagnerait***	*si elle le lui* ***demandait****.* (imparfait)
*Il l'****aurait accompagnée***	*si elle le lui* ***avait demandé****.* (plus-que-parfait)

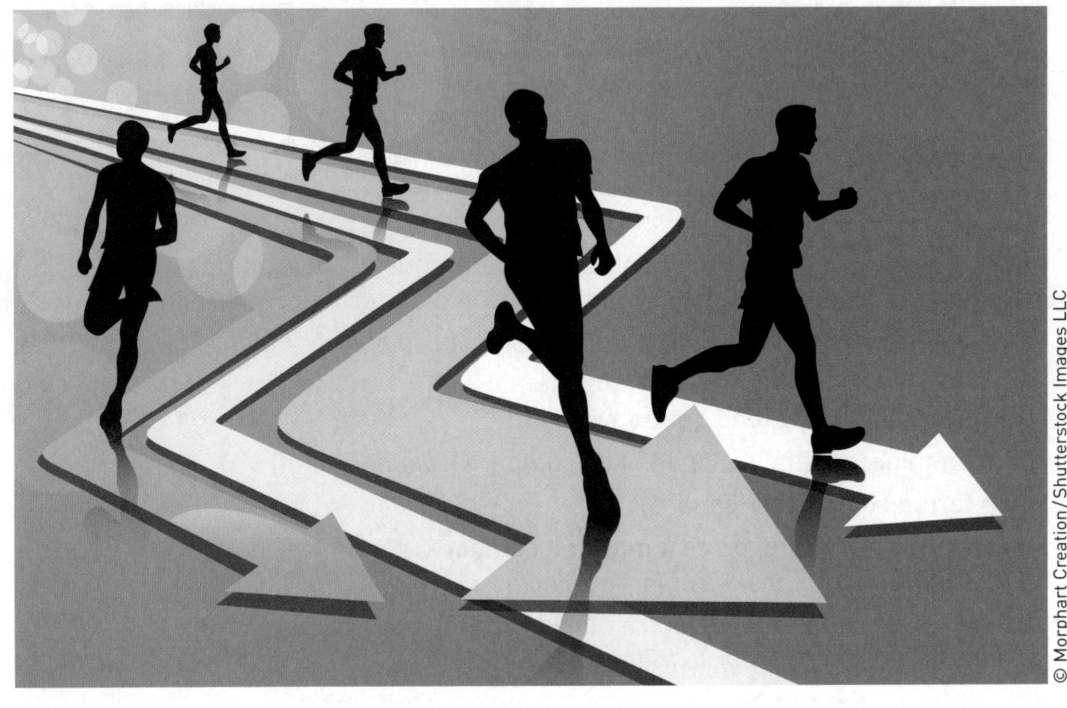

© Morphart Creation/Shutterstock Images LLC

Nom : ______________________ Groupe : __________ Date : __________

LE  LOSSAIRE DES MODES DE DISCOURS

Allitération : Figure de style dont la caractéristique est le retour multiplié d'une ou de plusieurs consonnes dans une suite de mots rapprochés. À la lecture, cette répétition d'un même son évoque généralement une image.

Ex. : *Pour qui sont ces serpents qui sifflent sur vos têtes ?*

Dans cet exemple, la répétition du son *s* évoque le serpent.

Antithèse : Figure de style dont la caractéristique est le contraste entre deux mots ou groupes de mots de sens opposés.

Ex. : *Je m'ennuie, le jour comme la nuit.*

Article de vulgarisation : Texte dont la fonction est d'expliquer un fait, une situation, un phénomène ou un concept relativement complexe à un large public de non-spécialistes.

Champ lexical : Ensemble de mots liés à un même thème par le sens.

Ex. : *Champ lexical du thème* la ville

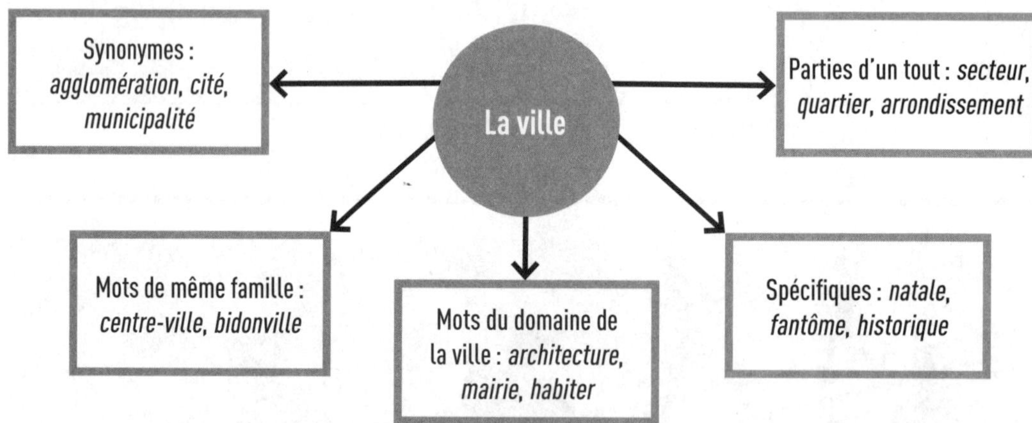

Comparaison : Figure de style dont la caractéristique est le rapprochement de deux réalités ayant un point commun au moyen d'un terme comparatif.

Ex. : *L'animal géant, pareil à une mécanique emballée et incontrôlable, fonçait aveuglément sur la frêle habitation.*

La comparaison comprend quatre éléments :

1) La première réalité, ou ce que l'on compare (*l'animal géant*) ;
2) Le terme comparatif (*pareil à*) ;
3) La deuxième réalité, ou ce à quoi l'on compare la première réalité (*une mécanique emballée et incontrôlable*) ;
4) Le point de comparaison, ou ce qui est commun aux deux réalités (*fonçait aveuglément sur la frêle habitation*).

Nom : ______________________ Groupe : ____________ Date : ____________

Destinataire : Personne ou groupe de personnes à qui le message d'un énonciateur est adressé.

Énonciateur : Personne ou groupe de personnes qui émet un message à l'aide de la langue écrite ou orale et qui est responsable de sa forme et de son contenu. Un auteur qui s'adresse au lecteur et un personnage qui s'adresse à un autre sont des énonciateurs.

Figure de style : Moyen d'expression qui consiste à formuler un énoncé de manière à produire un effet, notamment à évoquer des images expressives. Il existe de nombreuses figures de style. Certaines, telles la métaphore, l'antithèse et la personnification, font appel aux différents sens des mots ; d'autres, comme la répétition, l'allitération et la rime, font plutôt appel aux caractéristiques sonores des mots. On utilise les figures de style dans tous les modes de discours, mais plus particulièrement en poésie.

Intention de communication : But poursuivi par l'énonciateur ou le lecteur d'un texte. Par exemple, l'énonciateur peut vouloir convaincre, informer ou divertir.

Métaphore : Figure de style dont la caractéristique est le rapprochement de deux réalités ayant un point commun sans utilisation de terme comparatif. La deuxième réalité est généralement exprimée au sens figuré.

Ex. : *L'écriture, cette traversée du désert des idées, enrichit ma réflexion.*

1) La première réalité, ou ce que l'on compare, qui n'est parfois pas exprimée (*l'écriture*) ;

2) La deuxième réalité, ou ce à quoi l'on compare la première réalité (*cette traversée du désert des idées*) ;

3) Le point de comparaison, ou ce qui est commun aux deux réalités (*la difficulté*).

Omniscient : Qui sait tout (de *omni*, qui signifie *tout*, et *scient*, qui signifie *qui sait, qui est instruit*). Un narrateur omniscient sait tout des lieux, de l'époque et de l'intrigue du récit qu'il raconte. Il connaît les pensées des personnages, leurs émotions, leurs sentiments. Il sait ce qui se déroule à plusieurs endroits, connaît les évènements passés et peut prévoir comment les personnages réagiront dans le futur.

Ouverture : Dernière partie d'une conclusion. Elle invite le lecteur à réfléchir sur un aspect non développé du sujet du texte.

Paraphrase : Reformulation des propos d'une autre personne. La paraphrase permet souvent d'appuyer une explication.

Ex. : *Selon ce spécialiste, il n'y a pas de raison de s'inquiéter, étant donné que les scientifiques sont capables de prévoir les éruptions.*

Personnification : Figure de style dont la caractéristique est l'attribution de traits, d'attitudes, de sentiments ou de comportements humains à une réalité non humaine.

Ex. : *La Mort m'a salué, puis elle est repartie.*

Point de vue : Attitude de l'énonciateur quant à son sujet.

- Un point de vue est **objectif** si l'énonciateur n'exprime pas d'opinion personnelle et demeure neutre.
- Un point de vue est **subjectif** si l'énonciateur exprime une opinion ou démontre son engagement.

Polysémie : Caractère d'un mot ou d'un groupe de mots qui possède plusieurs sens.

Répétition : Figure de style dont la caractéristique est d'exprimer plus d'une fois le même mot, le même groupe de mots ou le même vers dans le but de le mettre en relief. La répétition permet d'insister sur une idée, d'en souligner l'importance, d'y attirer l'attention des lecteurs ou des auditeurs. En écriture, si cet effet n'est pas spécifiquement recherché, il vaut mieux utiliser un synonyme plutôt que de répéter un mot ou un groupe de mots.

Ex. : ***La nuit*** *m'enchante,* ***la nuit*** *m'effraie,* ***la nuit*** *me guette. Que me veut* ***la nuit*** *?*

Rime : Disposition de sons identiques à la fin de deux vers.

Terme générique : Terme qui désigne une large catégorie de réalités, dont le sens inclut ceux de plusieurs autres termes plus précis.

Ex. : Légume *est un terme générique.*

Terme spécifique : Terme dont le sens précise ce qui est propre à une réalité par rapport à d'autres réalités de même catégorie.

Ex. : Brocoli, carotte, oignon *et* laitue, *entre autres, sont des termes spécifiques par rapport au terme générique* légume.

© gualtiero boffi/Shutterstock Images LLC

INDEX

Q

R

S

T

U

V

ISTE DES ABRÉVIATIONS ET DES PICTOGRAMMES

Classes de mots	
Adj	adjectif
Adv	adverbe
Conj	conjonction
Dét	déterminant
N	nom
Prép	préposition
Pron	pronom
V	verbe

Fonctions	
attr.	attribut
compl.	complément
compl. de P	complément de phrase
compl. dir.	complément direct
compl. ind.	complément indirect
modif.	modificateur

Pictogrammes	
✓	Manipulation possible ou phrase correcte
☒	Manipulation impossible ou phrase incorrecte
▭	Effacement
✕	Effacement ou manipulation impossible
→	Devient
=	Est équivalent à
≠	Est différent de

Groupes et phrases	
GAdj	groupe de l'adjectif
GAdv	groupe de l'adverbe
GN	groupe du nom
GPrép	groupe de la préposition
GV	groupe du verbe
GVinf	groupe du verbe à l'infinitif
GVpart	groupe du verbe au participe présent
P	phrase
Sub.	subordonnée

Constituants de la phrase (P)	
	Sujet
	Prédicat
	Complément de phrase

Autres	
aux.	auxiliaire
f.	féminin
imp.	impératif
ind.	indicatif
inf.	infinitif
m.	masculin
p. p.	participe passé
p. prés.	participe présent
pers.	personne (1re, 2e, 3e pers.)
pl.	pluriel
s.	singulier